Lehrbuch der ukrainischen Sprache

SVETLANA AMIR-BABENKO

Lehrbuch der ukrainischen Sprache

HELMUT BUSKE VERLAG
HAMBURG

Bitte beachten Sie die zum Lehrbuch gehörigen Texte, Dialoge,
Redewendungen und ausgewählten Übungen, die Sie als mp3-Dateien
zum kostenlosen Download und Nachhören auf unserer Webseite finden:
www.buske.de/lb-ukrainische-sprache

Bibliografische Information der Deutschen Nationalbibliothek

Die Deutsche Nationalbibliothek verzeichnet diese Publikation
in der Deutschen Nationalbibliografie; detaillierte bibliografische
Daten sind im Internet über ‹http://portal.dnb.de› abrufbar.
ISBN 978-3-87548-479-3

Unveränderter Print-on-Demand-Nachdruck der 2., überarbeiteten Auflage

INHALTSVERZEICHNIS

Vorwort XI

Einleitung XIII
1. Das Alphabet XIV
2. Internationale wissenschaftliche Transliteration XV
3. Die Schreibschrift XV

Lektion 1 1
1. Die Vokale а, о, у, е, і, и 1
2. Die Konsonanten б, п, м, н, т, д, к, с, з, в, ф 1
3. Die Wortbetonung 2
4. Das Fehlen des Artikels und der Kopula 3
5. Die Fragesätze 3
6. Die Intonationsstrukturen 3
7. Das Geschlecht des Substantivs 3
8. Der Vokativ 4

Lektion 2 7
1. Die Konsonanten р, ц, д͡з 7
2. Stimmhafte und stimmlose Konsonanten 7
3. Betonte und unbetonte Silben. Die unbetonten Vokale е, и, о 8
4. Die Intonationsstrukturen (Fortsetzung) 8
5. Das Geschlecht der Substantive auf -й und -е (Fortsetzung) 8
6. Die 3. Person des Personalpronomens 9
7. Der Infinitiv des Verbs 9
8. Das Verb бути (*sein*) 9
9. Das Prädikativum треба 9
10. *Es ist ..., Das ist ...* 9

Lektion 3 13
1. Die Konsonanten х, ж, й 13
2. Die Buchstaben я, ю, є, ї 13
3. Die Intonationsstrukturen (Fortsetzung) 14
4. Das Personalpronomen (Fortsetzung) 14
5. Das Possessivpronomen 14
6. Das Präsens der e-Konjugation (I) 15
7. Die Abwesenheit der Kopula im Präsens (Nullkopula) 16
8. Die Konjunktionen й, і, та (*und*) 16

Lektion 4 20
1. Die Konsonanten л und л' 20
2. Der Buchstabe ь (weiches Zeichen) 20
3. Der Vokalwechsel 21
4. Die Intonationsstrukturen (Zusammenfassung) 21
5. Der Akkusativ des Substantivs 22
6. Das Präsens der e-Konjugation (I). Die Verben давати, будувати,
  упувати 22
7. Das Verb бути im Präsens (Fortsetzung) 22
8. Die Sprachmodelle У мене є ..., У тебе є 23

Lektion 5 28
1. Die Konsonanten ш, ч, щ, д͡ж 28
2. Die Konsonanten г und ґ 28
3. Die Buchstabenkombinationen й+о, ь+о 29
4. Der Nominativ des Substantivs im Plural 29
5. Das Adjektiv 29
6. Das Präsens der e-Konjugation (I) 30
7. Das Präsens der и-Konjugation (II) 30
8. Die Verneinung 31
9. Die parallelen Sprachmodelle У мене є + Nom. / Я маю + Akk. ... 31
10. Die Sprachmodelle любити + Infinitiv 31
11. Die Sprachmodelle говорити по-українськ-ому(-и) 32

Lektion 6 36
1. Harte und weiche (palatalisierte) Konsonanten 36
2. Die Doppelkonsonanten 36
3. Die Alternation der Laute у – в, і – й 37
4. Das Geschlecht endungsloser Substantive 37
5. Der Nominativ des Substantivs im Plural 37
6. Der Akkusativ des Adjektivs im Singular 37
7. Die Possessivpronomen наш, ваш, їх (їхній) im Nominativ 38
8. Der Imperativ 2. Person Plural der Verben читати, писати,
  відповідати, перекладати, повторювати 38
9. Die Fragepronomen хто? що? 38

Lektion 7 44
1. Das weiche Zeichen ь (Zusammenfassung) 44
2. Der Apostroph 44
3. Das Geschlecht des Substantivs (Zusammenfassung) 45
4. Das Geschlecht von Berufsbezeichnungen und Titeln 45
5. Das Geschlecht von Fremdwörtern 45
6. Die Fragepronomen чий? 46
7. Das Sprachmodell іде (йде) фільм (п'єса, урок, лекція ...) 46

Lektion 8 52
1. Stimmhafte und stimmlose Konsonanten 52
2. Die Alternation von Konsonanten 52
3. Der Ausfall von Konsonanten 52
4. Die Verben розуміти, знати + Akkusativ 53
5. Adverbien auf -о, -е, -ому, -и 53
6. Die Frage який? як? 54
7. Zur Wortbildung der Substantive, die Personen bezeichnen 54

Lektion 9 59
1. Die Assimilation 59
2. Die Stämme des Verbs 59
3. Der Nominativ Plural des Substantivs (Zusammenfassung) 60
4. Die Grundzahlwörter (Kardinalia) 1 bis 20 62
5. Grundzahlwörter mit Substantiven 62
6. Die Fragepartikel чи 63
7. Die Sprachmodelle Скажіть, будь ласка, чи (не) знаєте ви,
   де (як, куди ...) 63
8. Die Konjunktionen а (*und, aber*), але (*aber*) 64
9. Die parallelen Sprachmodelle Скільки маєте (маєш) років? –
   Скільки Вам (тобі) років? 64
10. Die parallelen Sprachmodelle Я люблю + Akkusativ –
    Мені подобається + Nominativ 64

Lektion 10 69
1. Die Assimilation (Fortsetzung) 69
2. Die Veränderungen im Verbstamm (е-Konjugation (I)
   und и-Konjugation (II)) (Zusammenfassung) 70
3. Die Verben der Fortbewegung іти und ходити 71
4. Die Verben іти (йти) I und ходити II im Präsens 71
5. Verben mit dem Suffix -ся 71
6. Die Bedeutung der Verben mit dem Suffix -ся 72
7. Der Genitiv Singular des Substantivs 72
8. Die Veränderungen im Stamm des Substantivs im Genitiv
   Singular 73
9. Der Gebrauch des Genitivs (Sg.) ohne Präpositionen 74
10. Der Genitiv des Adjektivs und des Possessivpronomens
    der 1. und 2. Person Singular und Plural 74
11. Die Grundzahlwörter (Kardinalia) 21 bis 1000 75
12. Die Ordnungszahlwörter (Ordinalia) 75
13. Das reflexive Possessivpronomen свій 76
14. Subjekt und Prädikat 77

Lektion 11 82
1. Besonderheiten in der Aussprache einiger Buchstaben-
   kombinationen 82
2. Der Lokativ des Substantivs 82
3. Die Veränderungen im Stamm des Substantivs im Lokativ 84
4. Die Präpositionen des Lokativs 85
5. Der Akkusativ des Substantivs mit Präpositionen 86
6. Singulariatantum und Pluraliatantum 86
7. Das Präteritum 87
8. Das Verb бути (*sein*) im Präteritum und im Futur 88
9. Das Prädikativum повинен (*man muss, man soll*) 88
10. Die unpersönlichen Prädikativa можна, слід 88
11. Das Adverb 89
12. Die Verben дивитися, бачити; починати – починатися 89
13. Die Monatsnamen 90
14. Das Datum 91

Lektion 12 97
1. Der Genitiv des Substantivs (Plural) 97
2. Die Veränderungen im Stamm des Substantivs im Genitiv Plural 99
3. Der Gebrauch des Genitivs (Fortsetzung) 99
4. Der Genitiv mit Präpositionen 100
5. Der Vokativ des Substantivs (Zusammenfassung) 101
6. Adjektive mit weichem Stammauslaut 102
7. Substantiv mit Adjektiv und Ordnungszahlwort im Akkusativ
   und Lokativ Singular 103
8. Deklination und Gebrauch von Personalpronomen 103
9. Das Fragepronomen котрий 104
10. Der Imperativ 105
11. Die Verben могти, хотіти, мусити 106
12. Zeitangaben 106

Lektion 13 114
1. Der Instrumental des Substantivs 114
2. Der Gebrauch des Instrumentals 117
3. Der Genitiv des Substantivs mit Präpositionen (Fortsetzung) 117
4. Der Akkusativ des Substantivs mit Präpositionen (Fortsetzung) 118
5. Qualitäts- und Beziehungsadjektive 119
6. Lang- und Kurzformen des Adjektivs 120
7. Der Komparativ des Adjektivs 120
8. Das Reflexivpronomen себе (*sich*) 121
9. Transitive und intransitive Verben 122
10. Das Futur I 122

11. Die Verben der Fortbewegung (Fortsetzung) 123
12. Das Wort коли (*wann, als, während*) 124
13. Zusammengesetzte Wörter 124

Lektion 14 132
1. Der Dativ des Substantivs 132
2. Der Gebrauch des Dativs 133
3. Der Instrumental mit Präpositionen 133
4. Die Possessivadjektive (Possessiva) 134
5. Die Deklination der Adjektive im Singular und Plural 135
6. Der Superlativ des Adjektivs 135
7. Die Deklination von Possessivpronomen 136
8. Die Demonstrativpronomen цей, той 136
9. Das Futur II 136

Lektion 15 145
1. Die Deklination der Substantive. Die Bedeutung der Fälle
   (Zusammenfassung) 145
2. Die Fälle mit Präpositionen (Zusammenfassung) 146
3. Die Deklination der Fragepronomen чий, котрий 146
4. Verbalaspekte 147
5. Die Steigerung von Adverbien 148
6. Das Partizip 149
7. Die Bildung von Partizipien (Aktiv) 149

Lektion 16 155
1. Die Bildung von Verbalaspekten 155
2. Die Bildung von Partizipien (Passiv) 156
3. Die Bildung von Partizipien (Zusammenfassung) 157
4. Der Konjunktiv 157
5. Unbestimmte Pronomen. Bildung und Gebrauch 158
6. Der zusammengesetzte Satz. Die Satzverbindung 159

Lektion 17 164
1. Die Bildung von Verbalaspekten (Fortsetzung) 164
2. Das Futur III 164
3. Der Gebrauch von Partizipien. Partizipialkonstruktionen 165
4. Die Satzgefüge 166
5. Die Suffixe des Substantivs zum Ausdruck der Verkleinerung
   (Diminutiva) und der Zärtlichkeit 167

Lektion 18 172
1. Der Gebrauch des unvollendeten Aspekts 172
2. Negativpronomen 172
3. Das Adverbialpartizip. Bildung der Adverbialpartizipien 173
4. Das Satzgefüge. Zum Gebrauch der Konjunktionen що, щоб
   in Objektsätzen 174
5. Die Suffixe des Substantivs zum Ausdruck der Verkleinerung
   (Diminutiva) und der Zärtlichkeit (Fortsetzung) 175

Lektion 19 181
1. Der Gebrauch des vollendeten Aspekts im Präteritum 181
2. Der Gebrauch der Adverbialpartizipien. Die Gerundial-
   konstruktionen 181
3. Das Satzgefüge mit einem Attributsatz 182
4. Die Suffixe des Adjektivs, Adverbs und Verbs zum Ausdruck
   der Zärtlichkeit 183

Lektion 20 186
1. Der Gebrauch von Verbalaspekten im Imperativ und Infinitiv 186
2. Die Konjugation von Verben (Zusammenfassung) 187
3. Die Wortarten (Zusammenfassung) 188
4. Das Satzgefüge. Zum Gebrauch der Konjunktionen коли, якщо 188

Weiterführende Lektüre 193

Anhang 1   Tabellen zur Grammatik 209
               Die Deklination von Substantiven 210
               Die Deklination von Adjektiven 213
               Die Deklination von Zahlwörtern 214
               Die Deklination von Pronomen 215
               Die Konjugation von Verben 216
Anhang 2   Linguistische Terminologie Ukrainisch–Deutsch 219
Anhang 3   Einige Schreibregeln 223
Anhang 4   Die Endungen -a (-я) und -y (-ю) im Genitiv Singular 227
Anhang 5   Allgemeine Redewendungen und Ausdrücke 229
Anhang 6   Lösungen 231

Wörterverzeichnis Ukrainisch–Deutsch 243

Literaturverzeichnis 303

VORWORT

Seit die Ukraine ein unabhängiger Staat wurde, ist das Interesse an der ukrainischen Sprache und Kultur stetig gewachsen und somit auch der Bedarf an modernen Lehrbüchern. Einige vorhandene Lehrbücher entsprechen jedoch nicht mehr dem neuesten Stand der Sprachentwicklung und -wissenschaft. Andere, für den deutschsprachigen Raum konzipierte Lehrbücher sind zwar relativ neu und zum Teil gründlich und detailliert geschrieben, doch sowohl in der Didaktik als auch in dem Umfang des Lehrstoffes unzureichend. Den meisten Autoren scheint eine ausreichende Lehrerfahrung im Ausland zu fehlen, was zur Folge hat, dass die Ziele und Anforderungen des Ukrainischstudiums an westlichen Universitäten weitgehend verfehlt werden. Die 2., überarbeitete Auflage dieses Lehrbuches beruht auf mehrjährigen Erfahrungen an der Wiener Universität und enthält viele Veränderungen und Verbesserungen, die direkt aus der Praxis stammen. So wurden in der 2. Auflage etwa die Lehrstoffe aktualisiert, zahlreiche neue Texte im Kapitel «Weiterführende Lektüre» aufgenommen und das Wörterverzeichnis überarbeitet.

Das *Lehrbuch der ukrainischen Sprache* wurde für Studenten der Geistes- und Kulturwissenschaften sowie für Teilnehmer an Sprachlehrkursen in Volkshochschulen und anderen Einrichtungen der Erwachsenenbildung konzipiert, die in Unterricht und Selbststudium Ukrainisch lernen wollen. Vorkenntnisse werden nicht vorausgesetzt.

Ziel des Buches ist es, Grundkenntnisse des Ukrainischen in Wort und Schrift sowie die Fähigkeit zum Übersetzen einfacher Texte zu vermitteln.

Es umfasst die Phonetik, die elementare Grammatik (die gesamte Morphologie, z. T. auch die Syntax), ein Vokabular von cirka 2000 Wörtern, Hinweise zur Rektion und Syntagmatik sowie Redewendungen und umgangssprachliche Phrasen zur Bewältigung typischer Alltagssituationen.

Jede der 20 Lektionen umfasst Grammatik, Text, Dialoge, Vokabeln und zahlreiche Übungen. Darüber hinaus beinhalten die Lektionen 1 bis 10 die gesamte ukrainische Phonetik in geraffter Form mit Übungen. Im Anhang findet der Leser Tabellen zur Grammatik, ein Glossar linguistischer Termini, Grundlagen der Orthographie sowie kurze Originaltexte aus der zeitgenössischen Literatur, Zeitungen und Zeitschriften, was eine Erweiterung der lexikalischen Kenntnisse ermöglicht. Das Buch bietet außerdem ein alphabetisch sortiertes ukrainisch - deutsches Wörterverzeichnis (Grundwortschatz) mit Angaben zu Konjugation, Deklination, Aspekt usw.

Ich danke Herrn Univ.-Prof. Dr. G. Wytrzens (†), der Ukrainisch im Jahre 1972 wieder an das Institut für Slawistik der Wiener Universität zurückholte, Frau Univ.-Prof. Dr. G. Hüttl-Folter (†) und anderen Kollegen für ihre freundliche Unterstützung. Schließlich danke ich all meinen Ukrainisch-Studenten für ihr großes Interesse und ihre zahlreichen Anregungen.

Svetlana Amir-Babenko

EINLEITUNG

Herzlich willkommen! Ласкаво просимо!

Herzlich willkommen in einer neuen Welt – der Welt der ukrainischen Sprache, der ukrainischen Kultur, der Ukrainer, der Ukraine!

Die ukrainische Sprache ist die zweitgrößte slawische Sprache und gehört neben dem Russischen und dem Weißrussischen zur Gruppe der ostslawischen Sprachen. Ukrainisch wird von der Bevölkerung der Ukraine gesprochen; viele Ukrainer leben jedoch im Ausland: im riesigen Gebiet der ehemaligen Sowjetunion, in Osteuropa, aber auch in Nord- und Südamerika. Insgesamt ist Ukrainisch die Muttersprache von mehr als 50 Millionen Menschen.

Experten halten Ukrainisch für eine der schönsten Sprachen und vergleichen es, was den Wohlklang betrifft, mit Italienisch.

Die ukrainische Literatur hat eine lange Tradition und stellt einen bedeutenden Beitrag zur Weltliteratur dar. Namen wie Taras Schewtschenko, Lesja Ukrajinka oder Ivan Franko sind weit über die Landesgrenzen hinaus bekannt.

Das ukrainische Alphabet basiert auf dem kyrillischen und besteht aus 33 Buchstaben. Einige davon werden wie die Entsprechungen des deutschen Alphabets ausgesprochen. Darüber hinaus kommen im ukrainischen Alphabet zahlreiche Buchstaben vor, die im deutschen unbekannt sind (z. B. Є є, Ї ї, Ч ч, Щ щ), ein besonderes Teilungszeichen ' (Apostroph) und der Buchstabe ь (weiches Zeichen), der nicht ausgesprochen wird, sondern nur die Aussprache des vorangehenden Buchstabens bestimmt.

Grundsätzlich werden alle ukrainischen Vokale kurz ausgesprochen. Die Konsonanten bestehen überwiegend aus Geräuschlauten, doch gelegentlich muss auch die Stimme bis hin zu einem musikalischen Ton eingesetzt werden.

1. Das Alphabet

Buchstabe		Name	Aussprache	Translit.
А а	*Аа*	a	a	a
Б б	*Бб*	be	b	b
В в	*Вв*	ve	w oder u̯	v
Г г	*Гг*	ha	h (z.B. _Hut_)	h
Ґ ґ	*Ґґ*	ge	g (z.B. _Gras_)	g
Д д	*Дд*	de	d	d
Е е	*Ее*	e	e, offen = ä	e
Є є	*Єє*	je	jä	je
Ж ж	*Жж*	že	wie g in _Genie_ oder j in _Journal_	ž
З з	*Зз*	ze	weiches s (z.B. _so_)	z
И и	*Ии*	y	e (z.B. _Mehl_)	y
І і	*Іі*	i	ie (z.B. _Dieb_)	i
Ї ї	*Її*	ji	ji	ji
Й й	*Йй*	yj	j	j
К к	*Кк*	ka	k	k
Л л	*Лл*	el	l, härter als in _Saal_	l
М м	*Мм*	em	m	m
Н н	*Нн*	en	n	n
О о	*Оо*	o	o, offen (z.B. _Wort_)	o
П п	*Пп*	pe	p	p
Р р	*Рр*	er	(Zungen-) r	r
С с	*Сс*	es	s (z.B. _müssen_)	s
Т т	*Тт*	te	t	t
У у	*Уу*	u	u	u
Ф ф	*Фф*	ef	f	f
Х х	*Хх*	cha	ch (z.B. _Sprache_)	x
Ц ц	*Цц*	ce	z (z.B. _Zunge_)	c
Ч ч	*Чч*	če	tsch (z.B. _Kutscher_)	č
Ш ш	*Шш*	ša	sch (z.B. _Schule_)	š
Щ щ	*Щщ*	šča	schtsch	šč
Ю ю	*Юю*	ju	ju	ju
Я я	*Яя*	ja	ja	ja
ь	*ь**		weiches Zeichen*	

* Nur als Erweichungszeichen nach Konsonanten gebraucht.

2. Internationale wissenschaftliche Transliteration

Україна	Ukrajina
Київ	Kyjiv
Т. Шевченко	T. Ševčenko
М. Коцюбинський	M. Kocjubyns' kyj
Австрія	Austrija
Німеччина	Nimeččyna
Берлін	Berlin
Й. Штраус	J. Štrauss

3. Die Schreibschrift

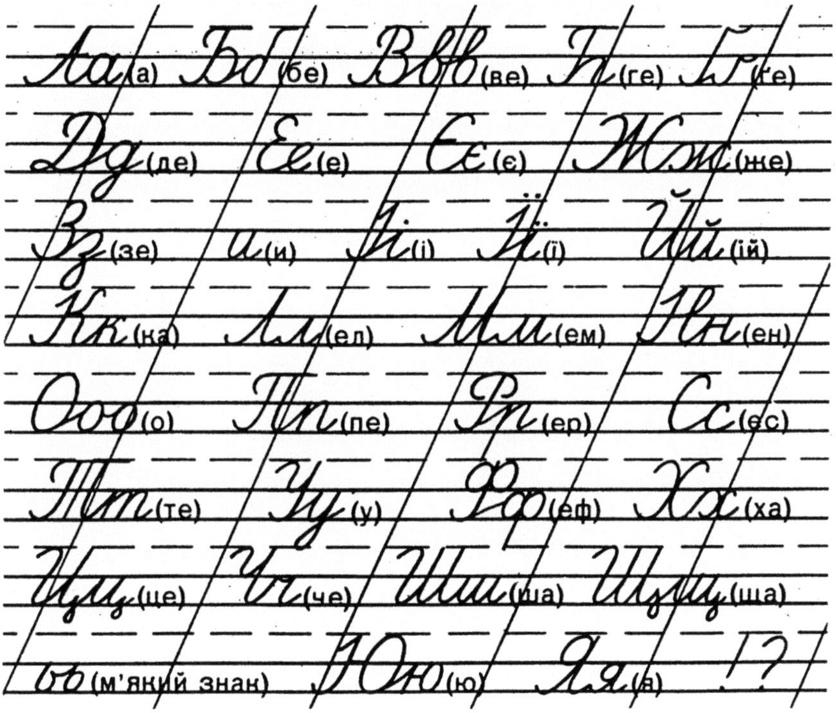

Muster

Аа. Оо. Уу. Ее
Пп. Бб. Мм. Тт. Дд. Нн. Кк
Он бук. Там Антон. Де тато?
Тато тут. А де баба? Баба тут.
То мама? Так, то мама. От аптека.

Іі. Ии. Сс. Зз. Вв. Фф.
Будинок. Кімната. Замок.
Сад. Вовк. Фонтан.
Тато і мама. Іван вдома.
Оксана студентка. Он квітка.
то мак. Тут ваза.

Лл. Ль. ль.
Літо. Тепер тепло.
Я люблю літо. Я знаю це слово.
У мене є альбом і портфель.

Хх. Яя. Юю. Єє. Її.
То Хома. Я їду додому.
Це мій Київ. Тут мій будинок.
Він відповідає урок.

Гг. Галя. Книга.
Галя багато працює.
У неї гарна книга.
То книга? Ні, то не книга, то папір

LEKTION 1

1. Die Vokale a, o, y, e, i, и   5. Die Fragesätze

2. Die Konsonanten б, п, м, н, д, т, к, з, с, в, ф   6. Die Intonationsstrukturen

3. Die Wortbetonung   7. Das Geschlecht des Substantivs

4. Das Fehlen des Artikels und der Kopula   8. Der Vokativ

PHONETIK

1. Die Vokale a, o, y, e, i, и

a) Das **a** ist breiter und deutlicher als das deutsche. Würde z. B. im deutschen Wort *Dach* das *a* kürzer und ausdrucksstärker ausgesprochen, käme es dem ukrainischen **a** im Wort дах sehr nahe:

    ка́рта *Landkarte* / апте́ка *Apotheke* / ба́ба *Großmutter*.

b) Das **o** ist dem kurzen *o* in *Wort* ähnlich:

    мо́ва *Sprache* / о́ко *Auge*.

c) Das **e** ist weit zu artikulieren (etwa wie das deutsche *ä* in *Ähre, Nässe*): ве́чір *Abend* / день *Tag*. Das unbetonte **e** kann manchmal etwas enger, also wie das deutsche *e* oder ukrainische **и** (siehe Lektion 2) ausgesprochen werden:

    де́рево *Baum* / вече́ря *Abendessen*.

d) Das **y** wird wie das deutsche *u* ausgesprochen:

    пульс *Puls* / ву́лиця *Straße* / ву́хо *Ohr*.

e) Das **i** wird etwas kürzer als das deutsche *ie* ausgesprochen:

    ліс *Wald* und *lies* / бір *Urwald* und *Bier*.

f) Das **и** ist noch länger zu artikulieren als das deutsche lange *e*:

    дим *Rauch* und *dem* / ти *du* und *Tee*.

2. Die Konsonanten б, п, м, н, д, т, к, з, с, в, ф

a) Die Konsonanten б, п, м, н, д, т, к stimmen in der Aussprache mit dem Deutschen überein, jedoch kommt es zu keiner Behauchung (besonders к, п, т):

    кіт *Katze* / по́ле *Feld* / та́то *Vater*.

b) Die Konsonanten **б, п** werden am Wortende gewöhnlich deutlich und klangvoll ausgesprochen. Im Wort діб (доба́ – *24 Stunden,* діб – *Gen. Pl.*) wird das **б** wie das deutsche *b* ausgesprochen (zum Vergleich: im Wort *Dieb* wird am Ende *p* und nicht *b* artikuliert):

гриб *Pilz* / грип *Grippe.*

c) Dasselbe trifft für **д** und **т** zu:

мед *Honig* / дід *Großvater* / світ *Welt.*

d) Das **с** entspricht dem deutschen *s* in den Wörtern *es* und *sah*:

сон *Traum* / сло́во *Wort* / сестра́ *Schwester.*

e) Das **з** ist im Gegensatz zu с ein stimmhafter Konsonant (wie das deutsche *s* in *so* und *lesen*):

заво́д *Fabrik* / за́раз *jetzt.*

f) Das **ф** entspricht dem deutschen *f*:

фа́рба *Farbe* / факт *Faktum* / факульте́т *Fakultät.*

g) Der Konsonant **в** wird als labiodentales *w* und bilabiales *ṷ* (vgl. engl. *week*) gesprochen. Im Deutschen entspricht es einerseits dem *w*, wenn es am Anfang des Wortes oder der Silbe steht:

вік *Jahrhundert* / вікно́ *Fenster* / ла́ва *Bank;*

und andererseits dem *ṷ*:
– am Wortanfang vor einem Konsonanten:

вчо́ра *gestern* / вдо́ма *zu Hause;*

– am Wortende nach einem Vokal:

лев *Löwe* / став *Teich;*

– in der Wortmitte nach einem Vokal und vor einem Konsonanten:

пра́вда *Wahrheit* / вівто́рок *Dienstag.*

3. Die Wortbetonung

Im Ukrainischen ist die Betonung beweglich. Der Akzent kann auf jede Silbe des Wortes fallen, meistens aber fällt er auf die mittlere Silbe:

те́ма, мета́ *Ziel* / апте́ка, розмо́ва *Gespräch.*

Zwei Akzente in einem Wort bezeichnen zwei Möglichkeiten der Betonung:

за́вжди́ *immer*

наприкі́нці́ *am Ende, zum Schluss.*

GRAMMATIK

4. Das Fehlen des Artikels und der Kopula

a) In der ukrainischen Sprache gibt es keine Artikel:

фонта́н, студе́нт, та́то, буди́нок.

b) Es gibt keine Kopula (*ist, sind*) in der Gegenwart:

Анто́н студе́нт. *Anton ist Student.*

Макси́м і Оле́на тут. *Maxim und Olena sind hier.*

5. Die Fragesätze

a) Die Frage kann auch allein mit Hilfe der Intonation ausgedrückt werden. Die Wortfolge bleibt dabei unverändert.

Студе́нт тут. *Der Student ist hier.*

Студе́нт тут? *Ist der Student hier?*

Там студе́нтка. Там студентка?

b) Die zweite Möglichkeit, einen Fragesatz zu bilden, sind Fragewörter:

Де ма́ти? *Wo ist die Mutter?*   Де Степа́н? *Wo ist Stepan?*

6. Die Intonationsstrukturen

a) Aussagesatz (*fallende Intonation*):

Та́то вдо́ма.↓ *Der Vater ist zu Hause.*

Сього́дні хо́лодно.↓ *Heute ist es kalt.*

b) Fragesatz mit Fragewort (*fallende Intonation*):

Де↑ (*steigende Intonation*) та́то?↓ (*fallende Intonation*)

c) Fragesatz ohne Fragewort (*steigende Intonation*):

Та́то вдо́ма?↑

7. Das Geschlecht des Substantivs

a) Das Substantiv gehört einem der drei Geschlechter an: männlich *m*, weiblich *f*, sächlich *n*.

b) Das Geschlecht des Substantivs, das eine Person bezeichnet, entspricht in der Regel deren natürlichem Geschlecht:

ма́ти *f*, Анто́н *m*, син *m*.

c) Das Geschlecht von Gegenständen ist in den meisten Fällen aus der Endung im Nominativ Singular ersichtlich. Grundsätzlich gilt:

m Endung auf einen harten oder weichen Konsonanten und -o:
будинок *Haus* / кінь *Pferd* / Дніпро;

f Endung auf -**a**: кімната, ваза;

n Endung auf -**o**: небо, вікно.

8. Der Vokativ

a) Die ukrainische Sprache besitzt eine Rufform (Vokativ). Man benutzt sie, wenn man sich an eine Person oder an ein Objekt wendet.

b) Die Endungen im Vokativ sind:

m -**y, -e** (wenn der Nominativ auf einen harten Konsonanten und -**o** endet):

син – сину! тато – тату! Максим – Максиме! дуб – дубе!;

f -**o** (wenn der Nominativ auf -**a** endet): Оксана – Оксано!

TEXT

От студент, а он студентка. Тут мати, а там тато. Студент – Степан, студентка – Оксана. Он стадіон. Де Степан і Оксана? Вони там. То Іван. Він поет. Де Іван? Він вдома.

Там місто. От фонтан, а он будинок. Тут кімната. Он вікно й ваза. Де мати, тато й син? Вони тут. А Максим? Максиме, де ти? Оксано, де Максим? Він там, а Оксана тут. Іване, аптека тут? Так, вона тут. А де небо? Воно тут? Ні, небо там.

Тут кафе. Там Степан, Оксана, Семен. А Іван? От він. Іван студент? Так, він студент і він поет. Де кава? Он кава. Тут вода? Так. А вино? Ні. Тут кава й вода.

Vokabeln

от	*hier*	фонтан *m*	*Brunnen*
он	*dort*	будинок *m*	*Haus*
студент *m*	*Student*	кімната *f*	*Zimmer*
студентка *f*	*Studentin*	вікно *n*	*Fenster*
а	*und (aber)*	ваза *f*	*Vase*
тут	*hier*	син *m*	*Sohn*
там	*dort*	ти	*du*
мати *f*	*Mutter*	аптека *f*	*Apotheke*

тáто *m*	Vater	нéбо *n*	Himmel
де?	wo?	так	ja
вони	sie	ні	nein
то	das (ist)	кафé *n*	Café
він	er	кáва *f*	Kaffee
поéт *m*	Dichter	водá *f*	Wasser
вдóма	zu Hause	винó *n*	Wein
мíсто *n*	Stadt	і (й)	und

Redewendungen

1. Дóбрий день!	Dóbryj den' !	*Guten Tag!*
2. Здрáстуй! Здрáстуйте!	Zdrástuj! Zdrástujte!	*Guten Tag!*
3. Дóброго рáнку!	Dóbroho ránku!	*Guten Morgen!*
4. Дóбрий вéчір!	Dóbryj véčir!	*Guten Abend!*
5. Дóброї нóчі!	Dóbroji nóči!	*Gute Nacht!*
6. До побáчення!	Do pobáčennja!	*Auf Wiedersehen!*
7. На все дóбре!	Na vse dóbre!	*Alles Gute!*
8. Дя́кую! Спасúбі!	Djákuju! Spasýbi!	*Danke!*
9. Будь лáска! Прóшу!	Bud' láska! Próšu!	*Bitte!*

Übungen

1. Lesen Sie die folgenden Wörter laut und beachten Sie besonders die Aussprache der Konsonanten д, т, б, п, к *und der Vokale* а, о, у, е, і, и, о.

Так, то, он, нóта, мáти, там, тáто, мед, дуб, нéбо, аптéка, де, тон, бáба, під, кіт, дáта; бік, бик, кіт, кит, дім, дим.

2. Lesen Sie die folgenden Wörter laut und beachten Sie besonders die Aussprache der Konsonanten з, с, в, ф:

Син, суп, пес, ніс, зóна, зонд, знак; фунт, фас; водá, веснá, вонá, він, вонú, дав, був, встав, пéвно, вовк.

3. Lesen Sie die folgenden Wörter nach den Betonungsmodellen. Ein Strich (_) kennzeichnet eine Silbe oder einen Vokal, die immer dann betont werden, wenn ein Betonungszeichen (↗) darüber steht:

⌐	син	він	там	тут	мед
⌐ _	мати	тато	ваза	місто	небо
_ ⌐	вона	Антон	студент	вікно	кафе
_ ⌐ _	кімната	будинок	аптека	розмова	студентка
_ _ ⌐	стадіон				

4. *Gruppieren Sie folgende Substantive nach Betonungen (siehe oben) und bestimmen Sie das Geschlecht des Substantivs (m, f, n):*

Beispiel: ⌐ _ тáто *m*

Небо, фонтан, кімната, Оксана, будинок, вікно, аптека, кіно, стадіон, Степан, син, мед, вино, кава, місто.

5. *Lesen Sie den Text und beachten Sie die Intonationsstrukturen.*

6. *Ergänzen Sie die passenden Wörter:*

Тут Оксáна, а там ... .   Он ..., а от ... .

Він студéнт, а вонá ... .   Там будúнок, то ... .

Івáн студéнт? Ні, він ...   Мáти, тáто й син ... .

7. *Antworten Sie auf folgende Fragen:*

Де мáти? Івáн вдóма?   Тут син?

Тут студéнт Антóн, а там?   Де він?

От вáза, а он?   Там кафé?

Де фонтáн і де нéбо?   А де кáва?

8. *Stellen Sie sich einige Fragen (beachten Sie dabei die Intonation) und antworten Sie darauf.*

9. *Übersetzen Sie:*

Ist der Vater hier? – Ja, der Vater ist hier.

Und wo ist die Mutter? – Die Mutter ist zu Hause.

Ist hier der Himmel? – Nein.

Maxim ist Student, und Oksana ist Studentin.

Wo sind Mutter und Vater? – Sie sind zu Hause.

10. *Lesen und üben Sie die Redewendungen dieser Lektion.*

LEKTION 2

1. Die Konsonanten **р, ц, д͡з**
2. Stimmhafte und stimmlose Konsonanten
3. Betonte und unbetonte Silben.
   Die unbetonten Vokale **е, и, о**
4. Die Intonationsstrukturen (Forts.)
5. Das Geschlecht der Substantive auf **-й** u. **-е**

6. Die 3. Person des Personalpronomens
7. Der Infinitiv des Verbs
8. Das Verb **бу́ти** (*sein*)
9. Das Prädikativum **тре́ба**
10. *Es ist ..., Das ist ...*

PHONETIK

1. Die Konsonanten р, ц, д͡з

a) Das **р** wird mit der Zungenspitze artikuliert und ist immer stimmhaft:

дар *Geschenk* / рот *Mund* / тре́ба *man muss, man soll.*

b) **ц** ist eine Affrikate und wird wie das deutsche *z* in *Zunge* ausgesprochen:

цу́кор *Zucker* / центр *Zentrum.*

c) **д͡з** ist der stimmhafte Vertreter von **ц**. Dieser Laut wird im ukrainischen Alphabet durch die Kombination zweier Buchstaben (digraphisch) wiedergegeben:

дзвін *Glocke* / дзьоб *Schnabel.*

Anmerkung: Die Buchstabenkombination **дз** kann auch zwei Laute wiedergeben, die nicht als Affrikate aufzufassen sind, wenn die beiden Buchstaben zu verschiedenen Silben gehören: від-зива́ти *zurückrufen*, від-знача́ти *feiern.*

2. Stimmhafte und stimmlose Konsonanten

Im Ukrainischen treten stimmhafte und stimmlose Konsonanten gewöhnlich paarweise auf:

б	в	д	з
п	ф	т	с

Nur **м, н, р** (wie auch **л** (*l*) und **й** (*yj*)) haben keine Gegenstücke.

3. Betonte und unbetonte Silben. Die unbetonten Vokale e, и, о
Vokale in unbetonten Silben werden etwas schwächer ausgesprochen als in
betonten. Aber sie behalten ihre Vokalqualität bei (anders als z. B. im Russischen). Nur **e, и, о** werden in unbetonten Silben anders ausgesprochen.
(In solchen Fällen spricht man von der Assimilation der Vokale.)

   и   и
e → **e**   перо́ (пе ро́) *Feder*

             и
      веду́ (ве ду́) *ich führe*

   e   e
и → **и**   зима́ (зи ма́) *Winter*

              e
      вимо́ва (ви мо́ва) *Aussprache*

   у   у
о → **о**   поку́пка (по ку́пка) *Einkauf*   (nur vor betonter Silbe mit **у**)

4. Die Intonationsstrukturen

a) Abschließender Teil des Aussagesatzes (*fallende Intonation*):

    Студе́нти вдо́ма:↓ за́раз кані́кули.↓
    Die Studenten sind zu Hause: jetzt sind Ferien.

b) Anrede (*fallend*):

    Окса́но!↓ Здра́стуй!↓

c) Fragesatz mit **чи** (*oder*) (*fallend*):

    Це твій↑ (*steigend*) брат чи Юрка́?↓ (*fallend*)
    Ist das dein Bruder oder ist das Jurkos Bruder?

GRAMMATIK

5. Das Geschlecht der Substantive auf -й und -e

a) Alle Substantive auf -**й** sind männlich (*m*):

    рай *Paradies* / край *Gebiet*.

b) Substantive auf -**e** sind sächlich (*n*):

    мо́ре *Meer* / со́нце *Sonne*.

c) Ausnahmen sind lediglich Fremdwörter:

    аташе́ *m Attaché*.

6. Die 3. Person des Personalpronomens

Він – er	**вона́** – sie	**воно́** – es	**вони́** – sie *Pl.*

Beispiele:

Де Іва́н? *Wo ist Iwan?*	**Він** там. *Er ist dort.*
Де Окса́на? *Wo ist Oksana?*	**Вона́** тут. *Sie ist hier.*
Де вікно́? *Wo ist das Fenster?*	Он **воно́**. *Hier ist das Fenster.*
Де Петро́ й Степа́н?	**Вони́** там. *Sie sind dort.*
Wo sind Petro und Stepan?	

7. Der Infinitiv des Verbs

Der Infinitiv endet im Allgemeinen auf **-ти**:

писа́ти *schreiben* / зна́ти *wissen* / роби́ти *machen, tun.*

Nur in der Poesie und Umgangssprache trifft man auf die Endung **-ть** (palatalisiertes т'):

писа́ть / роби́ть.

8. Das Verb бу́ти (*sein*)

a) Das Verb **бу́ти** *sein* besitzt im Präsens nur eine Form für Singular und Plural – **є** (*ist, sind, es gibt*):

Тут є вікно́. *Hier ist (gibt es) ein Fenster.*

Там є папі́р. *Dort ist (gibt es) Papier.*

b) Die entsprechende negative unveränderliche Form lautet **нема́(є)**:

Тут є студе́нт, а там нема́є. *Hier ist ein Student, und dort ist keiner.* *(Hier gibt es einen Studenten, und dort gibt es keinen).*

9. Das Prädikativum тре́ба

Das unpersönliche Prädikativum **тре́ба** *man muss, man soll* wird mit dem Infinitiv verbunden:

тре́ба писа́ти, тре́ба відповіда́ти.

10. *Es ist ..., Das ist ...*

Das deutsche *Es ist ..., Das ist ...* wird einfach durch das Demonstrativpronomen **це** wiedergegeben, da ja die Kopula im Präsens ausfällt (siehe Lektion 1):

Це вода́. Це мі́сто.

Text

Це ка́рта. Де мі́сто? Тут мі́сто й тут мо́ре. Це Оде́са. Оде́са – порт. Он парк, стадіо́н, фонта́н. Там вода́. От тут буди́нок. Це університе́т? Ні, це цирк. А сад? Він тут, а парк там. А вода́ є? Нема́є.

Тут університе́т, а там інститу́т. Де профе́сор і студе́нт? Вони́ тут. А де студе́нтка? Он вона́. А студе́нт? Нема́є. Тут є карта, текст. Тре́ба писа́ти й відповіда́ти.

Он буди́нок. То кімна́та. Там є вікно́. А ва́за й кві́тка? От вони́. Ба́ба тут? Так, вона́ тут. Де ону́к? От він. Вони́ вдо́ма. Тут фо́то. То ма́ти, ба́тько й син. Та́то робітни́к, а син студе́нт. Ба́тько – Семе́н, а син – Іва́н. Іва́не, де ти? Ти вдо́ма? Ні.

Vokabeln

ка́рта *f*	Landkarte	профе́сор *m*	Professor
мо́ре *n*	Meer	ба́тько *m*	Vater
порт *m*	Hafen	текст *m*	Text
парк *m*	Park	тре́ба	man muss,
стадіо́н *m*	Stadion		man soll
університе́т *m*	Universität	писа́ти I	schreiben
цирк *m*	Zirkus	відповіда́ти I	antworten
є (бу́ти)	ist, sind, es gibt	ба́ба *f*	Großmutter
нема́(є)	es gibt nicht	робітни́к *m*	Arbeiter
сад *m*	Garten	ону́к *m*	Enkel
інститу́т *m*	Institut	фо́то *n*	Foto

Redewendungen

1. Як спра́ви?	Jak správy?	*Wie läuft's?*
Як живете́?	Jak žyveté?	*Wie geht es Ihnen?*
Як живе́ш?	Jak žyvéš?	*Wie geht es dir?*
2. Як здоро́в'я?	Jak zdoróv'ja?	*Wie geht's gesundheitlich?*
3. Дя́кую, до́бре.	Djákuju, dóbre.	*Danke, gut.*
4. Спаси́бі, непога́но.	Spasýbi, nepoháno.	*Danke, es geht.*
5. Щи́ро (ду́же) дя́кую.	Ščýro (dúže) djákuju.	*Vielen Dank.*
6. Дя́кую, але́ пога́но, я хворі́ю.	Djákuju, ale poháno, ja xvoríju.	*Danke, aber es geht mir schlecht, ich bin krank.*

Übungen

1. *Lesen Sie die folgenden Wörter und beachten Sie die Aussprache der Konsonanten* р, ц, д̑з:

Ра́діо, робітни́к, ра́ма, Рим, ри́ба, брат, сестра́, ка́рта, перо́;
це, цирк, цу́кор, це́нтр, ци́фра, цвіт, мі́сце, со́нце;
дзво́ник, дзвін, дзьоб; підземі́лля, надзвича́йний, відзива́ти.

2. *Lesen Sie die folgenden Wörter nach den Betonungsmodellen (siehe Lektion 1, Ü 3). Beachten Sie besonders die Aussprache der Konsonanten* р, ц, д̑з *und der unbetonten Vokale* е, и, о.

Ба́тько, мо́ре, текст, це, дзво́ник, цу́кор, ци́фра, робітни́к, весна́,
перо́, профе́сор, фо́то, сад, тре́ба, цирк, писа́ти, нема́є, фонта́н, зима́.

3. *Lesen Sie mit der richtigen Intonation:*

Muster: Семе́н тут.↓ *(fallend)*
              Семе́н тут?↑ *(steigend)*
              Де↑ мі́сто?↓ *(fallend)*
              Іва́не↓, де↑ ти?↓ *(fallend)*
              Оле́но!↓ До́брий день!↓ *(fallend)*

Та́то там. Де він? Іри́но, де ма́ти? Вона́ вдо́ма. То папі́р і текст. Де вони́? Вони́ тут. Макси́ме, ти вдо́ма? Так. Окса́на вдо́ма? Ні. А Семе́н? Гали́но! Здра́стуй!

4. *Lesen Sie den Text. Beachten Sie besonders die Aussprache der stimmhaften und stimmlosen Konsonanten, der unbetonten Vokale* е, и, о *sowie die Intonationsstrukturen.*

5. *Bestimmen Sie das Geschlecht folgender Substantive:*

Сад, робітни́к, ка́рта, па́рта, мо́ре, порт, фо́то, ба́ба, парк, кві́тка, ону́к, край, аташе́, кімна́та, рай, со́нце.

6. *Antworten Sie auf die folgenden Fragen mit dem Personalpronomen* він, вона́, воно́, вони́:

Мо́ре тут? Окса́на там? Та́то й ма́ти вдо́ма? Де Макси́м? Папі́р і ка́рта там? Студе́нтка он там? Сад тут? Де кафе́? А ка́ва? Тут є ба́ба й ону́к? Студе́нтка вдо́ма? Університе́т тут?

7. Übersetzen Sie:

Де Галина й Антон? Вони вдома. Де будинок? Він там. Це університет. Там тепер урок. Тут є студент і студентка. Це Максим і Катерина. Максиме, тут є карта? Так, Катерино, тут є карта. Он Одеса. А море де? Треба відповідати. Море там. Тепер треба писати, де університет і де інститут.

8. Übersetzen Sie:

Das ist ein Garten. Dort ist ein Brunnen. Wo ist das Wasser? Das Wasser ist hier. Das ist ein Baum (дерево). Dort ist eine Blume. Hier ist ein Institut. Wo sind Papier und Federhalter (ручка)? Das Papier ist hier, und der Federhalter ist dort. Kateryna, du musst schreiben. Wo ist die Landkarte? Sie ist hier. Petro, du musst antworten. Das sind das Meer und die Stadt Odessa.

9. Lesen und üben Sie die Redewendungen dieser Lektion.

10. Bilden Sie zwei bis drei Dialoge, basierend auf den Redewendungen aus den Lektionen 1 und 2.

LEKTION 3

1. Die Konsonanten **x, ж, й**	6. Das Präsens der **e**-Konjugation (I)
2. Die Buchstaben **я, ю, є, ї**	7. Die Abwesenheit der Kopula im Präsens
3. Die Intonationsstrukturen (Forts.)	(Nullkopula)
4. Das Personalpronomen (Forts.)	8. Die Konjunktionen **i, й, та** (*und*)
5. Das Possessivpronomen	

PHONETIK

1. Die Konsonanten x, ж, й

a) Das **x** wird wie das deutsche *ch* in den Wörtern *Bach, Woche, lachen* ausgesprochen:

хáта *Haus* / страх *Angst* / хто? *wer?*

b) **ж** ist dem *g* in *Genie* oder *j* in *Journal* ähnlich:

жи́ти *leben* / теж *auch* / жах *Angst*.

c) Das **й** entspricht in der Aussprache etwa dem deutschen *j* und wird nach Vokalen und in der Gruppe **йо** verwendet:

мій *mein* / Дунáй *Donau* / війнá *Krieg* / йогó *ihn* / серйóзний *ernst*.

2. Die Buchstaben я, ю, є, ї

a) Diese Buchstaben werden am Wortanfang, nach einem Vokal und nach oder vor einem Konsonanten als Kombination zweier Laute ausgesprochen.

Buchstabe	*entsprechende Kombination*
я	j + a
ю	j + u
є	j + e
ї	j + i

Beispiele: я́блуко – *Apfel*, Ю́ля – *Julia*, буду́ю – *ich baue*

3. Die Intonationsstrukturen

a) Aussagesatz mit der Aufzählung *(fallende Intonation)*:

Тут є стіл, стілéць, дóшка.↓ *Hier sind ein Tisch, ein Sessel, eine Tafel.*

b) Gegenüberstellende Zusatzfrage *(steigende Intonation):*

Де↑ Семéн?↓ *(fallend)* Вдóма.↓ *(fallend)* **А Остáп?**↑ *(steigend)*

Тут.↓ *(fallend)* Де↑ студéнт?↓ *(fallend)* От.↓ *(fallend)*

А студéнтка?↑ *(steigend)* Он вонá.↓ *(fallend)*

c) Ausrufesatz, der ein starkes Gefühl ausdrückt *(fallende Intonation)*:

Якé↑ *(steigend)* нéбо!↓ *(fallend)* *Was für ein Himmel!*

Якé↑ *(steigend)* сóнце!↓ *(fallend)* *Was für eine Sonne!*

GRAMMATIK

4. Das Personalpronomen

	Singular	*Plural*
1. Person	я	ми
2. Person	ти	ви
3. Person	він *m* вонá *f* вонó *n*	вонń

5. Das Possessivpronomen

a) Die Possessivpronomen der 1., 2. und 3. Person Singular:

m	*f*	*n*	*Pl.*
мій *mein*	**моя** *meine*	**моé** *mein*	**моí** *meine*
твій *dein*	**твоя** *deine*	**твоé** *dein*	**твоí** *deine*
йогó *sein(e)*	**її** *ihr(e)*	**йогó** *sein(e)*	**їх** *ihr(e)*

b) Die Possessivpronomen мій (моя, моé) und твій (твоя, твоé) beziehen sich auf ein Substantiv und stimmen mit ihm in Geschlecht, Zahl und Fall überein:

Це моя́ (твоя́) кімна́та.

Тут мій (твій) сад.

Там мое́ (твое́) фо́то.

c) Die Possessivpronomen його́, її́, їх sind *unveränderlich*. Das heißt: Die Possessivpronomen der 3. Person werden für alle Substantive (*m, f, n*) und für ein Substantiv im Plural oder mehrere Substantive gebraucht:

Це його́ (її́, їх) брат, а то його́ (її́, їх) сестра́. *Das ist sein (ihr, Ihr) Bruder, und dort ist seine (ihre, Ihre) Schwester.*

Це їх (його́, її́) брати́ (*Pl.*). *Das sind Ihre (seine, ihre) Brüder.*

6. Das Präsens der e-Konjugation (I)

a) Nach ihren Personalendungen im Präsens werden die Verben in zwei Gruppen eingeteilt: die Verben der **e**-Konjugation (I) und die Verben der **и**-Konjugation (II).

b) Die Verben der **e**-Konjugation (I) haben im Präsens folgende Endungen:

Beispiele: нести́ *tragen* – зна́ти *wissen*

	Singular		*Plural*	
1. Person	нес-у́	зна́-ю	нес-емо́	зна́-ємо
2. Person	нес-е́ш	зна́-єш	нес-ете́	зна́-єте
3. Person	нес-е́	зна́-є	нес-у́ть	зна́-ють

c) Die Endungen -у, -еш, -е, -емо, -ете -уть stehen bei Stammauslaut auf harten Konsonanten und die Endungen -ю, -єш, -є, -ємо, -єте,   -ють bei Stammauslaut auf einen Vokal.

d) Darüber hinaus werden eine Reihe von Verben unregelmäßig nach der e-Konjugation (I) gebeugt. Einige davon muss man sich einprägen:

бра́ти *nehmen:*	беру́	**жи́ти** *leben:*	живу́
	бере́ш		живе́ш
	бере́		живе́
	беремо́		живемо́
	берете́		живете́
	беру́ть		живу́ть

7. Abwesenheit der Kopula im Präsens (Nullkopula)

Wenn sowohl das Subjekt als auch das Prädikat Substantive sind, wird die Kopula im Präsens nicht ausgedrückt. Stattdessen wird ein *Gedankenstrich* eingesetzt: Мій син – студе́нт. Його́ ба́тько – води́й.

8. Die Konjunktionen i, й, та (*und*)

a) Die Konjunktionen **i, й, та** werden parallel gebraucht. Sie sind unbetont.

b) Gewöhnlich wird die Konjunktion **i** 1. am Satzanfang, 2. zwischen zwei Konsonanten und 3. nach einem Konsonanten verwendet:

    І Семе́н вдо́ма. Тут студе́нт і студе́нтка. Там син і ону́к.

c) Die Konjunktionen **й, та** werden zwischen zwei Vokalen und nach einem Vokal vor einem Konsonanten gebraucht:

    То ба́ба й (та) ону́к. Тут кафе́ й (та) цирк. Це сестра́ й (та) брат.

Техт

Тут ка́рта. Це Украї́на. От мі́сто Ки́їв. Там буди́нок, де я живу́. Моя́ роди́на живе́ тут теж. Це мої́ та́то та ма́ти. То мій брат. А хто там? То моя́ сестра́. І вона́ живе́ тут. За́раз вона́ йде́ додо́му.

Хто то? То Юрко́. Він твій брат? Ні. Ми ра́зом працю́ємо. Він теж води́й. То його́ авто́бус. Куди́ він їде? Юрко́ їде додо́му. Він там живе́.

Хто це? Це Окса́на. Вона́ його́ сестра́? Так. Юрко́ й Окса́на – брат і сестра́. Де вони́ живу́ть? Вони́ живу́ть там, де я. Окса́на вже працю́є? Ні. Куди́ вона́ за́раз іде́? Вона́ йде́ додо́му. А ти теж іде́ш додо́му? Ні. Я працю́ю.

Тут ти́хо. Іде́ уро́к. За́раз тре́ба слу́хати й писа́ти. Це твій папі́р? Так, це мій папі́р. А ка́рта? Це її́ ка́рта. Тут мі́сто. Це їх мі́сто.

Vokabeln

Hinweis: Ein Schrägstrich (/) trennt bei manchen Vokabeln (Verben) den Teil ab, von dem die Präsensformen gebildet werden, z.B.: да/ва́ти (*geben*) – даю́, дає́ш ...

Украї́на *f*	*Ukraine*	за́раз	*jetzt*
Ки́їв *m*	*Kiew*	працю́/ва́ти I	*arbeiten*
жи́ти I	*wohnen, leben*	води́й *m*	*Fahrer*

родѝна *f*	*Familie*	автóбус *m*	*Autobus*
теж	*auch*	кудѝ	*wohin*
брат *m*	*Bruder*	їхати I	*fahren*
хто	*wer*	їде	*er fährt*
сестрá *f*	*Schwester*	тѝхо	*still, ruhig*
ітѝ (йти) I	*gehen*	слýхати I	*hören*
ідé (йдé)	*er geht*	урóк *m*	*Unterrichtsstunde*
ні	*nein*	папíр *m*	*Papier*
рáзом	*zusammen*	додóму	*nach Hause*
вже	*schon*		

Redewendungen

1. Як вас звуть (звáти)?	Jak vas zvut' (zváty)?	*Wie heißen Sie?*
Як тебé звуть (звáти)?	Jak tebé zvut' (zváty)?	*Wie heißt du?*
Менé звуть (звáти)	Mené zvut' (zváty)	*Ich heiße*
Петрó Собкó.	Petró Sobkó.	*Petro Sobko.*
2. Як вáше (твоé) ім'я?	Jak váše (tvojé) im'já?	*Wie lautet Ihr (dein) Vorname? Wie heißen Sie? Wie heißt du?*
Моé ім'я– Петрó.	Mojé im'já Petró.	*Ich heiße Petro.*
3. Як вáше (твоé) прíзвище?	Jak váše (tvojé) prízvyšče?	*Wie ist Ihr (dein) Familienname?*
Моé прíзвище Собкó.	Mojé prízvyšče Sobkó.	*Mein Familienname ist Sobko.*
4. Як вáше (твоé) прíзвище та ім'я?	Jak váše (tvojé) prízvyšče ta im'já?	*Wie lautet Ihr (dein) Familien- und Vorname?*
Собкó Петрó.	Sobkó Petró.	*Sobko Petro.*

Übungen

1. Lesen Sie die folgenden Wörter. Beachten Sie die Aussprache der Konsonanten х, ж, й.

Ха́та, хво́рий, ї́хати, хи́трий худи́й, хворі́ти;
живу́, журна́л, життя́, жи́то, жарт, живі́т;
музе́й, басе́йн, край, дай, твій, бій, сара́й, йду́, висо́кий, водій, його́, Йо́сип.

2. Lesen Sie die folgenden Wörter. Beachten Sie die Aussprache der Vokale я, ю, є, ї.

Язи́к, яві́р, я́блуко, ву́лиця, сім'я́, су́кня, Я́ків;
юна́к, юрба́, буду́ю, даю́, ю́шка;
Євро́па, співа́є, твоє́, моє́, відповіда́є, зна́є;
ї́хати, їжа́к, Раї́са, ї́сти, твої́, мої́.

3. Gruppieren Sie die folgenden Wörter nach den Betonungsmodellen:

◢   ◢ _   _ ◢   ◢ _ _   _ ◢ _   _ _ ◢   _ _ ◢ _

Слухати, іду, водій, автобус, сестра, тато, куди, тихо, треба, їдуть, знаєш, кава, урок, знати, додому, брат, будинок, парк, разом, твій, Україна, йдуть, вікно, карта, Олеся, Олег, йду.

4. Lesen Sie den Text und beachten Sie die Intonationsstrukturen.

5. Bestimmen Sie das Geschlecht der folgenden Substantive:

Сестра́, Украї́на, мо́ре, папі́р, водій, ка́ва, вино́, Ки́їв, буди́нок, уро́к, кімна́та.

6. Verbinden Sie die folgenden Substantive mit den entsprechenden Possessivpronomen der 1. und 2. Person Singular:

Сестра́, фонта́н, студе́нтка, мі́сто, парк, мо́ре, профе́сор, кафе́, папі́р, роди́на, Ки́їв, водій, та́то, Украї́на.

7. Konjugieren Sie: зна́ти, жи́ти, бра́ти, працюва́ти, слу́хати.

8. *Übersetzen Sie:*

Das ist die Ukraine und hier ist Kiew. Das ist meine Stadt. Mein Bruder ist Student. Wo ist er? Er ist hier. Wer ist das? Das ist meine Schwester Oksana. Wohin geht sie? Sie geht nach Hause. Dort ist Anton. Das ist ihr Bruder.

9. *Übersetzen Sie:*

Хто вона́? Вона́ студе́нтка. А хто він? Він теж студе́нт. Ми ра́зом ідемо́ додо́му. А хто вдо́ма? Вдо́ма моя́ ма́ти, мій та́то, моя́ сестра́ та моя́ ба́ба.
Тепе́р уро́к. Тре́ба слу́хати й писа́ти. Тут Марі́йка й Тара́с. А Іва́н? Ні, він вдо́ма. Тут є папі́р? Так. А ка́рта? Нема́є.

10. *Lesen und üben Sie die Redewendungen dieser Lektion.*

11. *Bilden Sie zwei bis drei Dialoge, basierend auf den Redewendungen aus den Lektionen 1, 2 und 3.*

LEKTION 4

1. Die Konsonanten **л** und **л'**
2. Der Buchstabe **ь**
   (weiches Zeichen)
3. Der Vokalwechsel
4. Die Intonationsstrukturen
   (Zusammenfassung)
5. Der Akkusativ des Substantivs
6. Das Präsens der e-Konjugation (I). Die
   Verben **дава́ти, будува́ти, купува́ти**
7. Das Verb **бу́ти** im Präsens (Forts.)
8. Die Sprachmodelle **У ме́не є ...,
   У те́бе є ...**

PHONETIK

1. Die Konsonanten **л** und **л'**

Im Ukrainischen gibt es das harte **л** und das weiche **л'**.

a) Das harte **л** klingt härter als das deutsche *l*. Die Zungenspitze berührt die hintere Wand der oberen Schneidezähne; der ganze Zungenrücken ist tief gesenkt:

> лев *Löwe* / клас *Klasse* / молоко́ *Milch*.

b) Das weiche **л'** klingt weicher als das deutsche *l*. Zur Bezeichnung des weichen **л** wird das weiche Zeichen verwendet:

> А́льпи *Alpen* / сіль *Salz*.

Das weiche **л'** wird auch vor **і, я, ю, є** ausgesprochen:

> любе́ти *lieben* / лі́то *Sommer* / О́ля *Ólja*.

2. Der Buchstabe **ь** (weiches Zeichen[*])

Das weiche Zeichen (**ь**) wird nur für die Erweichung (Palatalisierung) nach Konsonanten gebraucht. Es verwandelt einen harten Konsonanten in einen weichen:

> сіль *Salz* / кінь *Pferd* / мідь *Kupfer* / мільйо́н *Million* /
> дзьоб *Schnabel*.

In solchen Fällen spricht man von der Palatalisierung der Konsonanten.

---

[*] Weichheitszeichen, Erweichungszeichen.

3. Der Vokalwechsel

a) Vokalwechsel: i → o   кінь – кóні, ніч – нóчі Nom. Pl.

                i → e   ведмíдь – ведмéдя Gen. Sg.

                o → i   шкóла – шкіл Gen. Pl.

b) Vokalausfall: o → –   сон – сну, лісóк – ліскá Gen. Sg.

                e → –   кінéць – кінця́, день – дня Gen. Sg.

                aber: лев – лéва Gen. Sg.

c) Vokaleinschub: o →   вікнó – вíкон Gen. Pl.

                e →   сестрá – сестéр Gen. Pl.

    (bei Aufeinandertreffen von zwei oder drei Konsonanten)

4. Die Intonationsstrukturen (Zusammenfassung)

Es folgt eine Auflistung der wichtigsten Intonationsstrukturen mit Angaben zur Verwendung der Intonationen:

a) **Aussagesatz** (*fallende Intonation*):

Тáто вдóма.↓ Сьогóдні хóлодно.↓

b) **Abschließender Teil** des **Aussagesatzes** (*fallende Intonation*):

Студéнти вдóма:↓ зáраз канíкули.↓

c) **Aussagesatz** mit der Aufzählung (*fallende Intonation*):

Тут є стіл, стілéць, дóшка.↓

d) **Fragesatz** mit Fragewort (*fallende Intonation*):

Де↑ (*steigend*) тáто?↓ (*fallend*) Хто↑ тут?↓

e) **Fragesatz** ohne Fragewort (*steigende Intonation*):

Тáто вдóма?↑ Вонá студéнтка?↑

f) **Fragesatz** mit **чи** *oder* (*fallende Intonation*):

Це твій↑ (*steigend*) брат чи брат Юркá?↓ (*fallend*)

g) **Anrede** (*fallende Intonation*): Оксáно!↓ Здрáстуй!↓ Привíт!↓

h) **Gegenüberstellende Zusatzfrage** (*steigende Intonation*):

Де Семéн?↓ (*fallend*) Вдóма.↓ (*fallend*) **А Остáп?**↑ (*steigend*).

Де студéнт?↓ (*fallend*) От.↓ (*fallend*). **А студéнтка?**↑ (*steigend*).

i) **Ausrufesatz,** der ein starkes Gefühl ausdrückt (*fallende Intonation*):

Як↑ (*steigend*) гáрно!↓ (*fallend*). Якé↑ (*steigend*) сóнце!↓ (*fallend*).

GRAMMATIK

5. Der Akkusativ des Substantivs

a) Der Akkusativ (auf die Frage: Wen? Was?): Männliche und weibliche *unbelebte* Substantive auf einen Konsonanten sowie alle sächlichen Substantive sind im Akkusativ *endungslos* (wie im Nominativ):

стадіо́н *m* / стіле́ць *m* / тінь *f* Schatten / мо́ре *n* / вікно́ *n*.

Я беру́ папір *m* (портфе́ль *m*, сіль *f*, я́блуко *n*).
Ich nehme ein Papier (die Aktentasche, Salz, einen Apfel).

b) Der Akkusativ *belebter* männlicher Substantive auf Konsonanten und auf **-o** lautet wie der Genitiv (auf **-a**, **-я**):

Я слу́хаю брáт-**a** (Андрí-**я**) /   *Ich höre den Bruder /*
тáт-**a** (тáто *Vater*).   *den Vater.*

c) Der Akkusativ weiblicher *belebter und unbelebter* Substantive auf **-a**, **-я** lautet **-y**, **-ю**:

Я слу́хаю сестр-**ý** (Зó-**ю**). *Ich höre die Schwester.*
Я беру́ кáрт-**y**. *Ich nehme die Landkarte.*

6. Das Präsens der e-Konjugation (I)
Die Verben дава́ти, будува́ти, купува́ти (*geben, bauen, kaufen*)

a) Die Verben да-вá-ти, буду-вá-ти, купу-вá-ти mit dem Infinitivsuffix -ва werden ebenfalls unregelmäßig nach der e-Konjugation (I) gebeugt (siehe Lektion 3). (Bei den Verben dieser Gruppe fällt oft das Suffix -ва im Präsens aus). Merken Sie sich:

	Singular	*Plural*
1. Person	даю́, буду́ю, купу́ю	даємó, буду́ємо, купу́ємо
2. Person	даєш, буду́єш, купу́єш	даєтé, буду́єте, купу́єте
3. Person	даé, буду́є, купу́є	даю́ть, буду́ють, купу́ють

b) Nach diesen Verben wird der Akkusativ gebraucht:

Він даé **папір**. Ми буду́ємо **теáтр**. Зоя́ купу́є **кáву**.

7. Das Verb бу́ти im Präsens (Fortsetzung)

Das Verb **бу́ти** *sein* besitzt im Präsens nur die Form **є** und wird im Präsens auch zum Ausdruck des Vorhandenseins gebraucht:

У мéне **є** сестрá. *Ich habe eine Schwester.*

8. Die Sprachmodelle У ме́не* є, У те́бе є …

У ме́не є брат.	*Ich habe einen Bruder.*	У нас є …	*Wir haben …*
У те́бе є …	*Du hast …*	У вас є …	*Ihr habt …*
У ньо́го є …	*Er hat …*	У них є …	*Sie haben …*
У не́ї є …	*Sie hat …*		

* Der Genitiv des Personalpronomens **я** mit Präposition **у**. Vergleichen Sie:

я – мене́ (Gen. + Akk.), *aber* **у ме́не**

ти – тебе́ *aber* **у те́бе**

він – його́ *aber* **у ньо́го** …

Техт

Це університе́т. Тут наш інститу́т. Це моя́ аудито́рія. За́раз у нас є лє́кція. Хто це? Це наш профе́сор. А хто там? Там студе́нти. Це Васи́ль, Оле́ся, Окса́на … А Семе́н, Іва́н, Зо́я? Вони́ тут. У них теж є лє́кція. Ти́хо. Студе́нти слу́хають лє́кцію. По́тім профе́сор пита́є студе́нта. Тре́ба відповіда́ти. Хто за́раз відповіда́є? Васи́ль. А Петро́? Він слу́хає Василя́.

Всі працю́ють.

Ки́їв – моє́ мі́сто. Це на́ша ву́лиця. Тут кіо́ск, де я купу́ю мій журна́л *Те́хніка*. Я пита́ю:

– У вас є журна́л *Те́хніка*?

– Так.

Я купу́ю журна́л і йду́ да́лі. Магази́н *Молоко́.* Я люблю́ молоко́. За́раз тре́ба купува́ти хліб, молоко́, сир, ма́сло, ка́ву … Я пита́ю:

– У вас є хліб?

– Є.

Я беру́ хліб. Да́лі продаве́ць дає́ сир, молоко́, ма́сло. Тепе́р я йду́ додо́му.

Вдо́ма мій та́то й моя́ ма́ти. А де моя́ сестра́ Оле́ся? Вона́ теж вдо́ма. Оле́ся – лі́кар. Це на́ша кімна́та. Тут є стіл, стіле́ць і телеві́зор. Я люблю́ телеві́зор. Іде́ фільм. Оле́ся лю́бить кіно́, а я люблю́ футбо́л.

Лі́то. Тепе́р те́пло. Я люблю́ лі́то. Я зна́ю це сло́во. А ти, Пе́тре? Я зна́ю теж лі́теру **л** і слова́ (Pl.) *а́тлас, альбо́м, фільм* … У те́бе є альбо́м, Зо́ю? Так. Це мій альбо́м. Тут твоє́ фо́то. Я люблю́ це фо́то.

Dialoge

1. – Хто тут?
   ~ Тут мій брат.
   – Він студе́нт?
   ~ Ні, він інжене́р.
   – А у те́бе є сестра́?
   ~ Так, є.
   – Вона́ інжене́р?
   ~ Ні, вона лі́кар.

2. – До́брий день, Оле́сю!
   ~ Привіт, Степа́не!
   – У вас за́раз ле́кція?
   ~ Так, незаба́ром.
   – А хто то?
   ~ То наш профе́сор.
   – До́бре. Тепе́р тре́ба працюва́ти.

3. – О́лю, це твій альбо́м?
   ~ Так, мій.
   – Це твоя́ роди́на, О́лю?
   ~ Так, це мій та́то, а то моя́ ма́ти.
   – А це твій брат?
   ~ Так. Він студе́нт.
   – Твій та́то воді́й?
   ~ Ні, він будіве́льник.
   – А ма́ти?
   ~ Вона́ працю́є вдо́ма.

Vokabeln

аудито́рія *f*	*Auditorium*	сир *m*	*Käse*
ле́кція *f*	*Vorlesung*	ма́сло *n*	*Butter*
зна́ти I	*wissen*	незаба́ром	*bald*
пита́ти I	*fragen*	лі́кар *m*	*Arzt*
всі	*alle*	стіл *m*	*Tisch*
ву́лиця *f*	*Straße*	стіле́ць *m*	*Sessel*
кіо́ск *m*	*Kiosk*	люби́ти,	*lieben*
купу/ва́ти I	*kaufen*	(люблю́, лю́бить)	
журна́л *m*	*Zeitschrift*	футбо́л *m*	*Fußball*
да́лі	*weiter*	лі́то *n*	*Sommer*
молоко́ *n*	*Milch*	те́пло	*warm*
хліб *m*	*Brot*	лі́тера *f*	*Buchstabe*
продаве́ць *m*	*Verkäufer*	портфе́ль *m*	*Aktentasche*
тепе́р	*jetzt*	будіве́льник *m*	*Bauarbeiter*

Redewendungen

1. Хто ви (ти)? Xto vy(ty)?   Я студе́нт(ка). Ja studént(ka).
   Wer sind Sie? Wer bist du?   *Ich bin Student(in).*

2. Де ви вчите́сь? De vy včytés'?   Я вчусь у Ві́денському університе́ті.
   Де ти вчи́шся? De ty včyssja?   Ja včus' u Vídens'komu universytéti.
   Wo studieren Sie?   *Ich studiere an der Wiener Universität.*
   Wo studierst Du?

3. На яко́му факульте́ті?   Я вчусь на філологі́чному факульте́ті.
   Na jakómu fakul'téti?   Ja včus' na filolohíčnomu fakul'téti.
   An welcher Fakultät?   *Ich studiere an der philologischen*
                                    Fakultät.

4. У яко́му інститу́ті?   В інститу́ті славі́стики.
   U jakómu instytúti?   V instytúti slavístyky.
   In welchem Institut?   *Am Institut für Slawistik.*

5. Що ви вивча́єте?   Я вивча́ю украї́нську та англі́йську
   Ščo vy vyvčájete?   мо́ви.
   Was studieren Sie?   Ja vyvčáju ukrajíns'ku ta anglíjs'ku móvy.
                                    Ich studiere Ukrainisch und Englisch.

Übungen

1. *Lesen Sie die folgenden Wörter laut. Beachten Sie besonders die Aussprache der Konsonanten* л *und* л'.

   Лак – ляк, ли́ти – лі́то, пра́ла – пра́ля, лото́, луна́, ли́ти, лани́, ла́ва, лак, лист; лі́кар, ліс, лю́ди, лю́тий, ляка́ти, ля́лька, ві́льно, ціль.

2. *Lesen Sie die folgenden Wörter laut und teilen Sie sie in zwei Gruppen: in die Wörter mit hartem* л *und die mit weichem* л'.

   Клас, любити, слива, альбом, хліб, масло, стілець, атлас, слухати, тепло, літо, Олеся, вулиця, Василь, стіл, футбол, телевізор, лекція, літера, любиш, факультет, лікар, будівельник.

3. *Gruppieren Sie die obengenannten Wörter (Ü 2) nach den Betonungsmodellen. Beispiele:*   ◢ _ тихо   _ ◢ _ любити ...

4. *Konjugieren Sie folgende Verben:* дава́ти, купува́ти, будува́ти.

5. *Merken Sie sich die folgenden Wortverbindungen (Verb + Substantiv im Akkusativ Singular) und bilden Sie Sätze.*

Будува́ти	університе́т, стадіо́н, цирк, кафе́, теа́тр.
Зна́ти	Анто́на, Окса́ну, уро́к, мі́сто, ву́лицю.
Бра́ти	молоко́, журна́л, хліб, ка́ву, підру́чник.
Люби́ти	Украї́ну, Ки́їв, сир, та́та, сестру́, бра́та.
Слу́хати	ле́кцію, профе́сора, Іва́на, Оле́сю, уро́к, текст.
Пита́ти	бра́та, Оста́па, ма́ти, Гали́ну, лі́каря, ба́тька.

6. *Ergänzen Sie die passenden Substantive im Akkusativ:*

Вони́ слу́хають ... . Анто́н бере́ ... . Я зна́ю ... . Окса́на пита́є ... . Ми слу́хаємо ... . Вона́ зна́є ... . Тре́ба слу́хати ... . Робітни́к буду́є ... . Оле́ся дає́ ... . Зо́я купу́є ... .

7. *Setzen Sie die in Klammern stehenden Verben in der jeweils erforderlichen Form ein:*

Степа́н (іти́) додо́му. Ми (бра́ти) журна́л. Ма́ти (купува́ти) хліб і ма́сло. Студе́нти (слу́хати) ле́кцію. Вона́ (жи́ти) тут. Ти там (працюва́ти)? Профе́сор (пита́ти), студе́нт (відповіда́ти). Тре́ба (зна́ти) текст.

8. *Ergänzen Sie die passenden Wörter zu den Sprachmodellen* У ме́не є ..., у те́бе є ...

9. *Beantworten Sie folgende Fragen:*

a) Ти тут працю́єш?
b) Де та́то та ма́ти?
c) Студе́нти слу́хають ле́кцію?
d) Куди́ ї́де Степа́н?
e) Хто тут є?
f) У вас є журна́л?
g) У ньо́го є брат?
h) Хто твоя́ сестра́?

10. *Übersetzen Sie:*

Das ist das Auditorium. Wir haben eine Unterrichtsstunde. Dort ist eine Landkarte. Olesja zeigt (пока́зує), wo Kiew liegt (ist). Unsere Stadt heißt Charkiw. Ich weiß auch, wo Odessa liegt (ist).

Petro fragt: „Wo ist meine Aktentasche?" Wasyl' antwortet: „Deine Aktentasche ist hier." Ich nehme meine Aktentasche und gehe nach Hause. Olja nimmt den Atlas.

Hier sind Stepan und Iwan. Stepan ist Arzt und Iwan ist Student. Jetzt hat er eine Unterrichtsstunde.

11. Lesen Sie den Text und die Dialoge. Beachten Sie die Intonation.

12. Lesen und üben Sie die Redewendungen dieser Lektion.

13. Bilden Sie zwei bis drei Dialoge, basierend auf den Redewendungen aus den Lektionen 2, 3 und 4.

LEKTION 5

1. Die Konsonanten **ш, ч, щ, д͡ж**
2. Die Konsonanten **г** und **ґ**
3. Die Buchstabenkombinationen **й+о, ь+о**
4. Der Nominativ des Substantivs im Plural
5. Das Adjektiv
6. Das Präsens der **е**-Konjugation (I). Die Verben **писа́ти, зва́ти, смія́тися**
7. Das Präsens der **и**-Konjugation (II)
8. Die Verneinung
9. Die parallelen Sprachmodelle **У ме́не є ...** und **Я ма́ю ...**
10. Die Sprachmodelle **люби́ти** + Infinitiv
11. Die Sprachmodelle **говори́ти по-украї́нськ-ому(-и)**

PHONETIK

1. Die Konsonanten **ш, ч, щ, д͡ж**

a) Das **ш** entspricht in der Aussprache dem deutschen *sch:*

шко́ла *Schule* / наш *unser* / ти́ша *Stille.*

b) Das **ч** wird als **tsch** artikuliert (z. B. *Kutscher*):

час *Zeit* / чита́ти *lesen* / ніч *Nacht.*

c) Das **щ**: wenn man vor **ч** (tsch) einmal sehr schnell sch ausspricht, erhält man den Laut **щ** (schtsch):

що? *was?* / щі́тка *Bürste* / ща́стя *Glück.*

d) **д͡ж** ist ebenso wie **д͡з** eine Affrikate und besitzt im ukrainischen Alphabet keinen eigenen Buchstaben:

джерело́ *Quelle* / бджола́ *Biene.*

2. Die Konsonanten **г** und **ґ**

a) Das **г** ist ein pharyngaler Konsonant, der etwa so wie das stimmhafte x klingt. Vergleichen Sie: гай – хай, сніг – дах.

b) Es gibt jedoch auch einen explosiven Konsonanten **ґ** (ähnlich к, etwa wie das deutsche *g*). Er wird ziemlich selten verwendet, sodass man sich einige Wörter mit **ґ** merken muss:

ґу́ля	*Beule*	ґу́дзик	*Knopf*
ґа́нок	*Außentreppe*	дзи́ґа	*(Brumm-)Kreisel*
ґра́ти	*Gitter*	ґа́ва	*Krähe*

c) In Fremdwörtern (besonders in Eigennamen) kann manchmal statt des lateinischen *g* das ukrainische ґ (statt **г**) geschrieben werden:

áлґебра, áґрус, Ґріґ, Ваґнер, Ґéте, Копенгáґен, Ґáна.

d) Die beiden Konsonanten sind stimmhaft und fast immer hart; nur vor **i** sind sie etwas weicher.

3. Die Buchstabenkombinationen й+о, ь+о

a) Die Buchstabenkombination **й+о** wird wie folgt geschrieben:
- am Wortanfang (йод, йогó),
- in der Wortmitte nach einem Vokal (майóр / бойовúй *kampflustig*),
- in der Wortmitte nach einem harten Konsonanten

  (серйóзний *ernst*),

- in der Wortmitte nach einem weichen Konsonanten

  (мільйóн / батальйóн).

b) Die Buchstabenkombination **ь+о** ist grundsätzlich ein *weicher Konsonant + o*:

сьогóдні *heute* / дзьоб *Schnabel* / бадьóрий *munter.*

GRAMMATIK

4. Der Nominativ des Substantivs im Plural

Die meisten Substantive weisen im Nominativ Plural die Endung -**и** bzw. -**i** auf:

студéнт *m* – студéнт-и, лáмпа *f* – лáмп-и, бáтько *m* – батьк-ú *Eltern, Väter*, день *Tag* – дні, земля *Erde* – зéмлі, тінь *Schatten* – тíні.

5. Das Adjektiv

a) Im Ukrainischen bezieht sich das Adjektiv auf ein Substantiv, stimmt mit ihm in Geschlecht, Zahl und Fall überein:

зелéний олівéць *grüner Bleistift*

зелéна травá *grünes Gras.*

b) Nach dem Stammauslaut unterscheidet man Adjektive mit hartem Stammauslaut (жóвтий *gelb*, серйóзний *ernst*) und Adjektive mit weichem Stammauslaut (сúній *blau*, лíтній *sommerlich*).

c) Das Adjektiv hat folgende Endungen:

	Singular		Plural
	hart	*weich*	
m	зелéн-**ий** стіл	сѝн-**ій** стіл	зелéн-і* столѝ
f	зелéн-**а** лáмпа	сѝн-**я** лáмпа	сѝн-і лáмпи
n	зелéн-**е** пóле	сѝн-**є** пóле	зелéн-і поля́

* Merken Sie sich, dass die Adjektive mit hartem oder weichem Stammauslaut im Nominativ Plural die Endung -i haben.

d) Das Adjektiv wird als Attribut und als Prädikat gebraucht. (Im Präsens wird die Kopula nicht ausgedrückt.):

велѝкий будѝнок *großes Haus* / будѝнок велѝкий *das Haus ist groß*; біле молокó *weiße Milch* / молокó біле *die Milch ist weiß*.

6. Das Präsens der e-Konjugation (I)

Die folgenden Verben der e-Konjugation (I) muss man sich einprägen:

писáти *schreiben*	**звáти** *rufen*	**смі́ятися** *lachen*
пишу́	зву	смію́сь
пѝшеш	звеш	сміє́шся
пѝше	зве	сміє́ться
пѝшемо	звемó	сміємóсь
пѝшете	зветé	сміє́тéсь
пѝшуть	звуть	смію́ться

7. Das Präsens der и-Konjugation (II)

a) Verben der **и**-Konjugation (II) mit Stammauslaut auf einen Konsonanten haben im Präsens die Endungen -**у** (-**ю**), -**иш**, -**ить**, -**имо**, -**ите**, -**ять**.

b) Die Verben mit Stammauslaut auf einen Vokal haben im Präsens die Endungen -**у** (-**ю**), -**їш**, -**їть**, -**їмо**, -**їте**, -**ять**:

	Singular		Plural	
	говорѝти *sprechen*	стоя́ти *stehen*	говорѝти *sprechen*	стоя́ти *stehen*
1. Person	говор-**ю́**	сто-**ю́**	говóр-**имо**	сто-**їмó**
2. Person	говóр-**иш**	сто-**і́ш**	говóр-**ите**	сто-**їté**
3. Person	говóр-**ить**	сто-**і́ть**	говóр-**ять**	сто-**я́ть**

c) Darüber hinaus werden einige Verben unregelmäßig nach der **и**-Konjugation (II) gebeugt. Beachten Sie, dass
  – das Verb **сидíти** *sitzen* im Präsens (1. Pers. Sg.) eine besondere Form hat: я **сиджý** *(aber* ти сидиш ...).
  – das Verb **любíти** *lieben* im Präsens (1. Pers. Sg. u. 3. Pers. Pl.) ein **л** hat.

	Singular	*Plural*
1. Person	сидж-ý, люб-л-ю	ми сид-имó, люб-имо
2. Person	сид-йш, люб-иш	ви сид-итé, люб-ите
3. Person	сид-ýть, люб-ить	вони сид-ять, люб-л-ять

8. Die Verneinung

Die Verneinung wird durch die Partikel **не** *nicht* und **ні** *nein* ausgedrückt:

Я **не** говорю́.	Ти студéнт?	**Ні**, я ýчень.
Ich spreche nicht.	*Bist du Student?*	*Nein, ich bin Schüler.*

9. Die parallelen Sprachmodelle
У мéне є + *Nom.* und Я мáю + *Akk.*

У мéне є	Я мáю
У тéбе є	Ти мáєш
У ньóго є стіл, брат, кни́га, пóле	Він мáє стіл, брáта, кни́гу, пóле
У нéї є	Вонá мáє
У ньóго є	Вонó мáє
У нас є	Ми мáємо
У вас є	Ви мáєте
У них є	Вони́ мáють

10. Die Sprachmodelle любíти + Infinitiv

Я люблю́	ми	лю́бимо	писáти, вчи́тися, відповідáти,
Ти лю́биш	ви	лю́бите	працювáти, говори́ти, читáти,
Він лю́бить	вони	лю́блять	сміятися

11. Die Sprachmodelle говори́ти II (розмовля́ти I) по-украї́нськ-ому(-и) (*Ukrainisch sprechen*)

Я говорю́ (розмовля́ю)	по-німе́цькому(-и)	*auf Deutsch*
Ти гово́риш (розмовля́єш)	по-англі́йському(-и)	*auf Englisch*
Він, вона́ гово́рить(розмовля́є)	по-францу́зькому(-и)	*auf Französisch*
Ми гово́римо (розмовля́ємо)	по-росі́йському(-и)	*auf Russisch*
Ви гово́рите (розмовля́єте)	по-італі́йському(-и)	*auf Italienisch*
Вони́ гово́рять (розмовля́ють)	по-іспа́нському(-и)	*auf Spanisch*

TEXT

Це мій інститу́т. Тут вели́ка аудито́рія. Іде́ ле́кція. Студе́нти працю́ють. Вони́ вивча́ють украї́нську мо́ву. (Окса́на вивча́є теж англі́йську мо́ву, а Богда́н – францу́зьку.)

За́раз профе́сор стої́ть, а студе́нти сидя́ть. Профе́сор пита́є:
– Як по-украї́нському *Berg*? Степа́н відповіда́є: – По-украї́нськи *Berg* – гора́. Вона́ висо́ка. Профе́сор пита́є да́лі:
– Як по-украї́нському сло́во *Meer*? Тепе́р відповіда́є Макси́м: *Meer* по-украї́нському мо́ре. Воно́ си́нє. Не́бо теж си́нє.

Богда́н – студе́нт. У ньо́го є брат? Ні. Він ма́є сестру́. Вона́ теж студе́нтка. Вона́ вчи́ться теж тут. Богда́н вивча́є украї́нську мо́ву, а Га́ля ще англі́йську мо́ву. Вдо́ма вони́ розмовля́ють по-німе́цькому, а тут – по-украї́нському та по-англі́йському. Га́ля гово́рить теж по-францу́зькому? Ні. А Богда́н? Він розумі́є й тро́хи гово́рить по-францу́зькому. Богда́н ма́є вели́кий і мале́нький словни́к. Га́ля ма́є підру́чник і теж словни́к. Богда́н і Га́ля лю́блять говори́ти, чита́ти та писа́ти по-украї́нськи й по-англі́йськи.

Це га́рна нова́ шко́ла. Тут вча́ться мій син і моя́ дочка́. Оле́г лю́бить матема́тику, а Оле́ся – мо́ву. У них є за́раз уро́к. Тут їх учи́тель. Богда́н чита́є нови́й текст. Учи́тель слу́хає, а по́тім пита́є нові́ слова́.

Dialoge

1. – Богда́не, ти вивча́єш украї́нську мо́ву?

   ~ Так, украї́нську мо́ву та істо́рію.

   – А ще що?

   ~ Ще журналі́стику.

   – Ти лю́биш писа́ти?

   ~ Так. Я люблю́ писа́ти. За́раз я пишу́ статтю́.

2. – Оле́сю, ти до́бре гово́риш по-росі́йському?

   ~ Непога́но.

   – А ти чита́єш і пи́шеш по-росі́йськи?

   ~ Так. Я люблю́ чита́ти по-росі́йському.

   – Ти зна́єш, як по-росі́йськи *хло́пець*?

   ~ По-росі́йському хло́пець – *ма́льчік*.

Vokabeln

вели́кий	*groß*	мале́нький	*klein*
вивча́ти (що?) I	*studieren (was?)*	словни́к *m*	*Wörterbuch*
стоя́ти II	*stehen*	підру́чник *m*	*Lehrbuch*
сиді́ти II	*sitzen*	га́рний	*schön*
висо́кий	*hoch*	нови́й	*neue*
си́ній	*blau*	матема́тика *f*	*Mathematik*
вчи́тися (де?) II	*studieren (wo?)*	учи́тель *m*	*Lehrer*
ще	*noch*	журналі́стика *f*	*Journalistik*
розумі́ти I	*verstehen*	стаття́ *f*	*Artikel*
до́бре *Adv.*	*gut*	чита́ти I	*lesen*
тро́хи *Adv.*	*etwas, ein wenig*	пога́но *Adv.*	*schlecht*
бі́лий	*weiß*	чо́рний	*schwarz*
по́тім	*dann, nachher*	те́плий	*warm*

Redewendungen

1. Ви гово́рите (розмовля́єте) по-украї́нському?

   Sprechen Sie Ukrainisch?

2. Так. Тро́хи.

   Ja. Ein wenig.

3. Як це по-украї́нському (по-украї́нськи)?

   Wie heißt (das) auf Ukrainisch?

4. Це по-украї́нському
   (по-украї́нськи) + *Nom.* ...

   Das ist auf Ukrainisch
   + Nom. ...

5. Переклада́ти на украї́нську мо́ву (на
   німе́цьку, на англі́йську) (пере-
   клада́ти + на + *Akk.*)

   in die ukrainische Sprache über-
   setzen

Übungen

1. *Lesen Sie die folgenden Wörter laut und beachten Sie besonders die Aus-*
   sprache der Konsonanten ш, ч, щ, д͡ж.

   Чай, чолові́к, чоти́ри, чита́ти, дочка́, учи́тель, ча́сто, смачни́й, чому́,
   час, смачно́го!

   Шар, шука́ти, пи́шеш, шах, шифр, школя́р, шум, штаб, шеф, ша́пка,
   шко́ла.

   Що, ще, щі́тка, ща́стя, ра́дощі, ще́дрий, борщ, щока́, прі́звище.

   Джерело́, ходжу́, джу́нглі, джаз.

2. *Lesen Sie die folgenden Wörter laut und beachten Sie besonders die Aus-*
   sprache der Konsonanten г *und* ґ.

   Гора́, нога́, газ, го́лос, голова́, **ґрунт**, бага́то, сніг, газе́та, Гали́на,
   ґра́ти, гість, **ґу́дзик**, гімн, гілка Богда́н, **ґа́нок**, гіпс, Оле́г, **а́лґебра**,
   а́ґрус, Гаї́ті, **Ґрац**, гнів, гі́дний, **ґу́ля**.

3. *Lesen Sie die folgenden Wörter. Beachten Sie die Aussprache der Buch-*
   stabenkombinationen й+о *und* ь+о.

   Йог, його́, завойо́вник, райо́н, бульйо́н, льон, працьови́тий, у ньо́го.

4. *Gruppieren Sie die folgenden Wörter nach den Betonungsmodellen:*

⌐ _	_ ⌐	⌐ _ _	_ ⌐ _	_ _ ⌐

⌐ _ _	_ _ ⌐ _	_ _ ⌐ _ _	_ _ _ ⌐ _

Розумі́ють, учитель, синій, школа, купувати, трохи, математика,
високий, фото, тепло, продавець, люблять, будую, телевізор, гора,
альбом, відповідаєш, читаю, пишете, незабаром, літо, молоко,
працюєш, розмовляти, сиджу, журналістика, вивчаю, перекладати.

5. *Bilden Sie Wortverbindungen. Verwenden Sie das Adjektiv attributiv und prädikativ. Muster:* місто – нови́й: нове́ мі́сто, мі́сто нове́

Хло́пець — висо́кий, мо́ре — си́ній, вода́ — холо́дний, ді́вчина — га́рний, кни́га — украї́нський, хліб — чо́рний, гора́ — зеле́ний, мо́ва — німе́цький, шко́ла — англі́йський, молоко́ — бі́лий, лі́то — те́плий, дощ — лі́тній.

6. *Bestimmen Sie das Geschlecht der folgenden Substantive und verbinden Sie sie mit den entsprechenden Possessivpronomen* мій *oder* твій.

Словни́к, това́риш, ле́кція, фільм, мо́ва, кіо́ск, лі́кар, журна́л, дочка́, шко́ла, альбо́м, підру́чник.

7. *Bilden Sie die parallelen Sprachmodelle* У ме́не є кни́га — Я ма́ю кни́гу... *mit folgenden Substantiven:*

Сестра́, учи́тель, стаття́, журна́л, портфе́ль.

8. *Konjugieren Sie folgende Verben:* розмовля́ти, сиді́ти, чита́ти, вивча́ти.

9. *Konjugieren Sie:* Я розумі́ю, але́ не говорю́ по-украї́нському.

10. *Beantworten Sie folgende Fragen bejahend und verneinend:*

a) Ви гово́рите по-украї́нському?
b) У них є телеві́зор?
c) Студе́нти сидя́ть і пи́шуть?
d) Анто́н відповіда́є?
e) Оле́ся чита́є?
f) Вона́ ма́є дочку́?
g) У вас є украї́нський підру́чник?
h) Профе́сор стої́ть, а студе́нти сидя́ть?

11. *Übersetzen Sie:*

a) Sie spricht Englisch.
b) Der Student liest den Text.
c) Sein Bruder ist noch klein.
d) Wo ist die Universität?
e) Verstehen Sie Französisch?
f) Er hat eine Schwester.
g) Haben Sie das Lehrbuch?
h) Mein Vater ist Lehrer.
i) Wohin geht er?
k) Seine Mutter ist Ärztin.

12. *Lesen Sie den Text und die Dialoge. Beachten Sie die Intonation.*

13. *Lesen und üben Sie die Redewendungen dieser Lektion.*

14. *Bilden Sie zwei Dialoge, basierend auf den Redewendungen aus Lektion 5.*

LEKTION 6

<table>
<tr><td>

1. Harte und weiche (palatalisierte) Konsonanten
2. Die Doppelkonsonanten
3. Die Alternation der Laute **у – в**, **і – й**
4. Das Geschlecht endungsloser Substantive
5. Der Nominativ des Substantivs im Plural
6. Der Akkusativ des Adjektivs im Sg.

</td><td>

7. Die Possessivpronomen **наш, ваш, їх (їхній)** im Nominativ (Sg. u. Pl.)
8. Der Imperativ 2. Person Plural der Verben **читáти, писáти, відповідáти, переклaдáти, повтóрювати**
9. Die Fragepronomen **хто? що?**

</td></tr>
</table>

PHONETIK

1. Harte und weiche (palatalisierte) Konsonanten

a) Im Ukrainischen treten harte und weiche Konsonanten paarweise auf:

сон – кінь, лáмпа – ля́лька, мед – мідь.

c) Die ukrainischen Konsonanten **б, п, в, ф, м, г, ґ, к, х, ж, ч, ш, д͡ж** sind hart.

d) **J (й)** ist immer weich.

e) Die anderen Konsonanten können sowohl hart als auch weich sein:

д	т	д͡з	с	ц	з	л	н	р
д'	т'	д͡з'	с'	ц'	з'	л'	н'	р'

f) Zur Anzeige der weichen Aussprache schreibt man das weiche Zeichen (**ь**): стілéць, дзьоб, тінь.

g) Die harten Konsonanten werden vor **і, я, ю, є** auch weich ausgesprochen (Halbpalatalisierung): немовля́ *Säugling*

2. Die Doppelkonsonanten

a) Die zehn Doppelkonsonanten **д, т, н, л, з, с, ц, ж, ч, ш** werden als langer Laut – weich oder hart – ausgesprochen.

b) Die langen Konsonanten stehen immer zwischen zwei Vokalen. Der Buchstabe nach dem Doppelkonsonanten zeigt an, ob es sich um einen harten oder weichen Konsonanten handelt. Beispiele:

життя́ *Leben* / завдáння *Aufgabe* / годи́нник *Uhr* / числéнний *zahlreich* / сторо́нній *fremd*.

3. Die Alternation der Laute у – в, i – й

Des besseren Klanges wegen findet die Alternation der Laute oft an folgenden Stellen statt:

a) am Wortanfang, wenn das vorhergehende Wort auf einen Vokal endet:

    на́ша **в**чи́телька   *aber*   наш **у**чи́тель

    вона́ **й**де   *aber*   він **i**де́

b) wenn **у** und **в** Präpositionen sind:

    у шко́лі   *aber*   **в** університе́ті

c) wenn **i** und **й** Konjunktionen sind:

    він **i** вона́   *aber*   вона́ **й** він

Grammatik

4. Das Geschlecht endungsloser Substantive

Die endungslosen Substantive (auf harten und weichen Konsonanten) sind männlich oder weiblich (vgl. хліб *m Brot* / ніч *f Nacht* / стілець *m Stuhl, Sessel* / тінь *f Schatten*). Das Geschlecht dieser Substantive muss man sich merken. Beispiele:

    сіль *f* / день *m* / любо́в *f* Liebe* / олівець *m*.

* Es gibt nur *wenige* weibliche Substantive auf einen harten Konsonanten.

5. Der Nominativ des Substantivs im Plural

Die sächlichen Substantive auf -**о**, -**е** und -**я** haben im Nominativ Plural die Endungen -**а**, -**я**:

    слóв-о – слов-а́ / пер-ó – пе́р-а / мóр-е – мор-я́ / життя́ – життя́ (ohne Veränderung).

6. Der Akkusativ des Adjektivs im Singular

m	(mit belebtem Subst.)	-ого, -ього:	вірного, да́внього дру́га
	(mit unbelebtem Subst.)	Akk. Sg. =	
		Nom. Sg.:	нови́й, си́ній стіл
f	(mit belebt. + unbelebt. Subst.)	-у, -ю:	вірну, да́вню по́другу
			нову́ си́ню кни́жку
n		Akk. Sg. = Nom. Sg.:	вели́ке, си́нє мо́ре

7. Die Possessivpronomen наш, ваш, їх (їхній) im Nominativ (Sg. und Pl.)

m	наш *unser*	ваш *euer*	(їх) їхній *ihr*
f	на́ша *unsere*	ва́ша *eure*	(їх) їхня *ihre*
n	на́ше *unser*	ва́ше *euer*	(їх) їхнє *ihr*
Pl.	на́ші *unsere*	ва́ші *eure*	(їх) їхні *ihre*

a) Die Possessivpronomen **наш, ваш, їхній** (**їхній** ist eine parallele Form zu **їх**) beziehen sich auf ein Substantiv und stimmen mit ihm in Geschlecht, Zahl und Fall überein:

Ва́ша кни́жка лежи́ть тут. **Їхній** та́то – робітни́к.

Наш профе́сор за́раз чита́є ле́кцію.

b) Das Possessivpronomen **їх** (wie **його́, її**) ist unveränderlich:

Це **їх** парк (шко́ла, вікно́). *Das ist ihr Park (ihre Schule, ihr Fenster).*

c) Die Possessivpronomen im Nominativ Plural (**мої́, твої́, його́, її, на́ші, ва́ші, їх (їхні)** (siehe auch Lektion 3) werden für alle Geschlechter gebraucht:

мої́ се́стри, **його́** ру́ки, **їх** столи́.

8. Der Imperativ 2. Person Plural der Verben ...

чита́ти	**чита́йте,**	
писа́ти	**пиші́ть,**	
відповіда́ти	**відповіда́йте,**	будь ла́ска!
переклада́ти	**переклада́йте,**	
повто́рювати	**повто́рюйте.**	

9. Die Fragepronomen хто? що?

a) Nach einem ein Lebewesen bezeichnenden Substantiv fragt man mit den Formen von **хто?** *wer?;* sonst verwendet man die Formen von **що?** *was?:*

Хто це?   *Wer ist das?*

Що це?   *Was ist das?*

b) Im Ukrainischen werden sehr oft die Adjektive **такúй** *m ein solcher*, **такá** *f*, **такí** *Pl.* mit dem Fragepronomen **хто?** und **такé** *n* mit dem Fragepronomen **що?** verwendet. Die Bedeutung bleibt unverändert:

Хто це **такúй**?	Це мій бáтько.
Хто це **такá**?	Це моя́ сестрá.
Хто це **такí**?	Це студéнти.
Що це **такé**?	Це стіл (лáмпа, перó, словá).

Text

Це клас. Тут дóшка, стіл, стілéць. Що там лежúть? То підрýчник, зóшит, журнáл. Хто тут стої́ть? Це наш учúтель. Він викладáє украї́нську мóву. А хто там? То ýчні. Вонú сидя́ть і слýхають. Тепéр урóк. Ученúця читáє новúй текст. Вонá гáрно читáє по-украї́нському. У́чні та учúтель слýхають.

Ученúця – це Олéся. А ýчень – то Максúм, її́ товáриш. Ї́хній учúтель питáє: Олéсю, ти теж читáєш по-англíйському? Олéся відповідáє: Ні, по-англíйському я не читáю. А от Максúм і читáє, і пúше, і розмовля́є по-англíйськи дуже гáрно. Пóтім учúтель питáє: – Олéсю, Максúм твій брат? – Ні, Максúм мій товáриш, а Тарáс мій брат. Ми рáзом вивчáємо украї́нську мóву, – відповідáє Олéся. – А хто вáші тáто, мáти? Тепéр відповідáє Тарáс: – Наш тáто – інженéр, а мáти – журналíстка. Вонú працю́ють, а ми вчимóсь.

Ми вдóма. Це мій стіл, де я працю́ю. Тут лежúть підрýчник, словнúк, папíр, стої́ть лáмпа. Я сиджý й читáю новúй текст. Тарáс теж працю́є. Він вчить новí словá й переклáдає на німéцьку мóву. У ньóго є велúкий словнúк. Тепéр я розповідáю текст. Це гáрне оповідáння. Тарáс слýхає. Дáлі ми пúшемо впрáви. Пóтім ми повтóрюємо грамáтику. Це нáше домáшнє завдáння.

Dialoge

1.   – Що ти читáєш, Оксáно?
      ~ Гáрне оповідáння.
      – Ти читáєш по-украї́нськи?
      ~ Ні, зáраз я читáю
        по-англі́йському.
      – А ти перекладáєш на
        украї́нську мóву?
      ~ Так. Я повúнна читáти та
        перекладáти цей текст.
      – А ... То це твоé домáшнє
        завдáння ...

2.   – Хто це такúй, Остáпе?
      ~ Ти не знáєш? То наш учúтель.
      – А що він викладáє?
      ~ Він викладáє францýзьку
        мóву.
      – Він давнó тут працю́є?
      ~ Зóвсім недáвно.

Vokabeln

дóшка *f*	*Tafel*	перекладáти I	*übersetzen*
лежáти II	*liegen*	вчúти II	*lernen*
дýже *Adv.*	*sehr*	повтóрю/вати I	*wiederholen*
зóшит *m*	*Heft*	зóвсім	*ganz*
учúтель *m*	*Lehrer*	давнó *Adv.*	*lang her*
викладáти I	*unterrichten*	розповідáти I	*erzählen*
ýчні *Pl.*	*Schüler*	оповідáння *n*	*Erzählung*
ученúця *f*	*Schülerin*	впрáва *f*	*Übung*
гáрно *Adv.*	*schön, gut*	недáвно *Adv.*	*vor Kurzem*
товáриш *m*	*Kamerad*	повúнна	*sie muss*
завдáння *n*	*Aufgabe*	журналі́стка *f*	*Journalistin*
інженéр *m*	*Ingenieur*	викóну/вати	*erfüllen*
важкúй	*schwer, schwierig*	цей	*dieser*
домáшнє завдáння	*Hausaufgabe*		

Redewendungen

1. Зрозумíло? Не зрозумíло?
Haben Sie verstanden?
Haben Sie nicht verstanden?

2. Так, зрозумíло.
Ні, не зрозумíло.
Ja. Nein.

3. Прáвильно. Непрáвильно.
Das ist richtig. Das ist nicht richtig.

4. Гарáзд! Дóбре!
Gut!

5. Будь ла́ска, пиші́ть на до́шці!
Будь ла́ска, чита́йте текст!
Будь ла́ска, повто́рюйте!
Schreiben Sie bitte an die Tafel!
Lesen Sie bitte den Text!
Wiederholen Sie bitte!

6. Да́лі, будь ла́ска!
Weiter bitte!

Übungen

1. Lesen Sie die folgenden Wörter laut. Beachten Sie besonders die Aussprache der harten und weichen Konsonanten.

Ді́ло, подя́ка, ті́ло, сі́но, весь, сюди́, працюва́ти, міць, де́сять, неді́ля, о́сінь, тра́вень, ніс, паляни́ця, цибу́ля.

2. Lesen Sie die folgenden Wörter laut. Beachten Sie besonders die Aussprache der langen Konsonanten.

Знаря́ддя, стаття́, знання́, коло́сся, узбі́ччя, Га́нна, де́нний, годи́нник, со́нний, дозві́лля, життя́, взуття́.

3. Bestimmen Sie das Geschlecht der folgenden Substantive und verwenden Sie die Possessivpronomen наш, ваш, ї́хній *mit den Substantiven nach den angegebenen Mustern:* наш, ваш, ї́хній стіл *m.*

Това́риш, до́шка, зо́шит, журналі́стка, ле́кція, словни́к, оповіда́ння, текст, сло́во, завда́ння, учи́тель, мо́ва, учени́ця.

4. Stellen Sie zu den oben stehenden Substantiven (Ü 3) die Fragen Хто це таки́й (така́, такі́)? *und* Що це таке́? *und antworten Sie darauf.*

Muster: брат: Хто це таки́й? Це мій брат.

5. Konjugieren Sie die Verben повто́рювати, переклада́ти, розповіда́ти, виклада́ти, стоя́ти *und bilden Sie fünf Sätze.*

6. Merken Sie sich die folgenden Wortverbindungen (Verb + Adjektiv + Substantiv im Akk. Sg.) und bilden Sie damit Sätze.
Muster: Я чита́ю ціка́ву книжку.

Вивча́ти	англі́йську мо́ву
слу́хати	ново́го профе́сора
писа́ти	дома́шню робо́ту
зна́ти	відо́мого украї́нського пое́та
люби́ти	німе́цьку літерату́ру
вико́нувати	важке́ завда́ння

7. *Setzen Sie anstelle der Punkte die in Klammern stehenden Wörter in der erforderlichen Form ein:*

   a) Тара́с ... (чита́ти) нови́й текст.

   b) Що це ... (таки́й)?

   c) То ... (мій) сестра́, а це ... (наш) ба́тько.

   d) Вони́ тепе́р ... (сиді́ти) й ... (працюва́ти).

   e) Його́ брат вивча́є ... (украї́нська мо́ва).

   f) Ця аудито́рія ... (мале́нький), а та – ... (вели́кий).

   g) Богда́н га́рно ... (переклада́ти) ... (німе́цька мо́ва).

   h) Учени́ця ... (бра́ти) папі́р і ... (писа́ти).

8. *Übersetzen Sie:*

   a) Der Professor fragt und die Studenten antworten.

   b) Ihre Mutter ist berufstätig? Ja, sie ist Ärztin.

   c) Hier sind das Lehrbuch, das Heft und der Bleistift.

   d) Sein Bruder ist Student. Er studiert Medizin.

   e) Wer steht dort? Das ist meine Schwester.

   f) Was liest er? Er liest den Text.

   g) Wir studieren an der Wiener Universität.

9. *Beantworten Sie folgende Fragen:*

   a) Що ви за́раз вивча́єте?

   b) Хто тут стої́ть і хто сиди́ть?

   c) Де ви вчите́сь?

   d) Що переклада́є Тара́с?

   e) Хто га́рно чита́є текст?

   f) Ти студе́нт?

   g) Хто твій ба́тько?

   h) Що вивча́є ва́ша сестра́?

10. *Nennen Sie die Antonyme folgender Wörter:*

   Учи́тель, пита́ти, студе́нт, га́рно, та́то, вчи́тися, дава́ти, хло́пець, вели́кий, учени́ця, чолові́к.

11. Lesen Sie den Text und die Dialoge. Beachten Sie die Intonation.

12. Lesen und üben Sie die Redewendungen dieser Lektion.

13. Bilden Sie zwei Dialoge, basierend auf den Redewendungen aus den Lektionen 4, 5 und 6.

14. Bilden Sie zwei Dialoge zum Thema Тепе́р уро́к *und* Вдо́ма.

LEKTION 7

<table>
<tr><td>

1. Das weiche Zeichen **ь** (Zusammenf.)
2. Der Apostroph
3. Das Geschlecht des Substantivs (Zusammenfassung)
4. Das Geschlecht von Berufsbezeichnungen und Titeln

</td><td>

5. Das Geschlecht von Fremdwörtern
6. Die Fragepronomen **чий?**
7. Das Sprachmodell **ідé (йдé) фільм** (п'éса, урóк, лéкція ...)

</td></tr>
</table>

PHONETIK

1. Das weiche Zeichen **ь** (Zusammenfassung)*

a) Das weiche Zeichen wird geschrieben:

  – am Wortende für die Weichheit der Konsonanten **д, т, з, с, ц, д͡з, л, н**: день, сіль, стілéць;

  – in der Wortmitte: 1. vor harten oder weichen Konsonanten: дя́дько, сíльськúй, дóнька *Töchterchen*, німéцький; 2. nach weichen Konsonanten vor -о: сьогóдні *heute* / дзьоб *Schnabel*; 3. manchmal (sehr selten) vor **я, ю, є, ї**: Касья́нов (*Familienname*) / Нью-Йóрк.

b) Das weiche Zeichen wird niemals geschrieben nach **б, п, в, ф, м, ж, ш, ч, щ, г, ґ, к, х, р**.

2. Der Apostroph

a) Den Apostroph verwendet man, um die Trennung zweier Laute zu bezeichnen:

  сім'я́ / п'я́тниця *Freitag* / дéв'ять *9*.

b) Er zeigt, dass der vorgehende Konsonant hart ausgesprochen wird.

c) Man verwendet den Apostroph vor **я, ю, є, ї** in folgenden Fällen:

  – nach **б, п, в, ф, м**: п'ять *5* / м'я́со *Fleisch*,
  – nach **р**: подвíр'я *Hof* / довíр'я *Vertrauen*,
  – nach einem Präfix auf harten Konsonanten: під'і́зд *Treppeneingang*.

d) Es gibt folgende Ausnahmen:

  свя́то *Fest* / цвях *Nagel* / звя́кнути *klimpern*.

---

* Siehe auch Lektion 4.

GRAMMATIK

3. Das Geschlecht des Substantivs (Zusammenfassung)

Geschlecht	Endung des Nominativ Singular		Beispiele
m	– - ь - й	keine Endung	стіл стілéць край
		- о - а - я	бáтько стáроста суддя́
f		- а - я	шкóла земля́
	- ь 	keine Endung keine Endung	сіль ніч
n		- о - е - я - а	вікнó мóре життя́ теля́ дівчá

4. Das Geschlecht von Berufsbezeichnungen und Titeln

Berufsbezeichnungen und Titel sind in der Regel männlichen Geschlechts,
k'nnen aber in der Gegenwartssprache auch zur Bezeichnung weiblicher
Personen dienen:

Він інженéр. Воná інженéр. Прийшóв профéсор.

Der Professor ist gekommen.

Прийшлá профéсор Василéнко.

Frau Professor Wasylenko ist gekommen.

5. Das Geschlecht von Fremdwörtern

a) Fremdw'rter, die auf einen Vokal auslauten und unbelebte Dinge bezeichnen, sind sächlich:

нáше кінó *unser Kino* / цікáве інтерв'ю́ *das interessante Interview.*

b) Substantive (Fremdw' rter auf einen Vokal), die Lebewesen bezeichnen, sind männlich:

великий кенгуру́ *das große Känguru.*

c) Merken Sie sich das Geschlecht der folgenden Substantive (im Unterschied zum Russischen):

Сибі́р *m*	*Sibirien*	степ *m*	*Steppe*
соба́ка *m+f*	*Hund*	біль *m*	*Schmerzen*
пі́дпис *m*	*Unterschrift*	сту́пінь *m*	*Grad, Maß, Stufe*
літо́пис *m*	*Chronik*	адре́са *f*	*Adresse*
про́даж *m*	*Verkauf*		

6. Die Fragepronomen чий?

a) Mit dem Pronomen **чий?** *m*, **чия́?** *f*, **чиє́?** *n*, **чиї́?** *Pl. wessen?* fragt man nach der Zugeh' rigkeit:

Чий це брат? *Wessen Bruder ist das?*

Це мій, твій ... наш брат. *Das ist mein, dein ... unser Bruder.*

b) Im Unterschied zum deutschen *wessen* stimmt **чий** in Geschlecht, Zahl und Fall mit dem Substantiv überein:

Чий це портфе́ль? *Wessen Aktentasche ist das?*

Чия́ це шко́ла? *Wessen Schule ist das?*

Чиє́ це вікно́? *Wessen Fenster ist das?*

Чиї́ це столи́? *Wessen Tische sind das?*

7. Das Sprachmodell іде́ (йде) фільм (п'є́са, уро́к, ле́кція ...)

Merken Sie sich das Sprachmodell mit dem Verb **іти́ (йти)** in übertragener Bedeutung:

Іде́ (йде) фільм (п'є́са / уро́к / ле́кція / час *Zeit* / життя́ *Leben* / робо́та *Arbeit* / дощ *Regen* / сніг *Schnee*)

TEXT

На́ше мі́сто — старе́ й га́рне. Це моя́ ву́лиця. Вона́ ду́же зеле́на. А там да́лі вели́кий майда́н. Право́руч па́м'ятник. Хто то? То видатни́й украї́нський пое́т Тара́с Шевче́нко. Ліво́руч — вели́кий га́рний буди́нок. Це університе́т? Ні, це теа́тр. А тут об'я́ва. Яка́ це об'я́ва? Це театра́льна об’я́ва. Сього́дні прем’є́ра – п’є́са *Сім’я́*. Чия́ це п’єса? П’є́су *Сім’я́* написа́в *(Präteritum v.* писа́ти*)* суча́сний украї́нський письме́нник.

Там пря́мо вже не па́м’ятник, а бюст. Чий то бюст? То відо́мий   украї́нський поéт Іва́н Франко́. Я зна́ю його́ тво́ри.

Сього́дні п’я́тниця, робо́чий день. Учо́ра був четве́р. За́втра бу́де субо́та. У понеді́лок ти́ждень почина́ється, а у неді́лю закі́нчується. В субо́ту ми ди́вимось нови́й фільм. Чий це фільм? Це америка́нський фільм. Я ду́же люблю́ кіно́. Мій това́риш Макси́м теж лю́бить кіно́. У понеді́лок, у вівто́рок, у се́реду, у четве́р і п’я́тницю ми працю́ємо, вчимо́сь, а в субо́ту та неді́лю відпочива́ємо, чита́ємо, йдемо́ в кіно́, теа́тр.

Незаба́ром свя́то, по́тім кані́кули. У субо́ту я ї́ду додо́му. Вдо́ма я святку́ю та відпочива́ю.

Dialoge

1. – Скажі́ть, будь ла́ска, де
    теа́тр о́пери?
  ~ Он ліво́руч під’ї́зд.
  – Дя́кую!
  ~ Нема́ за́ що.

2. – Окса́но, що йде сього́дні у кіно́?
  ~ Нови́й украї́нський фільм.
  – Ціка́вий?
  ~ Ду́же!
  – То йдемо́ вве́чері в кіно́?
  ~ Гара́зд.

3. – Оле́но, скажи́, будь ла́ска,
    свя́то за́втра?
  ~ Ні, не за́втра, а післяза́втра.
  – Проба́ч, я не розумі́ю. У п’я́тницю ми не вчимо́сь?
  ~ Так, це теж святко́вий день. Навча́ння почина́ється зно́ву в понеді́лок.
  – Спаси́бі. Тепе́р зрозумі́ло.

4. – Що тут лежи́ть?
  ~ Це словни́к і підру́чник.
  – Який це словни́к?
  ~ Це украї́нсько-німе́цький словни́к.
  – А чий то підру́чник?
  ~ То мій підру́чник, а словни́к – його́.

Vokabeln

старúй	*alt*	закíнчу/ватися I	*enden*
робóчий(день)	*Arbeitstag*	немá зá що	*nichts zu danken*
майдáн *m*	*Platz*	тúждень *m*	*Woche*
правóруч *Adv.*	*rechts*	дивúтися II	*schauen*
зелéний	*grün*	відпочивáти I	*sich ausruhen*
пáм'ятник *m*	*Denkmal*	свя́то *n*	*Fest*
видатнúй	*hervorragend*	канíкули *Pl.*	*Ferien*
лівóруч *Adv.*	*links*	святку/вáти I	*feiern*
об'я́ва *f*	*Anschlag*	під'їзд *m*	*Treppeneingang*
п'éса *f*	*Theaterstück*	зáвтра *Adv.*	*morgen*
сучáсний	*zeitgenössisch*	післязáвтра *Adv.*	*übermorgen*
письмéнник *m*	*Schriftsteller*	у(в)чóра *Adv.*	*gestern*
бюст *m*	*Büste*	навчáння *n*	*Studium*
відóмий	*bekannt*	знóву *Adv.*	*wieder*
твóри *Pl.* (v. твір)	*Werk*	цікáвий	*interessant*
починáтися I	*anfangen*	святкóвий	*feierlich*
то (тодí)	*dann*	ширóкий	*breit*
вистáва *f*	*Aufführung*	перевіря́ти I	*korrigieren*

Redewendungen

1. Скажíть (скажú), будь лáска! 2. Пробáч(те), вибачáй(те), дарýй(те)!
   Sagen Sie (sage du) bitte!   *Verzeihen Sie (verzeihe du) bitte!*

3. Домáшнє завдáння   викóнувати   *Hausaufgaben erfüllen*
   домáшні впрáви   робúти   *Hausübungen machen,*
       перевіря́ти   *kontrollieren, korrigieren*

4. Якúй сьогóдні день?   *Welcher Tag ist heute?*
   Якúй учóра був день?   *Welcher Tag war gestern?*
   Якúй зáвтра бýде день?   *Welcher Tag wird morgen sein?*

5. Сьогóдні   понедíлок   *Heute ist Montag.*
   Вчóра був(булá)   вівтóрок   *Gestern war Dienstag.*
   Зáвтра бýде   середá   *Morgen wird Mittwoch sein.*
       четвéр   *Donnerstag*
       п'я́тниця   *Freitag*
       субóта   *Samstag*
       недíля   *Sonntag*

Коли́?	*Wann?*	**У (в)** + *Akkusativ*	
У (в)	*Am ...*	понеді́лок	п'я́тниц-**ю**
		вівто́рок	субо́т-**у**
		се́ред-**у**	неді́л-**ю**
		четве́р	

Übungen

1. Lesen Sie die folgenden Wörter laut. Beachten Sie besonders die Aussprache und den Gebrauch des Apostrophs.

Прем'є́ра, об'є́кт, комп'ю́тер, Х'ю́стон, в'яза́ти, дерев'я́ний, солов'ї́ний, В'єтна́м, м'я́со, здоро́в'я, па́м'ять, подві́р'я, з'яви́тися, від'ї́зд, б'ють, п'є, п'ятдеся́т, під'ї́зд, від'їжджа́ти, об'я́ва.

2. Lesen Sie die folgenden Wörter laut. Beachten Sie besonders die Aussprache und den Gebrauch des weichen Zeichens.

Мо́лодь, ба́тько, дя́дько, до́нька, францу́зький, чита́льня, бі́льше, Гуцу́льщина, сміє́ться, ди́вляться, ге́тьман, по́вість, цькува́ти, два́дцять, день, ганьба́, мі́сяць, мале́нький, ти́ждень, де́сять.

3. Nennen Sie fünf Wörter mit weichem Zeichen und fünf mit Apostroph.

4. Bestimmen Sie das Geschlecht der folgenden Substantive und schreiben Sie dazu das passende Adjektiv.
Muster: Льві́вський університе́т *m.*

Майда́н, літо́пис, теа́тр, па́м'ятник, підру́чник, свя́то, день, інжене́р, субо́та, завда́ння, фільм, адре́са, мо́ва, журна́л, Сибі́р, знання́, ли́стя, край, бюст, навча́ння, до́шка, біль, сту́пінь.

5. Verbinden Sie die oben stehenden Substantive (acht von vierzehn, Ü4) mit folgenden Adjektiven und bilden Sie anschließend acht Sätze:

украї́нський, си́ній, мале́нький, вели́кий, німе́цький, га́рний, нови́й, стари́й.

6. *Stellen Sie Fragen nach den Possessivpronomen (Fragepronomen* **чий?** *чия́? чиє́? чиї́?).*

На́ше мі́сто – Ві́день. Мій брат тут працю́є. Його́ ба́тько – учи́тель. Наш гість – інозе́мець (*Ausländer*). Їх ма́ти виклада́є че́ську мо́ву. Її ім'я́ – Оле́ся. Моя́ сестра́ – студе́нтка. Твоє мі́сто ду́же га́рне. На́ша ле́кція почина́ється. Їхні книжки́ – старі́. Його́ сестра́ – моя́ по́друга. На́ші зо́шити – нові́ та га́рні.

7. *Konjugieren Sie folgende Verben:* вчи́ти, святку/ва́ти, відпочива́ти.

8. *Beantworten Sie folgende Fragen. Beachten Sie die Verben, nach denen ein Substantiv im Akkusativ stehen kann.*

a) Що ти **чита́єш**?

b) Що ви **вивча́єте**?

c) Що він до́бре **зна́є**?

d) Що Га́ля **перекла́да́є**?

e) Що він **лю́бить**?

f) Що вона́ **слу́хає**?

g) Що вони́ **пи́шуть** за́раз?

h) Що Богда́н **вчить**?

9. *Verändern Sie die folgenden Sätze nach dem angegebenen Muster:* Я чита́ю газе́ту. Я люблю́ чита́ти газе́ту.

a) Ми ди́вимось нови́й фільм.

b) Моя́ колега бере́ словни́к.

c) Він вчить вірш.

d) Васи́ль чита́є оповіда́ння.

e) Ми святку́ємо Нови́й рік.

f) Ти слу́хаєш ра́діо?

10. *Bilden Sie sechs Sätze mit den Wortverbindungen* іде́ (йде́) ле́кція, дощ, фільм, час, сніг, виста́ва.

11. *Beantworten Sie folgende Fragen:*

a) Хто зна́є до́бре украї́нську мо́ву?

b) Чий підру́чник тут лежи́ть?

c) Куди́ вони́ ї́дуть?

d) Яку́ мо́ву вивча́є Тара́с?

e) Де відпочива́ють студе́нти?

f) Що вони́ чита́ють?

g) Яки́й фільм іде́ тепе́р?

h) Яки́й день сього́дні?

12. *Übersetzen Sie:*

a) Wessen Professor kontrolliert die Hausaufgaben?

b) Ich verbringe (проводжу́) meine Ferien zu Hause.

c) Wer arbeitet hier?

d) Meine Straße ist breit und grün.

e) Am Samstag fahre ich nach Hause.

f) Taras Schewtschenko ist ein hervorragender Dichter.

g) Wer steht da links?

h) Wessen W' rterbuch liegt dort?

i) Die Woche beginnt am Montag.

k) Wer ist Ivan Franko?

13. *Lesen Sie den Text und die Dialoge. Beachten Sie Aussprache und Intonation.*

14. *Lesen und üben Sie die Redewendungen dieser Lektion.*

15. *Bilden Sie zwei Dialoge, basierend auf den Redewendungen dieser Lektion.*

16. *Bilden Sie zwei Dialoge zum Thema* Робо́чий ти́ждень.

17. *Schreiben Sie einen Aufsatz zum Thema* Моє́ мі́сто.

LEKTION 8

<table>
<tr><td>1. Stimmhafte und stimmlose Konsonanten</td><td>5. Adverbien auf -o, -e, -ому, -и</td></tr>
<tr><td>2. Die Alternation von Konsonanten</td><td>6. Die Frage який? як?</td></tr>
<tr><td>3. Der Ausfall von Konsonanten</td><td>7. Zur Wortbildung der Substantive, die Personen bezeichnen</td></tr>
<tr><td>4. Die Verben розумі́ти, зна́ти + Akkusativ</td><td></td></tr>
</table>

PHONETIK

1. Stimmhafte und stimmlose Konsonanten

Im Ukrainischen treten die meisten Konsonanten paarweise auf:

stimmhaft	б	в	д	з	дз	ж	дж	г	ґ
stimmlos	п	ф	т	с	ц	ш	ч	х	к

2. Die Alternation von Konsonanten

a) Sowohl bei der Formbildung als auch bei der Wortbildung tritt oft ein Konsonantenwechsel in den Wortstämmen auf.

b) Hauptarten des Konsonantenwechsels sind:

г → з → ж	нога́ – нозі́ – ні́женька	*Fuß (Bein)*
к → ц → ч	рука́ – руці́ – ру́ченька	*Hand*
х → с → ш	ву́хо – у ву́сі – ву́шенько	*Ohr*
д → дж	сиді́ти – сиджу́	*sitzen*
зд → ждж	ї́здити – ї́жджу	*fahren*
т → ч	леті́ти – лечу́	*fliegen*
ст → щ(шч)	пусти́ти – пущу́	*lassen*

3. Der Ausfall von Konsonanten

a) Bei der Form- und Wortbildung k'nnen einige Konsonanten wegfallen:

г + ський	= **зький**:	Ри́га – ри́зький
ж + ський	= **зький**:	Пари́ж – пари́зький

к + ський = цький:	коза́к – коза́цький
х + ський = ський:	чех – че́ський
ш + ський = ський:	това́риш – товари́ський

b) Beim Aufeinandertreffen von drei Konsonanten fällt in der Regel der mittlere Konsonant weg:

ст + н = сн:	ра́дість – ра́дісний, честь – че́сний	*ehrlich*
ст + л = сл:	ща́стя – щасли́вий	*glücklich*
зд + н = зн:	проі́зд – проїзни́й	*Fahrschein*
жд + н = жн:	ти́ждень – тижне́вий	*wöchentlich*

aber: студе́нт – студе́нтський / тури́ст – тури́стський.

GRAMMATIK

4. Die Verben розумі́ти, зна́ти + Akkusativ

Nach den Verben der e-Konjugation (I) **розумі́ти** *verstehen* und **зна́ти** *wissen* wird der Akkusativ gebraucht (siehe auch Lektion 6).
Merken Sie sich:

розумі́ти	англі́йський текст	суча́сн-ого письме́нник-а
зна́ти	нов-о́го профе́сор-а	на́ш-у вчи́тельк-у
	тво-ю́ сестр-у	украї́нськ-у грама́тик-у
	украї́нськ-у мо́в-у	тв-ого́ бра́т-а
	росі́йськ-у кни́жк-у	інозе́мн-ого студент-а
	вели́кий вірш	Богда́н-а, Оле́с-ю

5. Adverbien auf -о, -е, -ому, -и

Die ukrainischen Adverbien der Art und Weise (auf die Frage **як?**) werden von Adjektivstämmen abgeleitet, und zwar mit

-о, -е:	га́рно, пога́но, до́бре, хо́роше, ціка́во
-и:	(bei Stammauslaut auf -ськ, -цьк und mit Präfix по-): по-украї́нськи, по-німе́цьки, по-англі́йськи, по-коза́цьки
-ому:	(teils mit Suffix -ськ, -цьк und mit Präfix по-коза́цьки): по-дома́шньому, по-старо́му, по-німе́цькому

6. Die Frage який? як?

Merken Sie sich: **який?** (*Adjektiv*)   **як?** (*Adverb*)

гáрний	гáрно
погáний	погáно
зелéний	зéлено
цікáвий	цікáво
старúй	по-старóму
росíйський	по-росíйському
францýзький	по-францýзьки

7. Zur Wortbildung der Substantive, die Personen bezeichnen

Substantive, die Personen nach Volks- oder Staatszugeh' rigkeit, Wohnsitz oder Herkunft bezeichnen, werden mit Hilfe folgender Suffixe gebildet:

Geschlecht	*Suffixe*	*Beispiele*
m	**-ець, -єць**	українець, німець, австрíєць (Украïна, Нiмéччина, Áвстрiя)
f	**-к-а**	украïнка, німкéня*, австрíйка
m	**-анин, -янин**	вінничáнин, харкíв'янин, киянин (Вíнниця, Хáркiв, Кúïв)
f	**-анк-а, -янк-а**	вінничáнка, харкíв'янка, киянка

* Ausnahme

Техт

Це Вíденський університéт, iнститýт славíстики. Тут студéнти вивчáють украïнську мóву. Ïхня рíдна мóва – нiмéцька та англíйська, а украïнська – iнозéмна мóва. Сабíна, наприклад, австрíйка, вíденка. Курт – нíмець. Йогó батькíвщина – Нiмéччина. Йогó дружина Éльке теж німкéня. Ïх рíдне мíсто – Берлíн, тóбто вiн берлíнець, а вонá берлíнка. Вонú рáзом вивчáють украïнську мóву. Джек – америкáнець, алé мáє украïнське похóдження. Тут вiн iнозéмець. Вiн та йогó мáти й тáто говóрять удóма по-англíйському й по-украïнському. Джек знáє теж дýже дóбре нiмéцьку мóву. Йогó пóдруга Джейн – канáдка.

Зáраз лéкцiя. Професóр i студéнти розмовлáють по-украïнському, тíльки iнодi перекладáють на нiмéцьку мóву.

Dialoge

1. – Скажíть, будь лáска, ви украї́нець чи росія́нин?
   ~ Ні, я австрíєць.
   – Ви вчитéсь чи працю́єте?
   ~ Я вчусь.
   – Що ви вивчáєте?
   ~ Я вивчáю украї́нську мóву.
   – А ... Тому́ ви так гáрно говóрите по-украї́нськи.
   ~ Дя́кую!

2. – Богдáне, ти знáєш німéцьку мóву?
   ~ Так... Трóхи.
   – Ти розмовля́єш по-німéцькому?
   ~ Я розумíю, але не говорю́ по-німéцьки.
   – А якá твоя́ рíдна мóва?
   ~ Украї́нська.
   – То бу́демо розмовля́ти по-украї́нському.
   ~ Гарáзд!

3. – Олéсю, хто це?
   ~ Це Жан, наш новúй студéнт.
   – Він інозéмець?
   ~ Так, він францу́з. Йогó рíдна мóва – францу́зька.
   – А що він вивчáє зáраз?
   ~ Він – фíзик, алé хóче тут вчúти й німéцьку мóву.

Vokabeln

рíдний,-а мова	*hier: Muttersprache*	тíльки	*nur*
інозéмний, - а	*hier: Fremdsprache*	берлíнець *m*	*Berliner*
вíденка *f*	*Wienerin*	берлíнка *f*	*Berlinerin*
вíденець *m*	*Wiener*	інозéмець *m*	*Ausländer*
батькíвщина *f*	*Heimat*	похóдження *n*	*Abstammung*
дружúна *f*	*Ehefrau*	пóдруга *f*	*Freundin*
німкéня *f*	*Deutsche*	канáдка *f*	*Kanadierin*
нíмець *m*	*Deutscher*	канáдець *m*	*Kanadier*
тóбто	*nämlich*	фíзик *m*	*Physiker*

наприклад	*zum Beispiel*	іноді *Adv.*	*manchmal*
хотіти I	*wollen*	він хóче	*er will*
чи	*oder*	росіянин *m*	*Russe*
алé	*aber*	францу́з *m*	*Franzose*

Redewendungen

1. Parallele Formen

Дóбрий день!	Добри́день!
Дóброї нóчі!	На добрáніч!
Як живетé?	Як ся мáєте?
Як живéш?	Як ся мáєш?

2. Сьогóдні тéпло (хóлодно).   *Heute ist es warm (kalt).*
   Вчóра булó   "   "   *Gestern war es ...*
   Зáвтра бу́де   "   "   *Morgen wird es ... sein.*

3. Подиві́ться на дóшку,   *Schauen Sie auf die Tafel!*
   Сідáйте,   будь лáска!   *Setzen Sie sich, bitte!*
   Почнéмо працювáти,   *Wir beginnen zu arbeiten.*

Übungen

1. *Lesen Sie folgende Wörter laut und beachten Sie besonders die Aussprache der stimmhaften und stimmlosen Konsonanten.*

   Бáлка – пáлка, вáта – фатá, гáлька – кáлька, дáта – тáто, сад – зад, дзвін – цвіт, жарт – шарф, змія́ – сім'я́, бам – пам, там – дам, жи́ти – ши́ти.

2. *Bilden Sie die Adjektive von folgenden Substantiven. Beachten Sie die Veränderungen in den Wortstämmen.*

   Пари́ж, рáдість, францу́з, Ри́га, щáстя, чех, ти́ждень, Прáга.

3. *Bilden Sie die Substantive, die Personen bezeichnen, mit Hilfe der Suffixe* -ець, -єць, -к, -янин, -янка.

   Áвстрія, Ві́день, Амéрика, Ки́їв, Німéччина, Норвéгія, Áнглія, Ітáлія, Швейцáрія.

4. Bilden Sie sechs Sätze mit folgendem Sprachmodell:

Розумі́ти (зна́ти) + Adjektiv + Substantiv *im Akkusativ.*

5. Bilden Sie die Adverbien folgender Adjektive:

Га́рний, украї́нський, до́брий, пога́ний, ціка́вий, зеле́ний, німе́цький, італі́йський.

6. Vollenden Sie folgende Sätze:

a) Скажі́ть, будь ла́ска, де ... .
b) Скажи́, будь ла́ска, яки́й ... .
c) Скажі́ть, будь ла́ска, що ... .
d) Скажи́, будь ла́ска, як ... .

e) Скажі́ть, будь ла́ска, хто ... .
f) Скажи́, будь ла́ска, куди́ ... .
g) Скажі́ть, будь ла́ска, чия́ ... .

7. Beantworten Sie folgende Fragen:

a) Сього́дні те́пло чи хо́лодно?
b) Учо́ра була́ неді́ля?
c) За́втра бу́де вівто́рок?
d) Ви вивча́єте украї́нську чи росі́йську мо́ву?
e) Ти зна́єш його́ бра́та чи сестру́?
f) Окса́на чита́є текст чи пи́ше впра́ви?
g) За́втра бу́де хо́лодно?
h) За́раз іде́ нови́й фільм?
i) Вони́ гово́рять тепе́р по-украї́нському чи по-німе́цькому?

8. Lesen Sie den Text und die Dialoge. Beachten Sie Aussprache und Intonation.

9. Nennen Sie die Antonyme folgender Wörter:

Берлі́нець, рі́дна (мо́ва), кана́дка, ві́денець, кия́нка, стари́й, ра́нок, працюва́ти, пога́но, учо́ра, те́пло, ні́мець, чех, хо́лодно, стоя́ти, пита́ти.

10. Nennen Sie die Synonyme folgender Wörter und Wortgruppen:

Говори́ти, та́то, як живе́ш, за́раз, школя́рка, роди́на, спаси́бі, у ме́не є ..., добри́день!

11. Lesen und üben Sie die Redewendungen dieser Lektion.

12. Bilden Sie zwei Dialoge, basierend auf den Redewendungen aus den Lektionen 7 und 8.

13. Bilden Sie zwei Dialoge zum Thema Хто ти й яка́ твоя́ рі́дна мо́ва.

14. Schreiben Sie einen Aufsatz zum Thema Я – австрі́єць (ні́мець), австрі́йка (німке́ня) ... usw.

LEKTION 9

1. Die Assimilation
2. Die Stämme des Verbs
3. Der Nominativ Plural des Substantivs (Zusammenfassung)
4. Die Grundzahlwörter (Kardinalia) 1 bis 20
5. Grundzahlwörter mit Substantiven
6. Die Fragepartikel **чи**
7. Die Sprachmodelle **Скажíть, будь лáска, чи (не) знáєте ви, де (як, кудú ...)**
8. Die Konjunktionen **а, алé**
9. Die parallelen Sprachmodelle **Скíльки мáєте (мáєш) рóків? – Скíльки Вам (тобí) рóків?**
10. Die parallelen Sprachmodelle **Я люблю́ +** Akk. – **Менí подóбається +** Nom.

PHONETIK

1. Die Assimilation

a) Die Assimilation (von lat. *assimilatio*) ist die Angleichung der Aussprache zweier Laute, die aus Konsonanten oder Vokalen bestehen k'nnen. Dabei gleicht sich der assimilierte Laut in einem oder mehreren Merkmalen dem Folgekonsonanten an.

b) In der ukrainischen Sprache ist die Assimilation (anders als im Russischen) eine nicht sehr weit verbreitete Erscheinung. Meistens assimilieren sich die Konsonanten:

प्रóсьба wird wie прóз'ба, снíг wie с'н'іг, у чáшці wie у чáс'ці, боротьбá wie борóд'ба, з тáтом wie с тáтом artikuliert (siehe auch Lektion 2, *vokalische Assimilation*).

c) Im modernen Ukrainischen sind die meisten Assimilationen regressiv.

GRAMMATIK

2. Die Stämme des Verbs

a) Ausgangspunkt für die Bildung der Verbformen sind die zwei Stämme des Verbs: der Infinitivstamm und der Präsensstamm (bzw. Stamm des vollendeten Futurs).

b) Den Infinitivstamm erhält man, wenn man vom Infinitiv **-ти (-ть)** abstreicht:

читáти – **чита-** / говорúти – **говори-**.

c) Den Präsensstamm erhält man, wenn man von der 3. Person Pl. des Präsens die Personalendung **-уть** (**-ють**) oder **-ать** (**-ять**) abstreicht:

читáють – **чита-** / говóрять – **говóр-**.

d) Infinitiv- und Präsensstamm k'nnen übereinstimmen oder sich unterscheiden:

Infinitiv	нес-тú	писá-ти
Infinitivstamm	нес-	писа-
3. Pers. Pl. (Präsens)	нес-ýть	пúш-уть
Präsensstamm	нес-	пиш-

e) Von jedem der beiden Stämme werden bestimmte Verbformen gebildet, z.B.:

писáти – **пúш**-уть – пиш-ú! (*Imperativ*)

читá-ти – читá-в, читá-л-а ... . (*Präteritum*)

3. Der Nominativ Plural des Substantivs (Zusammenfassung)

Die Substantive haben im Nominativ Plural die Endungen **-и**, **-i**, **-ï**, **-а**, **-я**:

	-и -i -ï			-а -я
m + *f*	брат – братú бáтько – батькú стілéць – стільцí ніж – ножí лíкар – лікарí край – краї́	кнúга – кнúги земля́ – зéмлі грýша – грýші тінь – тíні ніч – нóчі лéкція – лéкції	*n*	перó – пéра вóгнище – вóгнища теля́тко – теля́тка мóре – моря́ знання́ – знання́

a) Die Endung **-и** haben:
- *männliche* Substantive mit Stammauslaut auf *harten* Konsonanten und **-о**. (*Ausnahmen* sind Substantive mit Stammauslaut auf **ж, ч, ш, щ**.):

  садóк – садкú / бáтько – батькú;

- *weibliche* Substantive auf **-а**:

  пáрта – пáрти.

b) Die Endung **-i** haben:

- *männliche* Substantive auf *weichen* Konsonanten, auf **ж, ч, ш, щ** und die *meisten* Substantive auf **p**:

  кінь – кóні / дощ – дощí / школя́р – школярí (aber: мáляр – мáляри und auch: мáляр – маляр-í)

- *weibliche* Substantive auf *harten* und *weichen* Konsonanten, auf **-я** und auf **-a** mit Stammauslaut auf **ж, ч, ш, щ**:

  сіль – сóлі / піч – пéчі / дóля – дóлі / межá – мéжі.

c) Die Endung **-ï** haben:

- *männliche* Substantive auf **-й**:

  край – краї́;

- *weibliche* Substantive auf **-ія**:

  сéсія – сéсії.

d) Die Endung **-a** haben:

- *sächliche* Substantive auf **-o**:

  селó – сéла;

- *sächliche* Substantive auf **-e** mit Stammauslaut auf **ж, ч, ш, щ** (selten):

  пожáрище – пожáрища;

- *sächliche* Substantive mit dem Suffix **-атко (-ятко)**:

  тигря́тко – тигря́тка.

e) Die Endung **-я** haben:

- *sächliche* Substantive auf **-e**: пóле – поля́;

- *sächliche* Substantive auf **-я**, die im Nominativ (Sg. + Pl.) die *gleiche* Endung haben: життя́ – життя́.

f) Merken Sie sich auch:

Nom. Singular		Nom. Plural	
дити́на	*Kind*	**ді́ти**	*Kinder*
ді́вчина	*Mädchen*	**дівчáта**	*Mädchen*
люди́на	*Mensch*	**лю́ди**	*Menschen*
селяни́н	*Bauer*	**селя́ни**	*Bauern*

4. Die Grundzahlwörter (Kardinalia) 1 bis 20

1	оди́н, одна́, одне́, одні́	11	одина́дцять
2	два, дві	12	двана́дцять
3	три	13	трина́дцять
4	чоти́ри	14	чотирна́дцять
5	п'ять	15	п'ятна́дцять
6	шість	16	шістна́дцять
7	сім	17	сімна́дцять
8	ві́сім	18	вісімна́дцять
9	де́в'ять	19	дев'ятна́дцять
10	де́сять	20	два́дцять

Beachten Sie:

– 11 bzw. 12, 13 ... bedeutet *eins über zehn* ... ;
– das Suffix -дцять wird wie *-ц'ат'* ausgesprochen.

a) Das Zahlwort **оди́н** (*ein, eine; allein*) weist eine männliche, weibliche, sächliche Form und den Plural auf:

оди́н стіл *m* / **одна́** кни́жка *f* / **одне́** мо́ре *n* /
одні́ столи́ / кни́ги / моря́ *Pl.*

Ebenso werden mehrgliedrige Zahlw' rter verändert, die als letztes Wort eine 1 enthalten:

21 (два́дцять оди́н) стіл / 31 (три́дцять одна́) ла́мпа / 41 (со́рок одне́) прі́звище.

b) Das Zahlwort **два** besitzt nur zwei Formen: **два** *m + n* und **дві** *f*:

два́ лі́карі / два́ села́ / дві сестри́.
Ebenso: 22 (два́дцять два) лі́карі / 22 (два́дцять дві) па́рти.

c) Die Zahlw' rter **три, чоти́ри** werden mit Substantiven aller drei Geschlechter verbunden:

три (чоти́ри) столи́, па́рти, мо́ря.

5. Grundzahlwörter mit Substantiven

a) Nach dem Nominativ der Grundzahlw' rter 2, 3, 4 bzw. 22, 23, 24, 32, 33, 34 steht das Substantiv im *Nominativ Plural* (2, 3, 4, 22, 33, 34 столи́, кни́ги, мо́ря, студе́нти), aber manchmal mit verändertem Akzent:

Nom. Singular	син	мо́ре
Nom. Plural	сини́	моря́
2, 3, 4 ...	си́ни	мо́ря

b) Nach dem Nominativ der Grundzahlw' rter 5, 6, 7, 8 ... bzw. 25, 26 ... usw. steht das Substantiv im Genitiv Plural:

5 столі́в / 7 морі́в ... .

6. Die Fragepartikel чи

a) Die Partikel **чи** hat keine selbstständige Bedeutung und dient nur zum Ausdruck einer Frage:

Чи ма́єте ви підру́чник? *Haben Sie ein Lehrbuch?*

b) Die Partikel **чи** bezieht sich auf den ganzen Satz und steht in der Regel am Anfang des Satzes.

c) Sie wird durch einen Fragesatz ohne Fragewort übersetzt:

Чи ма́єш ти сестру́? *Hast du eine Schwester?*

Чи не́бо блаки́тне? *Ist der Himmel blau?*

Чи він студе́нт? *Ist er ein Student?*

7. Die Sprachmodelle ...

Скажі́ть, будь ла́ска, чи (не) зна́єте ви,	ЯК ... ЩО... ЯКИ́Й ... де ... куди́ ... ХТО ...
Скажи́, будь ла́ска, чи (не) зна́єш ти,	

Muster:

– Скажі́ть, будь ла́ска, чи не зна́єте ви, де тут університе́т?

– Так, це недале́ко, за́раз ліво́руч.

– (- Ні, на жаль, не зна́ю.)

8. Die Konjunktionen a *(und, aber)*, алé *(aber)*

a) Die Konjunktionen **a**, **алé** *aber* sind entgegensetzende Konjunktionen.

b) Die Konjunktion **a** verbindet Sätze, deren Aussagen einander gegenübergestellt oder miteinander verglichen werden:

Я студéнт, **a** він ýчень.	*Ich bin Student, aber er ist Schüler.*
Сестрá пúше лист (-á),	*Die Schwester schreibt einen Brief,*
a брат читáє кнúжку.	*aber der Bruder liest ein Buch.*

c) Die Konjunktion **алé** verbindet Sätze, von denen der zweite Satz das Gegenteil von dem enthält, was erwartet wird:

Сьогóдні тéпло, **алé** йде дощ.	*Heute ist es warm, aber es regnet.*
Я розумíю, **алé** не говорю́	*Ich verstehe Ukrainisch, aber ich*
по-украïнському.	*kann nicht Ukrainisch sprechen.*

9. Die parallelen Sprachmodelle ...

Скíльки мáєте рóків?	*Wie alt sind Sie?*
Скíльки мáєш рóків?	*Wie alt bist du?*
Скíльки Вам* рóків?	
Скíльки тобí* рóків?	
Я мáю 18 рóків.	*Ich bin 18 Jahre alt.*
Менí* 18 рóків.	

10. Die parallelen Sprachmodelle ...

Nom. + **любúти** + *Akk.*	*Dat.** + **подóбатися** *(gefallen)* + *Nom.*
(Sg. + Pl.)	(Sg. + Pl.)
Я люблю́ теáтр.	Менí подóбається теáтр.
Я люблю́ теáтри.	Менí подóбаються теáтри.

Beispiele:

Ти лю́биш футбóл?	Вам подóбається класúчна мýзика?
Так, менí подóбається футбóл.	Ні, я люблю́ сучáсну мýзику.

Beachten Sie:	подóбається (Präsens, 3. Pers. Sg.)
	подóбаються (Präsens, 3. Pers. Pl.)

---

* Die Personalpronomen haben im *Dativ* folgende Formen: менí, тобí, йомý, їй, нам, вам, їм.

Text

Я й моя́ роди́на

Як ви вже зна́єте, я студе́нт. Мене́ звуть Богда́н, а моє́ прі́звище Петре́нко. Я ма́ю 19 ро́ків. Вчусь я у Ки́ївському університе́ті, на філологі́чному факульте́ті, вивча́ю німе́цьку та англі́йську мо́ви. Що ще я мо́жу про се́бе розпові́сти? Я люблю́ кни́ги та му́зику. Мій улю́блений поет – Тара́с Шевче́нко. Я зна́ю його́ ві́рші та пое́ми. Що стосу́ється му́зики, мені́ подо́бається і класи́чна і суча́сна му́зика, а тако́ж украї́нські наро́дні пісні́.

У ме́не невели́ка роди́на. Моя́ сім'я́ – це ба́тько та ма́ти, дві сестри́ та я. Мої́ батьки́ – лю́ди сере́днього ві́ку. Та́то – інжене́р, ма́ма виклада́є украї́нську мо́ву, але́ вона́ теж гово́рить по-німе́цькому й і́ноді дає́ мені́ пора́ди відно́сно ви́вчення інозе́мної мо́ви. Моя́ ста́рша сестра́ – Га́ля, Гали́на. Їй два́дцять три ро́ки. Вона́ вже одру́жена й ма́є си́на. Його́ звуть Макси́м. Він ще немовля́. Ната́лка – моя́ моло́дша сестра́. Вона́ ма́є трина́дцять ро́ків. Ната́ля ще школя́рка. Вона́ га́рна учени́ця. Ната́лка за́вжди́ вчить усі́ уро́ки, але́ їй особли́во подо́бається літерату́ра. Вона́, як і я, бага́то чита́є й пи́ше га́рні тво́ри.

Чи тре́ба ще щось додава́ти? Ми всі ма́ємо – як ви ба́чите – спі́льні інтере́си й у нас невели́ка, але дру́жна сім'я́. А у вас?

Dialoge

1.   – У те́бе вели́ка роди́на?
      ~ Ні, мале́нька – ба́тько, ма́ти, брат та я.
      – А сестра́ у те́бе є?
      ~ Ні, нема́є.
      – Твій брат теж студе́нт?
      ~ Ні, він ще школя́р.
      – Скі́льки ж йому́ ро́ків?
      ~ Він ма́є двана́дцять ро́ків.

2.   – Познайо́мтесь (познайо́мся), будь ла́ска! Це мій син Тара́с.
      ~ Ду́же приє́мно!
Тарас: Ра́дий з ва́ми познайо́митись.
      ~ У вас лише́ оди́н син?

— Ні, ми ма́ємо дво́є діте́й.

~ А у нас – тро́є: два си́ни й дочка́.

3.   — Скажі́ть, будь ла́ска, це Ві́денський університе́т?

~ Так.

— І філологі́чний факульте́т тут?

~ Так. Тре́ба ті́льки підня́тись на два по́верхи.

— Щи́ро дя́кую!

~ Будь ла́ска!

4.   — Ти вивча́єш в університе́ті інозе́мні мо́ви?

~ Так, украї́нську та англі́йську, а тако́ж геогра́фію.

— Тобі́ подо́бається украї́нська літерату́ра?

~ Так. Як ти зна́єш, я люблю́ пое́зію Т. Шевче́нка.

— А тобі́ подо́баються тво́ри Іва́на Франка́?

~ Так, він теж ду́же талано́ви́тий письме́нник. Я осо́бли́во
люблю́ його́ лі́рику.

Wortverbindungen aus dem Text

1. Як ви вже зна́єте	*Wie Sie bereits wissen*
Як ти вже зна́єш	*Wie du bereits weißt*
2. Що стосу́ється му́зики	*Was ... betrifft*
3. Лю́ди (люди́на) сере́днього ві́ку	*Personen mittleren Alters*
4. Вона́ одру́жена, він одру́жений	*Sie (er) ist verheiratet*
5. Як ви ба́чите, як ти ба́чиш	*Wie Sie sehen, wie du siehst*
6. Дава́ти пора́ду (пора́ди)	*Einen Rat geben*
7. У нас дво́є (тро́є ...) діте́й.	*Wir haben zwei (drei ...) Kinder.*

Vokabeln

могти́ (мо́жу ...) I	*können, dürfen*	ви́вчення *n*	*Erlernen*
улю́блений(поет)	*Lieblingsdichter*	за́вжди́ *Adv.*	*immer*
вірш *m*	*Gedicht*	дода/ва́ти I	*hinzufügen*
пое́ма *f*	*Ballade*	спі́льний	*gemeinsam*
наро́дна (пісня)	*Volkslied*	інтере́с *m*	*Interesse*
ста́рший	*älter*	дру́жний	*einig, einmütig*
щось	*etwas*	дру́жна (сім́о́ї)	*liebe Familie*
пора́да *f*	*Rat*	підня́тися v.	*hinaufgehen*

про себе	*über mich*	піднімáтися I	
віднóсно (+ Gen.)	*in Bezug auf*	пóверх *m*	*Stock*
молóдший	*jünger*	багáто *Adv.*	*viel*
школя́рка *f*	*Schülerin*	твóри	*hier: Aufsätze*
викладáч *m*	*Professor*	*Pl.* v. твір *m*	
такóж	*auch*	розповíсти́ v.	*erzählen*
подóбатися I	*gefallen*	розповідáти I	
блакúтний	*blau*	на жаль	*leider*

Redewendungen

Знайóмство

1. Дозвóльте відрекомендувáтися.
2. Ви знайóмі?
3. Дозвóльте познайóмити вас
   з моíм дрýгом.
4. Дýже приéмно.
5. Рáд/ий -а з вáми познайóмитися.

Загáльне

1. Щаслúвої дорóги!
2. Ласкáво прóсимо!
3. Хай Вам (тобí) щастúть!
4. Бажáємо Вам всьогó найкрáщого!
5. Вітáйте (вітай) своíх батькíв.

Bekanntschaft

Darf ich mich vorstellen?
Kennen Sie einander?
Darf ich Ihnen meinen Freund
vorstellen?
Sehr angenehm.
Ich freue mich, Sie kennenzulernen.

Allgemeines

Gute Reise!
Herzlich willkommen!
Gutes Gelingen!
Leben Sie wohl!
Grüßen Sie Ihre Eltern.

Übungen

1. Setzen Sie die folgenden Substantive in den Plural:

Сімő, прíзвище, сестрá, вірш, кнúга, рік, лéкція, мíсто, пáмőятник, аудитóрія, бáтько, товáриш, викладáч.

2. Suchen Sie zu jedem Substantiv ein passendes Adjektiv und ein Possessiv-
pronomen, setzen Sie sie in den Plural.
Muster: студéнт – нáші новí студéнти.

Мóва, підрýчник, питáння, мíсто, вíдповідь, інтерéс, поéма, сестрá, завдáння, поéт, твір, вірш.

3. *Schreiben Sie folgende Sätze ab. Setzen Sie die in Klammern stehenden Zahlwörter in der erforderlichen Form ein.*

   a) Моя́ по́друга ма́є (2, брат).
   b) Окса́на несе́ (3, кни́га).
   c) Він зна́є лише́ (nur) (1, мо́ва).
   d) На столі́ лежа́ть (4, зо́шит).
   e) Тут є (3, студе́нт) та (2, учени́ця).
   f) Вона́ ма́є (4, рік).

4. *Finden Sie den Infinitiv- bzw. Präsensstamm der Verben. Bilden Sie Sätze mit diesen Verben im Präsens:*

Зна́ти, розповіда́ти, вивча́ти, люби́ти, додава́ти, проси́ти, ба́чити.

5. *Bilden Sie sieben Fragen mit der Partikel* чи.

6. *Üben Sie das Sprachmodell* Скажі́ть, будь ла́ска, чи не зна́єте ви, де (як, яки́й ....). *Schreiben Sie zehn Sätze.*

7. *Bilden Sie Sätze mit folgenden Wortverbindungen:*

Що стосу́ється, як ви вже зна́єте, мені́ подо́бається, дава́ти пора́ди, як ви ба́чите, спі́льні інтере́си.

8. *Üben Sie die Sprachmodelle* Я люблю́ ... Мені́ подо́бається. *Bilden Sie zwei Dialoge.*

9. *Lesen Sie den Text und die Dialoge. Beachten Sie Aussprache und Intonation.*

10. *Bilden Sie zwei Dialoge, basierend auf den hervorgehobenen Dialogen.*

11. *Lesen und üben Sie die Redewendungen dieser Lektion.*

12. *Bilden Sie zwei Dialoge zum Thema* Знайо́мство.

13. *Schreiben Sie einen Aufsatz zum Thema* Мої́ інтере́си.

14. *Schreiben Sie einen Aufsatz zum Thema* Моя́ роди́на.

LEKTION 10

1. Die Assimilation (Fortsetzung)

2. Die Veränderungen im Verbstamm (e-Konjugation (I) und и-Konjugation (II)) (Zusammenfassung)

3. Die Verben der Fortbewegung **іти** und **ходити**

4. Die Verben **іти** (йти) I und **ходити** II im Präsens

5. Verben mit dem Suffix -**ся**

6. Die Bedeutung der Verben mit dem Suffix -**ся**

7. Der Genitiv Singular des Substantivs

8. Die Veränderungen im Stamm des Substantivs im Genitiv Singular

9. Der Gebrauch des Genitivs (Sg.) ohne Präpositionen

10. Der Genitiv des Adjektivs und des Possessivpronomens der 1. und 2. Person Singular und Plural

11. Die Grundzahlwörter (Kardinalia) 21 bis 1000

12. Die Ordnungszahlwörter (Ordinalia)

13. Das reflexive Possessivpronomen **свій**

14. Subjekt und Prädikat

PHONETIK

1. Die Assimilation

Im Ukrainischen lassen sich hauptsächlich drei Arten konsonantischer Assimilationen unterscheiden: Stimmassimilation, Palatalisierungsassimilation, Assimilation der Artikulationsstelle und des Artikulationsmodus.

a) Die Stimmassimilation (асиміляція за дзвінкістю – глухістю) besteht darin, dass stimmhafte Geräuschkonsonanten vor stimmlosen Geräuschkonsonanten stimmlos und stimmlose Geräuschkonsonanten vor stimmhaften Geräuschkonsonanten stimmhaft ausgesprochen werden:

рідко *selten* wird wie рітко, книжка *Buch* wie книшка, боротьба *Kampf* wie бородьба ausgesprochen.

b) Die Palatalisierungsassimilation (асиміляція за твердістю – мякістю) besteht darin, dass in bestimmten Fällen ein Konsonant unter dem Einfluss des nachfolgenden Konsonanten ebenfalls palatalisiert wird:

кість *Knochen* wird wie кіс'т', слів (слово) *Wort* wie с'лів, сонця (сонце) *Sonne* wie сон'ця ausgesprochen.

c) Die Assimilation der Artikulationsstelle und des Artikulationsmodus (асиміляція за місцем та способом творення): Die Assimilation der Artikulationsstelle besteht darin, dass unter dem Einfluss des folgenden Konsonanten die Artikulation frikativer Dental-Alveolarer in das postalveolare Gebiet verschoben wird. Als Assimilation des Artikulationsmodus bezeichnet man die Angleichung der Dental-Alveolaren **т** und **д** an Affrikaten. Sie können mit einer Stimmassimilation und einer Palatalisierungsassimilation verbunden sein:

> квíтка *Blume*, у квíтці wird wie у квí**ц**'ці, жир *Fett*, **з** жíром wird wie **ж** жíром, двá**дц**ять *zwanzig* wird wie двá**ц**'ат' ausgesprochen.

2. Die Veränderungen im Verbstamm

a) Der Konsonantenwechsel im Stamm des Verbs in der e-Konjugation (I):

	г → ж	берé**г**-тú *bewahren* – берé**ж**-ý, берé**ж**-éш ...
immer:	к → ч	плá**к**а-ти *weinen* – плá**ч**-у, плá**ч**-еш ...
	х → ш	колихá-ти *wiegen* – коли**ш**-ý, колú**ш**-еш ...
manchmal:	з → ж	в'яза́ти *binden* – в'я**ж**-ý, в'я́**ж**-еш ...
	с → ш	писá-ти *schreiben* – пи**ш**-ý, пú**ш**-еш ...
aber:		ве**з**-тú *fahren* – ве**з**-ý, ве**з**-éш ...
		не**с**-тú *tragen* – не**с**-ý, не**с**-éш ...

in der и-Konjugation (II) (*nur* in der *1. Person Sg.*):

	д → дж	ходú-ти – хо**дж**-ý (хóд-иш ... хóд-ять)
	т → ч	летí-ти – ле**ч**-ý (лет-úш ... лет-я́ть)
	з → ж	возú-ти – во**ж**-ý (вóз-иш ... вóз-ять)
	с → ш	носú-ти – но**ш**-ý (нóс-иш ... нóс-ять)
	зд → ждж	ї**зд**и-ти – ї́**ждж**-у (ї́зд-иш ... ї́зд-ять)
	ст → щ	ро**ст**-тú – ро**щ**-ý (рост-úш ... рост-я́ть)
aber:	г → ж	бí**г**-ти – бí**ж**-у, бí**ж**-иш ... бí**ж**-ать

(in *allen* Personen Sg. und Pl.).

b) Die Verben der и-Konjugation (II) mit Stammauslaut auf **б, п, в, ф** und **м** haben in der 1. Pers. Sg. und 3. Pers. Pl. vor der Endung -л:

> робú́ти II роблю́, рóбиш, рóбить, рóбимо, рóбите, рóблять
>
> любú́ти II люблю́, лю́биш, лю́бить, лю́бимо, лю́бите, лю́блять
>
> спáти II сплю, спиш, спить, спимó, спитé, сплять.

c) Manchmal finden andere Veränderungen im Verbstamm statt:

> брáти I берý, берéш ... берýть (siehe Lektion 3)
>
> звáти I зву, звеш ... звуть (siehe Lektion 5)
>
> слáти I шлю, шлеш ... шлють *schicken, senden*

GRAMMATIK

3. Die Verben der Fortbewegung іти́ und ходи́ти

a) Das Verb **іти́** (**йти**) bezeichnet eine Bewegung, die in einer *bestimmten* Richtung verläuft:

Студе́нти йдуть до університе́ту. *Die Studenten gehen in die Uni.*

b) Das Verb **ходи́ти** bezeichnet eine Bewegung nicht in *eine*, sondern in *verschiedene* Richtungen (mitunter auch eine *unterbrochene* Bewegung) und eine *wiederholte* Bewegung:

Я ча́сто ходжу́ в кіно́. *Ich gehe oft ins Kino.*

Звича́йно я ходжу́ на робо́ту пішки. *Gewöhnlich gehe ich zu Fuß zur Arbeit*

4. Die Verben іти́ (йти) I und ходи́ти II im Präsens

Singular		*Plural*	
я	іду́, ходжу́	ми	ідемо́, хо́димо
ти	іде́ш, хо́диш	ви	ідете́, хо́дите
він			
вона	іде́, хо́дить	вони	іду́ть, хо́дять
воно			

5. Verben mit dem Suffix -ся

a) Die Verben mit dem Suffix **-ся** sind sehr häufig. Herkunftsmäßig ist **-ся** die alte Kurzform des Reflexivpronomens **себе́** *sich* im Akkusativ.

b) Sie werden mit Suffix **-ся** nach Konsonant und **-сь** nach Vokal gebildet:

Ти одяга́єшся? *Ziehst du dich an?*

Я одяга́юсь. *Ich ziehe mich an.*

c) Sie werden wie die Verben ohne **-ся** konjugiert; nur in der 3. Pers. Sg. (e-Konjugation (I)) werden statt **-е** (**-є**) die Endungen **-еть, -єть** vor **-ся** gestellt.

Singular		*Plural*	
умива́тися I	диви́тися II	умива́тися I	диви́тися II
умива́-ю-сь	дивл-ю́-сь	умива́-ємо-сь	ди́в-имо-сь
умива́-єш-ся	ди́в-иш-ся	умива́-єте-сь	ди́в-ите-сь
умива́-єть-ся	ди́в-ить-ся	умива́-ють-ся	ди́вл-ять-ся

6. Die Bedeutung der Verben mit dem Suffix -ся

a) Die meisten Verben mit dem Suffix -**ся** haben folgende Bedeutungen:

  – reflexive Bedeutung:

    умива́тися *sich waschen* / купа́тися *sich baden*;

  – reziproke Bedeutung:

    зустріча́тися *sich begegnen* / ба́читися *sich treffen, sich sehen.*

b) Einige Verben mit -**ся** haben keine reflexive oder reziproke Bedeutung. Diese Verben muss man sich merken:

    почина́тися *anfangen* / **продо́вжуватися** *dauern* /
    закі́нчуватися *enden*;

  einige davon werden ohne -**ся** nicht verwendet:

    смі́ятися *lachen* / **диви́тися** *sehen* / **прокида́тися** *aufwachen* /
    посміха́тися *lächeln* / **сподіва́тися** *hoffen.*

7. Der Genitiv Singular des Substantivs

a) Der Genitiv Sg. lautet -**a** (-**я**), -**у** (-**ю**), -**и**, -**i** (-**ï**). Beispiele:

  m   брат, ба́тько, стіле́ць, геро́й, ліс, жаль, край, ста́роста, судда́;

  f   кни́га, пра́ця, тінь, ніч, наді́я; *n* вікно́, мо́ре, ли́стя, імӧ.

Geschlecht	Genitiv Sg.	Beispiele
m	-а, -я; -у, -ю; (-и, -i selten)	бра́т-а, ба́тьк-а, стільц-я́, геро́-я, ліс-у, жа́л-ю, кра́-ю; ста́рост-и, судд-і́
f	-и, -i, -ï	кни́г-и, пра́ц-і, тін-і, но́ч-і, наді́-ï
n	-а, -я (-i selten)	вікн-а́, мо́р-я, ли́ст-я; ім-ен-і

b) Die Endung -**a** haben im Genitiv Singular folgende Substantive:

  – die *männlichen* Substantive auf *harten* Konsonanten:

    чолові́к *Mann* – чолові́ка / зо́шит *Heft* – зо́шита;

  – alle *männlichen* und *sächlichen* Substantive auf -**o**:

    та́то *Vater* – та́та / вікно́ *Fenster* – вікна́.

c) Die Endung **-я** haben:
- die *männlichen* Substantive auf *weichen* Konsonanten:

день *Tag* – дня / олівéць *Bleistift* – олівця́;

- einzelne *männliche* Substantive auf **-р**:

лíкар *Arzt* – лíкаря   *aber*: школя́р *Schüler* – школяра́ /
мáляр *Maler* – маляра́;

- *sächliche* Substantive auf **-е** und **-я** (oft mit Stammauslaut auf langen Konsonanten):

сóнце *Sonne* – сóнця / облúччя *Gesicht* – облúччя.

d) Zahlreiche *männliche* Substantive auf Konsonanten haben die Endung **-у (-ю)**:

вíтер *Wind* – вíтру / сир *Käse* – сúру / ýспіх *Erfolg* – ýспіху / біль *Schmerzen* – бóлю / вогóнь *Feuer* – вогню́. (Siehe Anhang 4.)

e) Die Endung **-i**:
- *weibliche, männliche* + *sächliche* (selten) Substantive auf **-я**:

прáця *Arbeit* – прáці / дóля *Schicksal* – дóлі / суддя́ *Richter* – судді́ /
плéм'я *Feuer* – плéмен-і.

- *weibliche* Substantive auf *harten* und *weichen* Konsonanten:

пóдорож – пóдорожі *Reise* / ніч – нóчі / пóвість – пóвісті.

f) Die Endung **-ï** haben die *weiblichen* Substantive auf **-ія**:

вія *Wimper* – вії / надíя *Hoffnung* – надíї.

8. Die Veränderungen im Stamm des Substantivs
im Genitiv Singular

Folgende Veränderungen im Stamm des Substantivs finden im Genitiv Sg. statt:

a) Die Alternation der Vokale:

i → o   ніс – нóса *Nase*
i → e   óсінь – óсені *Herbst*

b) Ausfall von flüchtigem **-о** und **-е**:

сон – сну *Traum* / день – дня.

9. Der Gebrauch des Genitivs (Sg.) ohne Präpositionen

a) In Verbindung mit den Wörtern **немáє** *ist nicht, hat nicht, es gibt nicht*, **не булó** *war nicht ...*, **не бýде** *wird nicht sein* ... bezeichnet der Genitiv das Nichtvorhandensein eines Gegenstandes. Beachten Sie:

У ме́не є кни́га (стіл).	*Ich habe ein Buch (einen Tisch).*
У ме́не нема́є кни́г-**и** (стол-**á**).	*Ich habe kein Buch (...).*
У ме́не була́ кни́га (стіл).	*Ich hatte ein Buch (...).*
У ме́не не було́ кни́г-**и** (стол-**á**)	*Ich hatte kein Buch (...).*
У ме́не бу́де кни́га (стіл).	*Ich werde ein Buch (...) haben.*
У ме́не не бу́де кни́г-**и** (стол-**á**).	*Ich werde kein Buch(...) haben.*

b) Der Genitiv drückt das Verhältnis der Zugehörigkeit aus. Er wird (wie das Possessivpronomen) mit **чий?** *wessen* (**чия? чиє? чиї?**) erfragt:

стіл **бра́та**	*der Tisch des Bruders*
рід **іме́нника**	*das Geschlecht des Substantivs*
кни́га **сестри́**	*das Buch der Schwester*

10. Der Genitiv des Adjektivs und des Possessivpronomens der 1. und 2. Person Singular und Plural

Geschlecht	*Nominativ Singular*	*Genitiv Singular*
m + n	**-ий, -ій**	**-ого, -(ь)ого**
f	**-а, -я**	**-ої, -(ь)ої, -єї**

a) Die Adjektive weisen im Gen. Sg. die Endungen **-ого, -(ь)ого** (*m+n*) und **-ої, -(ь)ої** (*f*) auf:

m вихідни́й день *freier Tag* – вихідно́**го** дня / си́ній зо́шит *blaues Heft* – си́нь**ого** зо́шита;

n весе́ле лі́то *fröhlicher Sommer* – весе́л**ого** лі́та / си́нє мо́ре *blaues Meer* – си́нь**ого** мо́ря;

f смачна́ вече́ря *köstliches Abendmahl* – смачн**о́ї** вече́рі / си́ня кни́га *blaues Buch* – си́нь**ої** кни́ги.

b) Die Possessivpronomen **мій (моє́), твій (твоє́), наш (на́ше), ваш (ва́ше)** (*m+n*) haben im Genitiv Sg. auch die Endungen **-ого** und die Possessivpronomen **моя́, твоя́, на́ша, ва́ша** (*f*) die Endungen **-ої, -єї :**[*]

---

[*] Dies gilt auch für das Possessivpronomen **свій** (S. 76).

Nominativ Sg.	*m*	мій, твій, наш, ваш інститу́т
	n	моє́, твоє́, на́ше, ва́ше завда́ння
	f	моя́, твоя́, на́ша, ва́ша шко́ла
Genitiv Sg.	*m + n*	**мого́, твого́, на́шого, ва́шого** інститу́ту, завда́ння
	f	**моє́ї, твоє́ї, на́шої, ва́шої** шко́ли

11. Die Grundzahlwörter (Kardinalia) 21 bis 1000

21, 22, 23 ...	два́дцять оди́н (одна́, одне́), два (дві), три ...;
30, 31, 32 ...	три́дцять, три́дцять оди́н (одна́, одне́), два (дві), три ...;
40, 50, 60, 70, 80, 90	со́рок, п'ятдеся́т, шістдеся́т, сімдеся́т, вісімдеся́т, дев'яно́сто;
100, 101, 102, 103...	сто, сто оди́н, сто два, сто три ...;
200, 300, 400, 500, 600, 700, 800, 900	дві́сті, три́ста, чоти́риста, п'ятсо́т, шістсо́т, сімсо́т, вісімсо́т, дев'ятсо́т;
1000	ти́сяча.

a) Mehrgliedrige Grundzahlwörter werden durch Aneinanderreihung gebildet, und zwar – abweichend vom Deutschen – in der Reihenfolge Zehner, Einer.

b) Die Grundzahlwörter werden dekliniert. (Siehe Anhang 1.)

12. Die Ordnungszahlwörter (Ordinalia)

1.	пе́рший, -а, -е, -і	7.	сьо́мий, -а, -е, -і
2.	дру́гий, -а, -е, -і	8.	во́сьмий, -а, -е, -і
3.	тре́тій, -я, -є, -і	9.	дев'я́тий, -а, -е, -і
4.	четве́ртий, -а, -е, -і	10.	деся́тий, -а, -е, -і
5.	п'я́тий, -а, -е, -і	11.	одина́дцятий, -а, -е, -і
6.	шо́стий, -а, -е, -і	12.	двана́дцятий, -а, -е, -і usw.

a) Die Ordnungszahlwörter werden vom Stamm der entsprechenden Grundzahlwörter abgeleitet (*Ausnahme:* пе́рший / дру́гий).

b) Die Ordnungszahlwörter haben die harten Endungen (**-ий, -a, -e**):

дру́гий, -a, -e / шо́стий, -a, -e usw.

Ausnahme: **тре́тій** (-я, -є).

c) Bei mehrgliedrigen Ordnungszahlwörtern erhält nur das *letzte* Wort die Form des Ordnungszahlwortes und nur das *letzte* Wort wird wie ein Adjektiv dekliniert:

125 – сто два́дцять пя́тий, сто два́дцять пя́того, сто два́дцять пя́тому ... (siehe Anhang 1).

d) Ordnungszahlwörter stehen gewöhnlich bei Substantiven und stimmen mit ihnen in Geschlecht, Zahl und Fall überein:

Сього́дні **пе́рший** уро́к украї́нської мо́ви.

Я йду́ на **пе́ршу** ле́кцію.

Він ро́бить **пе́рше** завда́ння.

Я люблю́ **пе́рші** кві́ти.

13. Das reflexive Possessivpronomen свій

a) Das reflexive Possessivpronomen **свій** *m* (**своя́** *f*, **своє́** *n*, **свої́** *Pl.*) *sein, ihr, eigener* wird, wie die Possessivpronomen **мій, твій, наш, ваш**, nach Geschlecht, Zahl und Fall verändert:

свій зо́шит / свої́ кни́ги / своє́ село́ ...

b) Das reflexive Possessivpronomen **свій** weist auf die Zugehörigkeit einer Sache zur 1., 2. oder 3. Person hin, die *Handlungsträger* des Satzes ist:

Я (ти, він, вона́) бере́ (бере́ш ...) свою́ кни́гу.

Ми (ви, вони́) беремо́ (берете́ ...) свою́ кни́гу.

c) Ist in einem Satz das Subjekt durch ein Personalpronomen der 1. oder 2. Person Sg. und Pl. ausgedrückt, so kann statt **свій** das entsprechende Possessivpronommen – **мій, твій, наш, ваш** – stehen:

Я беру́ свою́ (мою́) кни́гу. Ми беремо́ свою́ (на́шу) кни́гу.

Ти бере́ш свою́ (твою́) кни́гу. Ви берете́ свою́ (ва́шу) кни́гу.

d) Ist jedoch das Subjekt durch ein Personalpronomen der 3. Person (він, вона́, воно́, вони́) oder durch ein Substantiv ausgedrückt, so zieht der Ersatz von **свій** durch das Possessivpronomen der 3. Person Sg. und Pl. (його́, її́, їх (ї́хній)) eine Bedeutungsänderung nach sich:

Студе́нт бере́ **свій** словни́к.   *Der Student nimmt sein eigenes Wörterbuch.*

Студе́нт бере́ **його́** словни́к.   *Der Student nimmt sein Wörterbuch.*

Die beiden Sätze haben eine unterschiedliche Bedeutung: im ersten Satz handelt es sich um das Wörterbuch des Studenten, im zweiten um das Wörterbuch, das nicht dem Studenten, sondern jemand anderem gehört.

14. Subjekt und Prädikat

a) Das Subjekt ist die Antwort auf die Fragen **хто? що?**

b) Das Prädikat hängt grammatikalisch vom Subjekt ab. Es antwortet auf die Frage Що ро́бить? *Was macht?*

c) Das Prädikat stimmt mit dem Subjekt in Zahl und Person (im Präteritum auch im Geschlecht) überein:

Я чита́ю текст. / Ми чита́ємо текст. / Ната́лка чита́ла текст.

d) Es gibt im Ukrainischen Sätze, die nur aus einem Subjekt oder aus einem Prädikat bestehen:

Ніч. *Es ist Nacht.* / Тут кни́га. *Hier ist das Buch.* /
Тре́ба працюва́ти. *Man soll arbeiten.*

Wortverbindungen zum Thema Час – Die Zeit

a) Весь день – *den ganzen Tag*
b) Ци́ми дня́ми – *in diesen Tagen*
c) Час іде́ – *die Zeit vergeht*
d) Час іти́ працюва́ти (спа́ти, відпочива́ти) – *es ist Zeit, arbeiten (schlafen, sich ausruhen) zu gehen*
e) Час додо́му – *es ist Zeit, nach Hause zu gehen*

Merken Sie sich auch die folgenden Wörter zum Thema *Час:*

Що?	*Was? (Substantiv)*	**Коли́?**	*Wann? (Adverb)*
ра́нок	*Morgen*	ура́нці	*morgens*
ве́чір	*Abend*	уве́чері	*abends*
день	*Tag*	уде́нь	*am Tage*
по́лудень	*Mittag*	опо́лудні	*um die Mittagszeit*
ніч	*Nacht*	уночі́	*nachts*
пі́вніч	*Mitternacht*	ополу́но́чі	*gegen Mitternacht*

Текст

Що ми робимо?

Дійсно, що ми робимо весь день? Тут треба, звичайно, розрізняти робочі дні та вихідні чи святкові... Наш тиждень починається в понеділок. Понеділок – перший день тижня. Слово понеділок, між іншим, означає по неділі, тобто після неділі, після відпочинку. Тому кажуть також, що понеділок – важкий день. Після відпочинку у неділю важко починати працювати. Але ми всі завжди сподіваємось, що наступний тиждень буде легкий.

Ранок. Уранці ми прокидаємось, встаємо, вмиваємось одягаємось, зачісуємось, а потім снідаємо. Наш сніданок – це чашка кави, скибка хліба, трохи масла та дві-три ложки варення. Тепер час іти до університету. Там студенти зустрічаються, вітаються, розмовляють, жартують. Починається перша лекція, потім друга, третя ...

Полудень. Ополудні ми обідаємо, потім робимо свої домашні завдання, передивляємось записи лекцій.

Вечір. Увечері ми вечеряємо, читаємо, дивимось телевізор, іноді йдемо в кіно, але звичайно ми ходимо в кіно, в театр і на концерти в суботу та неділю.

Наш робочий день закінчується пізно. Північ. Час іти спати. На добраніч!

Dialoge

1. – Петре, що ти робиш звичайно ввечері?
   ~ Увечері я дивлюсь телевізор, читаю, пишу листи. А ти?
   – В середу та суботу я йду в спортивний клуб, а в інші дні я ввечері читаю, чи слухаю музику, чи переглядаю газети.

2. – Оксано, яка у нас перша лекція?
   ~ Мовознавство. А що?
   – Я не була тут минулого разу. Дай мені, будь ласка, твої записи лекцій.
   ~ Прошу.
   – Дякую.

Vokabeln

дíйсно	*tatsächlich*	кáва *f*	*Kaffee*
звичáйно	*gewöhnlich*	варéння n	*Konfitüre*
розрізнЯ́ти I	*unterscheiden*	лóжка *f*	*Löffel*
вихіднúй	*freier Tag*	зустрічáтися I	*sich treffen*
важкúй	*schwer*	вітáтися I	*begrüßen*
вáжко *Adv.*	*schwierig*	жарту/вáти I	*scherzen*
пíшки	*zu Fuß*	обíдати I	*zu Mittag essen*
сподівáтися I	*hoffen*	передивлЯ́тися I	*durchsehen*
легкúй	*leicht*	вечéряти I	*zu Abend essen*
прокидáтися I	*erwachen*	звичáйний	*üblich*
вста/вáти I	*aufstehen*	пíзно *Adv.*	*spät*
вмивáтися I	*sich waschen*	лист *m*	*Brief*
одягáтися I	*sich anziehen*	íнший	*der andere*
зачíсу/ватися I	*sich frisieren*	переглядáти I	*durchsehen*
снíдати I	*frühstücken*	мовознáвство *n*	*Sprach-*
мíж íншим	*übrigens*		*wissenschaft*
снідáнок *m*	*Frühstück*	минýлий	*voriger*
чáшка *f*	*Tasse*	скúбка *f*	*Schnitte*
томý	*deshalb, darum*	настýпний	*folgend*
чáсом *Adv.*	*manchmal*	до + *Gen.*	*zu, nach*

Übungen

1. *Setzen Sie die folgenden Substantive in den Genitiv Singular:*

   Снідáнок, бáтько, обíд, рáнок, учúтель, завдáння, день, тúждень, лист, пóверх, вірш.

2. *Schreiben Sie folgende Sätze ab. Setzen Sie die in Klammern stehenden Substantive in den Genitiv Singular:*

   a) У нéї немáє (підрýчник).
   b) Йогó снідáнок – це чáшка (кáва).
   c) Ця студéнтка не розумíє (украΪ́нська мóва).
   d) У них немáє зáраз (час).
   e) Що стосýється (мýзика), то я не люблю (клáсика).
   f) Тут стоΪ́ть бáнка (варéння).
   g) Дай менí скúбку (хліб).
   h) Віднóсно (свЯ́то) ми ще поговóримо.

3. *Verbinden Sie die Substantive der Ü1 mit einem Adjektiv oder Ordnungszahlwort und mit den Possessivpronomen* мій, твій, наш, ваш *oder* свій. *Setzen Sie dabei die Wortverbindungen in den Genitiv Singular.*

4. *Bilden Sie sechs Sätze mit den Wortverbindungen* мій, твій, наш, ваш + *Adjektiv + Substantiv im Genitiv Sg.*

   Muster: твоє цікáве оповідáння, мій стáрший брат.

   У мéне немáє твогó цікáвого оповідáння.
   Це кни́жка могó стáршого брáта.

5. *Schreiben Sie folgende Sätze ab. Setzen Sie die in Klammern stehenden Verben der Fortbewegung* іти́ *oder* ходи́ти *in der erforderlichen Form ein.*

   a) Врáнці я (іти́ – ходи́ти) до університéту.
   b) Моя́ сестрá вже три рóки (іти́ – ходи́ти) до шкóли.
   c) Ми звичáйно (іти́ – ходи́ти) спáти ополýнóчі.
   d) Чи чáсто ви (іти́ – ходи́ти) в теáтр?
   e) Він не (іти́ – ходи́ти) сьогóдні на стадіóн.
   f) Я люблю́ (іти́ – ходи́ти) чáсом у кінó.
   g) Час (іти́ – ходи́ти) дýже шви́дко.

6. *Konjugieren Sie folgende Verben*: сні́дати, роби́ти, зустрічáтися, вітáтися, сподівáтися.

7. *Schreiben Sie folgende Sätze ab und setzen Sie anstelle der Punkte die passenden Verben mit dem Suffix* -ся *ein*:

   a) Сьогóдні хóлодно. Трéба тéпло ... .
   b) Врáнці студéнти ... .
   c) Ти́ждень ... у понеді́лок.
   d) Вонá зáвжди́ сердéчно ... .
   e) Я не люблю́ дýже рáно ... .
   f) Кані́кули ... у сéреду.
   g) Увéчері ми всі рáзом ... телеві́зор.
   h) Моя́ сестрá гáрно ... .
   i) Мі́сяць ... 30 чи 31 день.

   (вітáтися, закі́нчуватися, прокидáтися, продóвжуватися, одягáтися, починáтися, зустрічáтися, диви́тися, посміхáтися).

8. *Bilden Sie fünf Sätze mit den Verben, die ohne* -ся *nicht verwendet werden können.*

9. *Schreiben Sie folgende Sätze ab. Setzen Sie jeweils das Pronomen* свій *(in der erforderlichen Form) oder* його, її, їх (їхній) *ein.*

a) Вони несуть ... зо́шити.

b) ... робо́чий день почина́ється ра́но.

c) ... сестра́ працю́є тут вже три ро́ки.

d) Студе́нт бере́ ... портфе́ль.

e) Коли́ закі́нчується ... робо́чий день?

f) У ... садку́ є кві́ти?

g) Вона́ ду́же лю́бить ... сестру́.

h) ... по́друга – ду́же га́рна ді́вчина.

10. *Übersetzen Sie:*

a) Ich stehe gewöhnlich sehr früh auf.

b) Wo frühstücken Sie?

c) Fahren Sie in die Uni oder gehen Sie zu Fuß?

d) Der Unterricht ist abends zu Ende.

e) Wie viele Stunden arbeiten Sie?

f) Wann gehen Sie zu Bett?

11. *Lesen Sie den Text und die Dialoge. Beachten Sie Aussprache und Intonation.*

12. *Nennen Sie die Antonyme der folgenden Wörter:*

Снідати, ополу́но́чі, вдень, (час) іти́ спа́ти, ра́но, святко́вий (день), важки́й, ве́чір, жі́нка, рі́дна (мо́ва), лі́кар, ста́рший, працюва́ти, відповіда́ти, хло́пець, післяза́втра.

13. *Bilden Sie zwei Dialoge, basierend auf den Dialogen dieser Lektion.*

14. *Lesen und üben Sie die Wortverbindungen zum Thema* Час.

15. *Bilden Sie zwei Dialoge zum Thema* Знайо́мство.

16. *Beschreiben Sie Ihren Arbeitstag.*

LEKTION 11

1. Besonderheiten in der Aussprache einiger Buchstabenkombinationen
2. Der Lokativ des Substantivs
3. Die Veränderungen im Stamm des Substantivs im Lokativ
4. Die Präpositionen des Lokativs
5. Der Akkusativ des Substantivs mit Präpositionen
6. Singulariatantum und Pluraliatantum
7. Das Präteritum
8. Das Verb **бу́ти** (*sein*) im Präteritum und im Futur
9. Das Prädikativum **пови́нен**
10. Die unpersönlichen Prädikativa **мо́жна, слід**
11. Das Adverb
12. Die Verben **диви́тися, ба́чити; почина́ти – почина́тися**
13. Die Monatsnamen
14. Das Datum

PHONETIK

1. Besonderheiten in der Aussprache einiger Buchstabenkombinationen

Kombination	Aussprache	Buchstabierung	Lies
-ться	-ц' :a	сміє́ться	смійец': а
-шся	-с' :a	ми́єшся	мийес': а
-дцять	-ц' :ат'	два́дцять	двац': ат'
-жці	-з' ц' і	у кни́жці	у книз': ц' і
-тство	-цтво	бра́тство	брацтво
-нтський	-н' с' кий	студе́нтський	студен' с' кий
-стн	-сн	шістна́дцять	шіснац': ат'
-зж	-ж:	розжи́тися	рож:итис': а

GRAMMATIK

2. Der Lokativ des Substantivs

Substantive haben im Lokativ Singular die Endungen -i (-ï), -ові (-еві, -єві), -у (-ю):

Beispiele: зóшит *Heft*, вогóнь *Feuer*, бáтько *Vater*, чоловíк *Mann*, товáриш *Kamerad*, герóй *Held*, дим *Rauch*, бій *Kampf*; шкóла *Schule*, земля́ *Erde*, тінь *Schatten*, надíя *Hoffnung*; селó *Dorf*, мóре *Meer*, життя́ *Leben*, теля́тко *Kalb*.

Nominativ Singular			*Lokativ Singular*		
m	*f*	*n*	*m*	*f*	*n*
зóшит	шкóла	селó	у зóшит-і	у шкóл-і	у сел-í
вогóнь	земля́	мóре	у вогнí	на земл-í	у мóр-і
бáтько	тінь	життя́	при бáтьк-ови	у тíн-і	у житт-í
чоловíк	надíя	теля́тко	на чоловíк-ови	у надí-ï	на теля́тк-у
товáриш			на товáриш-еви		(-ови)
герóй			на герó-єви		
дим			у дим-ý		
бій			у бо-ю́		

a) Die meisten Substantive haben im Lokativ Singular die Endung -**i**, die weiblichen Substantive auf -**ія** dagegen die Endung -**ï**:

  стіл — на столí / лáмпа *Lampe* – у   лáмпі / земля́ *Erde* – на землí / пóле – у пóлі / вíя – на вíï.

b) Die *belebten männlichen* Substantive mit Stammauslaut auf -**o**, -**й(j)**, Konsonanten und die *sächlichen* Substantive auf -**o** mit dem Suffix -**к** haben im Lokativ Singular die Endungen -**ови**, -**еви**, -**єви**:

  кінь — на конéви / водíй – на водіéви / хлопчи́сько *Bursche* –   на хлопчи́ську (на хлопчи́ськови) / тигря́тко – на тигря́ткови (*und* на тигря́тку).

c) Die *männlichen* Substantive mit Stammauslaut auf **j** und Substantive, die im Genitiv Singular ein unbetontes -**у (-ю)** haben, erhalten im Lokativ Singular ein betontes -**у (-ю)**:

Nom. Sg.	*Gen. Sg.*	*Lok. Sg.*
бій	бó-ю	у бо-ю́
дим	ди́м-у	дим-ý

d) Die *männlichen* Substantive mit den Suffixen **-ик**, **-ок**, **-ак** (**-як**) und die *sächlichen* Substantive mit dem Suffix **-к** weisen im Lokativ die Endung **-у** (**-ю**) auf.

сад-óк *m* – у садк-ý, стíльчик *m* Sessel – на стíльчику, літáк *m* Flugzeug – у літакý;

дитя́т-к-о *n* – на дитя́тк-у (*und* на дитя́тк-**ові**)

e) Einige *männliche* und *sächliche* Substantive mit der Präposition **по** weisen im Lokativ die Endung **-у** (**-ю**) auf:

по бéрегу, по мóрю.

f) *Alle* männlichen, weiblichen und sächlichen Substantive haben im Lokativ Plural nur die Endung **-ах** (**-ях**):

	Nominativ Pl.	*Lokativ Plural*	
		-ах	-ях
m	зóшит-и	у зóшит-ах	
	батькú	на батьк-áх	
	товариш-í	на товариш-áх	
	дні		на дн-ях
	кра-í		у кра-я́х
f	шкóли	у шкóл-ах	
	нóчі	у ноч-áх	
	зéмлі		на зéмл-ях
	тíні		у тíн-ях
	надíї		у надí-ях
n	сéла	у сéл-ах	
	плéчі	на плéч-áх	
	моря́		у мор-я́х
	життя́		у житт-я́х

3. Die Veränderungen im Stamm des Substantivs im Lokativ

a) Die Alternation der Vokale im Singular und Plural:

		Nom. Sg.	*Lok. Sg.*	*Lok. Pl.*
i	→ o	ніс	на нóсі	на носáх
i	→ e	ведмíдь	на ведмéді	на ведмéдях

b) Ausfall der flüchtigen Vokale **o** und **e** im Singular und Plural:

садо́к	у садку́	у садка́х
сон	у сні	у снах
пень	на пні	на пнях

c) Die Konsonantenwechsel vor **-i** (nur im Singular):

г →	з	нога́	на нозі́	*aber:* на нога́х (*Pl.*)
к →	ц	рука́	на руці́	на рука́х
х →	с	му́ха	на му́сі	на му́хах
aber:		дах	на даху́	на даха́х

4. Die Präpositionen des Lokativs

a) Der Lokativ wird nur mit Präpositionen gebraucht, und zwar mit **у (в)** *in*, **на** *auf*, **при** *bei*, **по** *auf, durch, über*, **о** *um* (nur bei Zeitangabe):

у шко́лі *in der Schule* / у сі́чні *im Januar* / на столі́ *auf dem Tisch* / при зу́стрічі *bei der Begegnung* / по о́зеру *auf dem See* / о пе́ршій годи́ні *um 1 Uhr.*

b) Mit den Präpositionen **у (в)**, **на** gibt der Lokativ den Ort bzw. die Zeit der Handlung an und antwortet auf die Frage де? *Wo?* bzw. коли? *Wann?*:

Я живу́ у Ві́дні. *Ich wohne in Wien.*

Він народи́вся у кві́тні. *Er ist im April geboren.*

c) In einigen Fällen sind die Präpositionen **на** und **у (в)** bei Ortsbezeichnungen gleichbedeutend, ihr Gebrauch hängt vom Substantiv ab.

Merken Sie sich:

Besondere Fälle des Gebrauchs der Präpositionen **на** und **у (в)** zur Bezeichnung des Ortes sind:

на			
на факульте́ті	*an der Fakultät*	на конфере́нції	*auf der Konferenz*
на ле́кції	*in der Vorlesung*	на пі́вночі	*im Norden*
на стадіо́ні	*im Stadion*	на пі́вдні	*im Süden*
на майда́ні	*am Platz*	на за́ході	*im Westen*
на ву́лиці	*in der Straße*	на схо́ді	*im Osten*
на з'ї́зді	*auf dem Kongress*	на пе́ршому ку́рсі	*im ersten Studienjahr*

в/у			
в Украї́ні	*in der Ukraine*	у теа́трі	*im Theater*
в А́встрії	*in Österreich*	у садку́	*im Garten*
в університе́ті	*an der Universität*	у магази́ні	*in einem Geschäft*
в інститу́ті	*an einem Institut*	у пе́ршому	*im ersten Semes-*
у шко́лі	*in der Schule*	семе́стрі	*ter*

5. Der Akkusativ des Substantivs mit Präpositionen

a) Die Präpositionen **у** (**в**) *in, zu* und **на** *auf, in, zu* mit dem Akkusativ bezeichnen eine Richtung (Frage куди? *Wohin?*): у театр, на іспит. Vergleichen Sie:

> Студе́нти йду́ть в університе́т (куди?) *Akk.*

> Студе́нти вча́ться в університе́ті (де?) *Lok.*

b) Die Präposition **у** (**в**) wird zur Angabe der Wochentage gebraucht: у сере́ду, у субо́ту. Vergleichen Sie:

> У понеді́лок, у вівто́рок, у сере́ду ... *Akk.*

> У сі́чні, у лю́тому, у бе́резні ... *Lok.*

6. Singulariatantum und Pluraliatantum

a) Substantive, die nur im Singular gebraucht werden, sind:
  – Abstrakta:

   коха́ння *Liebe* / ува́га *Aufmerksamkeit*;

  – Kollektiva:

   о́дяг *Kleidung* / лю́дство *Menschheit*;

  – Bezeichnungen von Metallen, chemischen Elementen, Arzneimitteln:

   залі́зо *Eisen* / ки́сень *Sauerstoff*;

  – Bezeichnungen einiger Pflanzen und Gemüsearten:

   цибу́ля *Zwiebel* / бузо́к *Flieder*.

b) Substantive, die nur im Plural gebraucht werden:
  – die paarigen Gegenstände:

   но́жиці *Schere* / штани́ *Hose*;

c) Einige Ausnahmen, die man sich merken muss:

   кані́кули *Ferien* / гро́ші *Geld* / ша́хи *Schachspiel*.

7. Das Präteritum

a) Den ukrainischen Formen des Präteritums stehen im Deutschen die Formen des Präteritums, des Perfekts und des Plusquamperfekts gegenüber:

Він писа́в – *er schrieb, er hat geschrieben, er hatte geschrieben.*

b) Die Verben im Präteritum werden nicht nach der Person, sondern nach der Zahl und im Singular nach dem Geschlecht verändert.

c) Das Präteritum wird vom Infinitivstamm gebildet:

писа́-ти / **бра́**-ти / **нес**-ти́.

d) Das Präteritum der meisten Verben wird durch Anfügen der Suffixe -**в** und -**л** an den Infinitivstamm gebildet.

In der *männlichen* Form erhalten die Verben mit Stammauslaut auf Vokal das Suffix -**в**. In der *weiblichen* und *sächlichen* Form und in der *Pluralform* das Suffix -**л** und entsprechende Endungen: -**а** (*f*), -**о** (*n*), -**и** (*Pl.*): писа́-**в**, писа́-**л**-**а**, писа́-**л**-**о**, писа́-**л**-**и**.

e) Bei den Verben mit Stammauslaut auf Konsonanten fällt das Suffix -**в** in der männlichen Form aus:

бі́г-ти – бі́г, бі́гла, бі́гло, бі́гли;
вез-ти́ – віз, везла́, везло́, везли́.

f) In der *männlichen* Form kommt manchmal ein Vokalwechsel im Stamm des Verbes vor:

о, е → і   рос-ти́ – ріс / нес-ти́ – ніс.

g) Die Verben mit dem Suffix -**ся** werden im Präteritum wie die Verben ohne -**ся** gebildet:

Infinitiv	*Singular*	*Plural*
мити́ся	він ми́вся	ми́лися
	вона ми́лася	
	воно ми́лося	

8. Das Verb бу́ти (*sein*) im Präteritum und im Futur*

	Präteritum		*Futur*	
	Singular	*Plural*	*Singular*	*Plural*
m	був	були́	бу́ду	бу́демо
f	була́		бу́деш	бу́дете
n	було́		бу́де	бу́дуть

* Beachten Sie die Präsensendungen der e-Konjugation (I)!

9. Das Prädikativum пови́нен (*man muss, man soll*)

a) Dieses Prädikativum hat wie das Adjektiv vier Formen (**пови́нен** *m*, **пови́нна** *f*, **пови́нно** *n*, **пови́нні** *Pl.*) und wird mit dem Infinitiv verbunden. Im Präsens stimmt повинен mit dem Subjekt in Zahl und im Geschlecht überein:

Він пови́нен працюва́ти. Вона́ пови́нна працюва́ти.

Вони́ пови́нні працюва́ти.

b) Im Präteritum бути + повинен stimmt das Prädikativum mit dem Subjekt in Geschlecht und Zahl und im Futur in Person und Zahl überein:

Präteritum: Він пови́нен був учо́ра працюва́ти.

Вона повинна була вчора працювати.

Воно повинно було вчора працювати.

Вони повинні були вчора працювати.

Futur: Я повинен бу́ду за́втра працюва́ти.

Ти повинен будеш завтра працювати.

Він повинен буде завтра працювати.

Вона повинна буде завтра працювати.

Воно повинно буде завтра працювати.

Ми повинні будемо завтра працювати.

Ви повинні будете завтра працювати.

Вони повинні будуть завтра працювати.

10. Die unpersönlichen Prädikativa можна (*man kann*), слід (*man soll*)

a) Im Präsens werden **мо́жна, слід** (wie **тре́ба**) nur mit dem Infinitiv verbunden:

Тут мо́жна (слід) працюва́ти.

b) Im Präteritum werden **мо́жна, слід, тре́ба** mit dem Infinitiv und dem Verb **бу́ти** in der *sächlichen* Form **було́** gebraucht:

Тут можна (слід, треба) було працювати.

c) Im Futur werden diese Prädikativa mit dem Infinitiv und dem Verb **бути** in der 3. Person Singular **бу́де** gebraucht:

Тут можна (слід, треба) буде працювати.

11. Das Adverb

Nach der Bedeutung unterscheidet man folgende Gruppen von Adverbien:

a) Adverbien des Ortes (Frage **де?** *wo?* / **куди?** *wohin?*):

тут *hier* / там *dort* / дале́ко *weit, fern.*

b) Adverbien der Zeit (Frage **коли?** *wann?*):

сього́дні *heute* / улі́тку *im Sommer.*

c) Adverbien der Art und Weise (Frage **як?** *wie?*):

до́бре *gut* / по-украї́нському *auf Ukrainisch.*

d) Adverbien des Maßes und Grades (Frage **скільки?** *wie viel?* / **В якій мірі?** *in welchem Maß?*):

бага́то *viel* / ду́же *sehr.*

e) Adverbien des Zwecks (kleine Gruppe) (Frage **нащо? навіщо?** *wozu?* / **для чого?** *zu welchem Zweck?*):

наперекі́р *zum Trotz* / навми́сно *absichtlich.*

f) Adverbien des Grundes (kleine Gruppe) (Frage **чому?** *warum?*):

згарячу́ *unbedacht* / ненаро́ком *unabsichtlich.*

12. Die Verben дивитися, ба́чити; почина́ти – почина́тися

Merken Sie sich:

ба́чити   *sehen, schauen*

диви́тися   *schauen*

a) Das Verb **бачити** wird meistens mit dem direkten Objekt (im Akkusativ) gebraucht:

ба́чити мо́ре *das Meer sehen*

ба́чити сон *einen Traum sehen (haben)*

aber auch: до́бре ба́чити *gut sehen*

b) Das Verb **дивитися** wird meistens in Verbindung mit dem Präpositionsobjekt gebraucht:

Окса́на ди́виться на до́шку. *Oksana schaut an die Tafel.*

Брат ди́виться у вікно́. *Der Bruder schaut auf das Fenster.*

Aber: диви́тися телеві́зор, фільм

c) *Vergleichen Sie:*

Aktiv	*Passiv*
Почина́ти *beginnen, anfangen*	почина́тися *beginnen, anfangen, starten*
продо́вжувати *fortsetzen*	продо́вжуватися *dauern, andauern*
закі́нчувати *beenden, abschließen*	закі́нчуватися *enden, ablaufen*

Beispiele:

Почина́ти працюва́ти (вчи́тися, писа́ти, чита́ти ...) *zu arbeiten (zu studieren, zu schreiben, zu lesen ...) beginnen, anfangen.*

Навча́льний рік (пе́рша ле́кція, лі́тній семе́стр ...) **почина́ється** *Das Studienjahr (die erste Vorlesung, das Sommersemester ...) beginnt.*

13. Die Monatsnamen

Nominativ		*Lokativ*	
сі́чень	*Januar*	у сі́чні	*im Januar*
лю́тий	*Februar*	у лю́тому	*im Februar*
бе́резень	*März*	у бе́резні	*im März*
кві́тень	*April*	у кві́тні	*im April*
тра́вень	*Mai*	у тра́вні	*im Mai*
че́рвень	*Juni*	у че́рвні	*im Juni*
ли́пень	*Juli*	у ли́пні	*im Juli*
се́рпень	*August*	у се́рпні	*im August*
ве́ресень	*September*	у ве́ресні	*im September*
жо́втень	*Oktober*	у жо́втні	*im Oktober*
листопа́д	*November*	у листопа́ді	*im November*
гру́день	*Dezember*	у гру́дні	*im Dezember*

14. Das Datum

Das Datum wird durch die Ordnungszahlwörter in der *sächlichen* Form mit dem Namen des Monats im *Genitiv* Singular (auf **-а**, **-я**) gebildet.

Ausnahme: лю́тий – лю́того.

Яке́ сього́дні число́? *Welches Datum ist heute?*

Сього́дні 5 (п'я́те) бе́резня. *Heute ist der 5. März.*

Merken Sie sich:[*]

Nominativ Singular	*Genitiv Singular*
сі́чень	сі́чня
лю́тий	лю́того
бе́резень	бе́резня
кві́тень	кві́тня
тра́вень	тра́вня
че́рвень	че́рвня
ли́пень	ли́пня
се́рпень	се́рпня
ве́ресень	ве́ресня
жо́втень	жо́втня
листопа́д	листопа́да
гру́день	гру́дня

Vergleichen Sie:

Яки́й рік за́раз?	Яко́го ро́ку? (Коли́?)	У яко́му ро́ці? (Коли?)
2006-ий рік (*Nom.*)	2006-о́го року (*Gen.*)	У 2006-о́му ро́ці (*Lok.*)
(дві ти́сячі шо́стий рік)	(auch bei Datums- angaben)	(У дві ти́сячі шо́стому ро́ці)
	10.09.2006	
	(10-ого ве́ресня дві ти́сячі шо́стого ро́ку)	

---

[*] Beachten Sie den Ausfall der Vokale **е**. Ausnahme: листопад – листопада.

Beispiele:

1. Т.Г. Шевче́нко народився 1814-ого ро́ку (*Gen.*)
2. Т.Г. Шевченко народився 10-ого березня 1814-ого року (*Gen.*)
3. Т.Г. Шевченко народився у 1814-ому ро́ці (*Lok.*)

Text

Навча́льний рік

Богда́н ще до́бре пам'ята́є пе́рший навча́льний рік в університе́ті. Він поча́вся, як звича́йно, пе́ршого жо́втня. Вже вра́нці студе́нти запо́внили ву́лиці та майда́н у райо́ні університе́ту. Все нове́, незнайо́ме ... Що роби́ти? Кого́ попита́ти?... Спокі́йно!

По-пе́рше: де твій факульте́т, де твій інститу́т? По-дру́ге слід подиви́тися у ро́зклад, в які́й аудито́рії твоя́ пе́рша ле́кція, та зайня́ти мі́сце. От і профе́сор в аудито́рії. Почина́ється пе́рша ле́кція, пе́рший семе́стр, пе́рший навча́льний рік ... І ти вже студе́нт, яки́й *все* зна́є. А са́ме:

Жо́втень, листопа́д, гру́день та сі́чень – це зимо́вий семе́стр. У кінці́ сі́чня студе́нти склада́ють іспити. (Але́ не слід забува́ти, що в гру́дні-сі́чні вони́ ще ма́ють різдвяні́ кані́кули – три ти́жні!). Весь лю́тий – це семестро́ві кані́кули. Цей час студе́нти звича́йно використо́вують для науко́вої пра́ці чи готу́ються до іспитів. Пе́ршого бе́резня почина́ється лі́тній семе́стр і продо́вжується чоти́ри мі́сяці: бе́резень, кві́тень, тра́вень, че́рвень. У бе́резні-кві́тні зно́ву кані́кули. А у че́рвні є тако́ж іспити.

Скла́сти іспити у че́рвні – це означа́є ма́ти до́вгі лі́тні кані́кули: відпочива́ти, подорожува́ти, вивча́ти інозе́мні мо́ви. Але́ бі́льшість студе́нтів улі́тку працю́є.

Що стосу́ється ро́зкладу та іспитів. Зрозумі́ло, що є зага́льний учбо́вий план для ко́жного на́прямку навча́ння. Все ж студе́нти пови́нні ма́ти й самості́йний учбо́вий план, вибира́ти ле́кції, семіна́ри, практи́чні заня́ття.

Але́ за́раз ми наприкінці́ навча́льного ро́ку, попе́реду кані́кули. До зу́стрічі у ново́му навча́льному ро́ці!

Dialoge

1. – Богда́не, коли́ ти закі́нчи́в шко́лу?
   ~ У 2003-ьому ро́ці, а атеста́т зрі́лості оде́ржав 20-ого че́рвня 2003-ого ро́ку. А ти?
   – Я – в 2002-ому ро́ці, але́ я працюва́в оди́н рік, а по́тім поча́в учи́тися. Тепе́р я вже два ро́ки в університе́ті. А ти?
   ~ Три ро́ки. І зна́єш, навча́ння мене́ ду́же ціка́вить. А тобі́ подо́бається університе́т?
   – Так і ні. Де́що подо́бається, де́що – не зо́всім.

2. – Коле́го, скажи́, будь ла́ска, які́ впра́ви ми пови́нні були́ зроби́ти?
   ~ П'я́ту, сьо́му та во́сьму.
   – А текст ми пови́нні були́ чита́ти та переклада́ти?
   ~ Ні, ті́льки передиви́тися.
   – Дя́кую! А ти пови́нна ще щось підготува́ти?
   ~ Ні, мені́ слід ті́льки повтори́ти нові́ слова́.

3. – Ната́лю, я чу́ла, що ти вже закі́нчуєш університе́т?
   ~ Так, це мій оста́нній семе́стр.
   – Скі́льки ж тобі́ ро́ків? Коли́ ти народи́лась?
   ~ Мені́ вже 23 ро́ки, а народи́лась я, між і́ншим, у тра́вні.
   – Коли́ са́ме?
   ~ 21-ого тра́вня 1986 ро́ку. А коли́ твій день наро́дження?
   – Ще не ско́ро. Я народи́лась узи́мку, 10-ого лю́того 1984-ого ро́ку. Ма́ю за́раз 22 ро́ки.

Wortverbindungen aus Text und Dialogen

Зайня́ти мі́сце	*Platz nehmen*
Склада́ти іспит	*eine Prüfung ablegen*
готува́тись до іспиту	*sich für eine Prüfung vorbereiten*
іспит з мо́ви, з істо́рії	*Sprachprüfung, Geschichteprüfung*
До зу́стрічі!	*Auf Wiedersehen! Bis bald!*
Мене́ ціка́вить	*mich interessiert*
На́прямок навча́ння	*die Studienrichtung*

Merken Sie sich:

Коли ти народи́вся (народи́лась, ви народи́лись)?	*Wann bist du geboren (Wann sind Sie geboren)?*
Я народи́вся (народи́лась) 11 (одина́дцятого) ве́ресня 1985-ого ро́ку (*Gen.*).	*Ich bin am 11. September 1985 geboren.*

Vokabeln

навча́льний (рік)	*Studienjahr*	ко́жний	*jeder*
пам'ята́ти I	*sich erinnern*	учбо́вий план	*Studienplan*
заповня́ти I	*füllen, ausfüllen*	означа́ти I	*bedeuten*
попита́ти (v. питати)	*fragen*	напри́кінці́ *Adv.*	*am Ende*
незнайо́мий	*unbekannt*	вибира́ти I	*wählen*
спокі́йно *Adv.*	*ruhig*	подорожу/ва́ти I	*reisen*
по-пе́рше *Adv.*	*zuerst*	самості́йний	*selbstständig*
ро́зклад *m*	*Stundenplan*	попе́реду *Adv.*	*vorne*
все	*alles*	оде́ржу/вати I	*erhalten*
а са́ме	*zwar, nämlich*	атеста́т зрі́лості	*Reifezeugnis*
зимо́вий (семе́стр)	*Wintersemester*	де́що	*einiges*
забува́ти I	*vergessen*	не зо́всім	*nicht ganz*
різдвяні́ кані́кули	*Weihnachtsferien*	звика́ти I	*sich gewöhnen*
використо́ву/вати I	*ausnutzen*	чу́ти I	*hören*
семестро́ві кані́кули	*Semesterferien*	ві́рно *Adv.*	*richtig*
лі́тній семе́стр	*Sommersemester*	оста́нній	*letzte*
зно́ву *Adv.*	*wieder*	день	*Geburtstag*
до́вгий	*lang*	наро́дження	
зага́льний	*allgemein*		

Übungen

1. *Schreiben Sie die folgenden Sätze ab. Setzen Sie die in Klammern stehenden Substantive im Lokativ mit den Präpositionen* у (в), на *ein.*

   a) Лекції ... (університет) починаються вранці.

   b) Не слід розмовляти ... (урок).

   c) ... (Австрія) є гори та озера.

   d) Богдан народився ... (квітень).

e) Я повинна була працювати ... (бібліотека).

f) Петро живе ... (вулиця) Шевченка.

g) ... цьому (семестр) ми маємо 6 годин української мови.

2. *Schreiben Sie die folgenden Sätze ab. Setzen Sie die in Klammern stehenden Substantive im Lokativ oder im Akkusativ mit Präpositionen ein.*

   a) Сонце сходить ... (схід).

   b) Наталя йде сьогодні ... (театр).

   c) ... (середа) починається літній семестр.

   d) Тарас Шевченко народився ... (березень).

   e) Професор увійшов ... (аудиторія).

   f) По-перше слід подивитися ... (розклад), коли починаються лекції.

   g) Він був вже 2 рази ... (Україна).

   h) Завтра я йду ... (стадіон).

   i) ... (субота) та ... (неділя) ми ходимо іноді ... (ліс) чи ... (гори).

3. *Setzen Sie alle Verben des Textes dieser Lektion ins Präteritum.*

4. *Schreiben Sie die folgenden Sätze ab. Setzen Sie die Verben* бачити *und* дивитися *ein.*

   a) Зараз він... на дошку.

   b) Я ... його у травні.

   c) Увечері ми любимо ... телевізор.

   d) Наталя ... у вікно.

   e) Ти не ... її вчора?

5. *Bilden Sie sechs Sätze mit den Prädikativa* слід, можна, треба.

6. *Schreiben Sie die folgenden Daten in Worten:*
   11.9.1970 / 7.1.1975 / 17.8.2006 / 16.6.2004 / 13.7.2007 / 5.6.2006.

7. *Beantworten Sie schriftlich folgende Fragen:*

   a) Коли ви народились?

   b) Скільки місяців продовжується літній семестр?

   c) Який завтра буде день та яке число (дата)?

   d) Коли ви закінчили школу?

   e) У якому місяці його день народження?

f) Якого числа наступає Новий рік?

g) Коли починається навчальний рік?

h) В якому місяці закінчується зима?

i) Якóго року ти народився?

8. *Schreiben Sie sechs Sätze mit dem Wort* повинен *im Präsens, Futur und Präteritum.*

9. *Konjugieren Sie folgende Verben:*

Заповняти, забувати, пам'ятати, використовувати.

10. *Bilden Sie sechs Sätze mit folgenden Wortverbindungen:*

Складати іспит, мене цікавить, між іншим, день народження, зайняти місце, напрямок навчання.

11. *Beschreiben Sie Ihr erstes Studienjahr.*

12. *Bilden Sie zwei Dialoge zum Thema* День народження *und* Перед лекцією.

13. *Lesen Sie folgenden Dialog laut und erzählen Sie ihn nach:*

– Васúльку, ти дóбре зрозумíв сьогóднішній урóк?

~ Так.

– А про що ми говорúли?

~ Ви говорúли весь урóк про те, щоб ми сидíли тúхо.

LEKTION 12

<table>
<tr><td>

1. Der Genitiv des Substantivs (Plural)
2. Die Veränderungen im Stamm des Substantivs im Genitiv Plural
3. Der Gebrauch des Genitivs (Forts.)
4. Der Genitiv mit Präpositionen
5. Der Vokativ des Substantivs (Zusammenfassung)
6. Adjektive mit weichem Stammauslaut

</td><td>

7. Substantiv mit Adjektiv und Ordnungszahlwort im Akk. und Lok. Sg.
8. Deklination und Gebrauch von Personalpronomen
9. Das Fragepronomen **котри́й**
10. Der Imperativ
11. Die Verben **могти́, хоті́ти, му́сити**
12. Zeitangaben

</td></tr>
</table>

GRAMMATIK

1. Der Genitiv des Substantivs (Plural)

Die Substantive weisen im Genitiv Plural die Endungen -**ів** (-**їв**) oder -**ей**
auf. Viele Substantive sind im Genitiv Plural jedoch endungslos:

	Nom. Sg.	*Nom. Pl.*	*Gen. Pl.*
m	стіл	столи́	стол-**ів**
	день	дні	дн-**ів**
	ба́тько	батьки́	батьк-**ів**
	суддя́	су́дді	судд-**ів**
	край	краї́	кра-**їв**
	гість	го́сті	гост-**ей**
	громадяни́н	громадя́ни	громадя́н
f	ла́мпа	ла́мпи	ламп
	земля́	зе́млі	земе́ль
	ми́ша	ми́ші	миш-**ей**
	стаття́	статті́	стат-**ей**
	ніч	но́чі	ноч-**ей**
	по́вість	по́вісті	повіст-**ей**
	ма́ти	мат-ер-і́	мат-ер-**ів**

n	село́	се́ла	сіл
	мо́ре	моря́	мор-і́в
	життя́	життя́	житт-і́в
	бажа́ння	бажа́ння	бажа́нь
	о́ко	о́чі	оч-е́й
	теля́	тел-я́т-а	теля́т

a) Die Endung **-ів** haben im Genitiv Plural folgende Substantive:
 – *männliche* Substantive mit Stammauslaut auf einen *harten* und einige auf einen *weichen* Konsonanten, auf **-о** und einige Substantive auf **-а**, **-я**:
 будинок – будинків / стілець – стільців
 батько – батьків / воєво́да – воєво́д-ів / суддя – суддів;

 – einige *weibliche* Substantive auf **-а** und das Substantiv **мати**:
 баба – баб-ів (auch баб) / губа – губ-ів (губ) / мати – матер-ів;

 – alle *sächlichen* Substantive auf **-е** und einige auf **-я** (manchmal mit Stammauslaut auf einen langen Konsonanten):
 поле – полів / життя – життів.

b) Die Endung **-їв** haben im Genitiv Plural *männliche* Substantive auf **-й** und einige *sächliche* Substantive auf **-я**:
 сарай – сараїв / подвір'я – подвір'їв.

c) Die Endung **-ей** haben:
 – einige *männliche* Substantive mit *weichem* Stammauslaut:
 гість – гостей / кінь – коней;

 – einige *weibliche* Substantive auf **-а** (**-я**) und alle *weiblichen* Substantive mit Stammauslaut auf Konsonanten:
 сім'я – сімей / миша – мишей / стаття – статей / ніч – ночей / подорож – подорожей / повість – повістей.

 – einige *sächliche* Substantive auf **-о**, **-е**:
 око – очі – очей
 плече – плечі – плечей.

d) *Endungslose* Substantive im Genitiv Plural sind:
 – die meisten *weiblichen* Substantive auf **-а** (**-я**):
 країна – країн / межа – меж / вулиця – вулиць / доля – доль;

 – einige *sächliche* Substantive auf **-а** (**-я**) und auch auf **-о**:
 знання – знань / курча – курчат / перо – пер;

– einige *männliche* Substantive mit Stammauslaut auf Konsonanten:
селянин – селян.

2. Die Veränderungen im Stamm des Substantivs im Genitiv Plural

a) Die Alternation der Vokale:

кінь – коней / осінь – осеней / робота – робіт.

b) Ausfall der flüchtigen Vokale **o** und **e**:

сон – снів / день – днів.

c) Lautet ein Substantiv im Stamm auf zwei Konsonanten aus, so wird im endungslosen Genitiv Plural zwischen diese beiden Konsonanten häufig ein flüchtiges **o** oder **e** eingeschoben:

вікно́ – ві́кон / сестра́ – сесте́р.

3. Der Gebrauch des Genitivs

a) Der Genitiv Plural steht nach Wörtern, die eine unbestimmte Anzahl bezeichnen, wie z.B. **багато** *viel(e)* / **мало** *wenig(e)* / **трохи** *ein bisschen* / **скільки** *wie viel(e)* / **декілька** *einige*:

багато жінок / декілька студентів.

b) Substantive, die keine Pluralformen haben, stehen nach diesen Wörtern im Genitiv Singular:

мало ча́су *wenig Zeit* / скільки енергії *wie viel Energie*.

c) Bei der Datumsangabe stehen Monatsname, Jahresangabe (nur Ordnungszahlwort!) und das Substantiv рік im Genitiv:

двадцять друге квітня дві ти́сячі четве́ртого року
der 22. April 2004;
перше січня дві ти́сячі сьо́мого року
der 1. Januar 2007.

d) Der Genitiv Singular steht nach Maßangaben:

кіло цукру *ein Kilo Zucker* / літр молока *ein Liter Milch*.

e) Der Genitiv steht nach den Verben **бажати** *wünschen*, **боятися** *sich fürchten vor*, **просити** (**прохати**) *bitten*, **вимагати** *verlangen*:

бажати щастя *Glück wünschen*
просити (прохати) допомоги *um Hilfe bitten.*

f) Der Genitiv Singular (bzw. Plural) steht manchmal – anstelle des Akkusativ – nach den transitiven Verben **давати** *geben*, **купувати** *kaufen*,
приносити *bringen*:

принеси молока, хліба. *Bring Milch, Brot.*

купи мені цих книжок. *Kauf mir diese Bücher.*

g) Nach dem Wort **треба** *(brauchen, benötigen)* wird immer der Genitiv
Singular oder Plural verwendet:

мені треба світла (грошей). *Ich brauche Licht (Geld).*

4. Der Genitiv mit Präpositionen

a) Die Präpositionen stehen mit dem Genitiv zur Bezeichnung des Ortes,
der Richtung, der Zeit, des Ziels usw.

b) Den Genitiv fordern folgende Präpositionen:

біля *neben, an* / від *von* / до *bis* / для *für* / з, із *aus, von* / у *bei, an*
usw.

c) Die Präposition **біля** bezeichnet den Ort und antwortet auf die Frage
де? *wo?*:

біля лісу *neben dem Wald.*

d) Die Präposition **від** bezeichnet

– die Richtung einer Bewegung (Frage звідки? *woher?*):
від берега *vom Ufer*;

– die Entfernung (in Verbindung mit der Präposition до):
від Києва до Праги ... *von Kiew bis Prag ...*;

– eine Person oder einen Gegenstand als Urheber / Ursache der Handlung:
лист від брата *der Brief vom Bruder*;

– eine Sache, gegen die man sich schützen möchte:
ліки від грипу *ein Grippemittel*

e) Die Präposition **до** bezeichnet

– den Endpunkt einer Handlung (Frage: до якого місця? *bis wohin?*):
до станції *bis zum Bahnhof*;

– die Richtung der Bewegung (Frage: куди? *wohin?*):
іти до школи *in die Schule gehen*;

– den Zeitabschnitt der Handlung (Frage: до якого часу? *bis?*):

працювати до вечора *bis zum Abend arbeiten*;

– die Zeit der Handlung (Frage: коли? *wann?*):

прийти до обіду *vor dem Mittagessen kommen.*

f) Die Präposition **для** bezeichnet das Ziel einer Handlung (Frage: для кого? для чого? з якою метою? *für wen? wofür? für welchen Zweck?*):

підручник для студентів *das Lehrbuch für Studenten.*

g) Die Präposition **з (із)** bezeichnet

– die Richtung der Bewegung (Frage: звідки? *woher?*):

приїхати з Києва *aus Kiew kommen*;

– den Stoff, das Material:

дах із заліза *das Dach aus Eisen*;

– die Ursache, den Grund der Handlung:

плакати з радощів *vor Freude weinen.*

h) Die Präposition **у** (Frage: у кого? *bei wem?*) dient zum Ausdruck des Besitzes oder der Zugehörigkeit:

У брата є ... *Der Bruder hat ...*

жити у батьків *bei den Eltern wohnen.*

5. Der Vokativ des Substantivs

a) Der Vokativ ist nach Inhalt und Funktion dem Nominativ sehr ähnlich. Die bestimmten Endungen haben im Vokativ *nur männliche und weibliche* Substantive. Die sächlichen Substantive und die Pluralformen entsprechen dem Nominativ.

b) Der Vokativ hat folgende Endungen:

	Substantiv	*Nom. Sg.*	*Endungen*	*Vokativ Sg.*
m	auf *harten* Konsonanten	профе́сор	**-е, -у**	профе́сор-е
		син		си́н-у
		дуб		ду́б-е
		Богда́н		Богда́н-е
	fremde Namen auf **г, к, х**	Е́ріх	**-у**	Е́ріх-у
		Ге́орг		Ге́орг-у

m	auf *weichen* Konsonanten	Васи́ль Андрі́й	**-ю**	Васи́л-ю Андрі́-ю
	auf **-о**	Петро́ ба́тько	**-е, -у**	Пе́тр-е ба́тьк-у
	auf **-а**	Мико́ла	**-о**	Мико́л-о
f	auf **-а**	Окса́на мо́ва	**-о**	Окса́н-о мо́в-о
	auf **-я**	Га́ля земля́	**-ю** **-е**	Га́л-ю зе́мл-е
	auf **-ія**	Наді́я	**-є**	Наді́-є

Merken Sie sich:

Nominativ Sg.	Vokativ
коле́га	коле́го
пан	па́не
па́ні	па́ні
друг	дру́же
това́риш	това́ришу

6. Adjektive mit weichem Stammauslaut

си́ній	*blau*	бра́тній	*brüderlich*
ра́нній	*früh*	ве́рхній	*über*
худо́жній	*künstlerisch*	оста́нній	*letzte*
майбу́тній	*zukünftig*	вечі́рній	*abendlich*
лі́тній	*sommerlich*	му́жній	*mutig*
ни́жній	*unter*		

(Siehe auch Anhang 1.)

7. Substantiv mit Adjektiv und Ordnungszahlwort
im Akkusativ und Lokativ Singular (mit den Präpositionen у und на)

Adjektiv		Nom. Sg.	Akk. Sg.	Lok. Sg.
Stamm-auslaut auf einen *harten* Konsonan-ten	*m*	пéрш-ий навчáльн-ий рік	(у) + N.	у пéрш-**ому** навчáльн-**ому** рóц-**і**
	f	пéрша цікáв-а робóта	(у) пéршу цікáв-у робóт-у	у пéрш-**ій** цікáв-**ій** робóт-**і**
	n	пéрш-е цікáв-е завдáння	(у) + N.	= *m*
Stamm-auslaut auf einen *weichen* Konsonan-ten	*m*	трéт-ій лíтн-ій мíсяць	(у) + N.	у трéть-**ому** лíтнь-**ому** мíсяці
	f	трéт-я лíтн-я недíля	на трéт-ю лíтн-ю недíл-ю	на трéт-**ій** лíтн-**ій** недíл-**і**
	n	трéт-є лíтн-є завдáння	(у) + N.	= *m*

8. Deklination und Gebrauch von Personalpronomen

	1. Person		2. Person	
	Singular	*Plural*	*Singular*	*Plural*
Nom.	я	ми	ти	ви
Gen.	менé	нас	тебé	вас
Dativ	менí	нам	тобí	вам
Akk.	менé	нас	тебé	вас
Instr.	мнóю	нáми	тобóю	вáми
Lok.	(на) менí	(у) нас	(на) тобí	(у) вас

	3. Pers. Sg.			3. Pers. Pl.
	m	*f*	*n*	*m f n*
Nom.	він	вона́	воно́	вони́
Gen.	його́, (до) ньо́го	її, (у) не́ї	= *m*	їх, (у) них
Dativ	йому́	їй	= *m*	їм
Akk.	= *Gen.*	= *Gen.*	= *m*	= *Gen.*
Instr.	ним	не́ю	= *m*	ни́ми
Lok.	(на) ньо́му (нім)	(на) ній	= *m*	(на) них

a) Hängt eine Form der 3. Person (він, вона, воно, вони) von einer Präposition ab, wird dieser Form in der Regel ein **н-** vorangestellt:

у **н**ього / до **н**их / на **н**ьому.

b) Nach Verben wird dem Personalpronomen der 3. Person jedoch kein **н-** vorangestellt. Vergleichen Sie:

Я бачу **його́**.   *Ich sehe ihn.*

Я дивлюсь **на ньо́го**.   *Ich schaue auf ihn.*

c) Den Possessivpronomen der 3. Person (його, її, їх) wird nach Präpositionen kein **н-** vorangestellt. Vergleichen Sie:

Я був у **ньо́го**. (Personalpr.)   *Ich war bei ihm.*

Я був у **його́** кімна́ті. (Possessivpr.) *Ich war in seinem Zimmer.*

9. Das Fragepronomen котри́й

a) Das Fragepronomen котри́й *(welcher?)* hat wie ein Adjektiv drei Formen im Singular und eine im Plural:

котр-и́й / котр-а́ / котр-е́   котр-і́.

b) Im Singular stimmt das Pronomen котрий (**-а**, **-е**) in Geschlecht, Zahl und Fall mit dem zugehörigen Substantiv überein. Es wird wie die harten Adjektive dekliniert. (Siehe Anhang I). *Beispiele*:

Котрий день? Котра книга? Котре вікно? Котрі ножиці?

Котрого студента? У котрій книжці? На котрому вікні?

c) Das Pronomen котрий kann auch wie eine Konjunktion verwendet werden:

Візьми книжки, котрі лежать на столі.

Nimm die Bücher, die auf dem Tisch liegen.

10. Der Imperativ

a) Der Imperativ hat die Formen der 2. Person Singular und Plural und der
1. Person Plural.

b) Die Formen des Imperativs werden vom Präsensstamm der unvollendeten Verben bzw. vom Stamm des einfachen Futurs der vollendeten Verben gebildet:

писати – пиш-уть:	**пиши́! пишімо́! пиші́ть!** bzw.
написати – напиш-уть:	**напиши́! напишімо́! напиші́ть!**
нести – нес-уть:	**неси́! несімо́! несі́ть!**
читати – чита-ють:	**чита́й! чита́ймо! чита́йте!**

c) Lautet der Präsensstamm auf einen Konsonanten aus, hat der Imperativ
die Endungen -и, -імо, -іть:

Infinitiv + 3. Pers. Pl.:   спа́ти – сп-л-я́ть, робити – роб-л-я́ть,
auch: зроби́ти – зро́б-л-ять

Imperativ:
2. Pers. Sg. спи́!	роби́!	зроби́!
1. Pers. Pl. спímo!	робімо́!	зробі́ть!
2. Pers. Pl. спі́ть!	робі́ть!	зробімо́!

d) Lautet der Präsensstamm auf einen Vokal aus, hat der Imperativ die
Endungen -й, -ймо, -йте:

Infinitiv + 3. Pers. Pl.:   читати – чита-ють, прочита́ти – прочита́
ють

Imperativ:
2. Pers. Sg.	чита́й!	прочита́й!
1. Pers. Pl.	чита́ймо! bzw.	прочита́ймо!
2. Pers. Pl.	чита́йте!	прочита́йте!

e) Von einzelnen Verben wird der Imperativ unregelmäßig gebildet.
Merken Sie sich:

бути *sein* буд-уть:	бу́дь! бу́дьмо! бу́дьте!
їсти *essen* їд-ять:	їж! ї́жмо! ї́жте!
рíзати *schneiden* ріж-уть:	ріж! рíжмо! рíжте!

f) In imperativischer Bedeutung kann **хай** (**нехай**) *(lass, mag, möge, soll)*
in Verbindung mit der 3. Person (Singular und Plural) Präsens des betreffenden Verbs oder **давай, давайте** *(willst du, wollen wir)* in Verbindung mit dem Infinitiv verwendet werden:

хай (нехай) читає, пише (*Sg.*)! bzw. прочита́є, напи́ше

хай (нехай) читають, пишу́ть (*Pl.*)! bzw. прочита́ють, напи́шуть

давай (давайте) читати, писати!

11. Die Verben могти, хотіти, мусити

a) Die Verben могти́ *können,* хоті́ти *wollen,* мусити *müssen* werden im
Präsens und Präteritum in Verbindung mit dem Infinitiv verwendet:

Präsens	*Präteritum*
я мо́жу, хо́чу, му́шу **писати**	він міг, хоті́в, му́сив **писати**
ти мо́жеш, хо́чеш, му́сиш ...	вона могла́, хоті́ла, му́сила ...
він	воно могло́, хоті́ло, му́сило ...
вона мо́же, хо́че, му́сить ...	вони могли́, хоті́ли, му́сили ...
воно	
ми мо́жемо, хо́чемо, му́симо ...	
ви мо́жете, хо́чете, му́сите ...	
вони мо́жуть, хо́чуть, му́сять ...	

b) Beachten Sie den Konsonantenwechsel:

г → ж   могти — можу

т → ч   хотіти — хочу

с → ш   мусити — мушу

12. Zeitangaben

Котра́ годи́на за́раз?	О* котрі́й годи́ні?
Wie spät ist es jetzt?	*Wann? Um wie viel Uhr?*
Дру́га годи́на.	О* дру́гій годи́ні.
Es ist zwei Uhr.	*Um zwei Uhr.*

* Die Präposition **o** mit Lokativ wird *nur* in diesem Satz verwendet.

Merken Sie sich:

Котра година?	О котрій годині?
...а (я) година.	О ...ій годині.
Пів на ...у (ю).	О пів на ...у (ю).
... хвилин(и) на ...у (ю).	(У) ... хвилин(и) на ...у (ю).
За ... хвилин(и) ... а (я).	За ... хвилин(и) до ...ої (ь)ої).
Beispiele:	
Дванадцята година.	О дванадцятій годині.
Пів на другу.	О пів на другу.
Чверть (п'ятна́дцять хвилин) на сьому.	(У) чверть (у п'ятнадцять хвилин) на сьому.
За десять хвилин п'ята.	За десять хвилин до п'ятої.

TEXT

Ми вивчаємо українську мову
(На лекції)

В університе́т я звича́йно йду́ не оди́н. Мій това́риш Юрко́ теж вчи́ться в університе́ті на філологі́чному факульте́ті, й в понеді́лок, се́реду та п'я́тницю ми йдемо́ за́вжди́ ра́зом. Ура́нці, з дев'я́тої до одина́дцятої годи́ни, ми ма́ємо ле́кцію з украї́нської мо́ви. Ми працю́ємо у невели́кій аудито́рії – нас небага́то, але ми всі сумлі́нно працю́ємо на ле́кції.

Сього́дні середа́. О дев'я́тій годи́ні п'ятна́дцять хвили́н почина́ється практи́чне заня́ття. Вхо́дить виклада́ч. *До́брого ра́нку!* – ка́же він, і ми відповіда́ємо: *Здра́стуйте! Почне́мо працюва́ти,* – продо́вжує профе́сор. *Сього́дні ми, по-пе́рше, повто́рюємо розмо́вну те́му: Да́та по-украї́нському.*

Скажі́ть, будь ла́ска, Лізо́, яке́ сього́дні число́? Ліза відповіда́є: *Сього́дні деся́те бе́резня дві ти́сячі шо́стого ро́ку.*

Тепе́р про́шу вас, Е́ріху. Відповіда́йте, будь ла́ска, на пита́ння: Яки́й сього́дні день? Е́ріх зна́є це теж.

Далі ми перевіряємо домашні завдання – граматичні вправи, текст, діалоги. *Зараз, Петре, читайте текст, а ви, Сабіно, перекладайте на німецьку мову,* говорить знову викладач.

Гаразд! – відповідають Петро та Сабіна. Петро читає дуже добре – у нього гарна вимова, а Сабіна правильно перекладає.

Наша нова граматична тема сьогодні: Прикметник. Тверда та м'яка група прикметників. Студентів цікавить, чи відмінюються українські прикметники. *Так,* – відповідає професор, – *повні прикметники на відміну від коротких мають певні відмінкові закінчення.* Наприкінці професор ще додає: *Більшість прикметників в українській мові належить до твердої групи. Запам'ятайте деякі прикметники основою на -н, які мають м'які закінчення: літній, ранній, останній.*

А тепер розгорніть ваші підручники та подивіться таблицю відмінювання українських прикметників ...

Лекція продовжується півтори години або 90 хвилин – іншими словами, дві академічні години, тобто до десятої години сорок п'ять хвилин. Час іде ... 10.40 – ми вже одержали домашнє завдання. Треба поспішати, незабаром і друга лекція – о 12 годині, а точніше у чверть на першу. І от вже професор говорить: *На сьогодні це все. До побачення! Бувайте здорові! До наступного разу!*

Dialoge

1. – О котрій годині ти йдеш до університету, Маріє?
   ~ Звичайно, о восьмій, а іноді об одинадцятій – дванадцятій годині. Це залежить від розкладу. А ти, Ганно?
   – На щастя, я маю майже всі лекції після полудня.
   ~ Чому на щастя?
   – Я не люблю прокидатись дуже рано.
   ~ Ні, мені це не заважає. Я взагалі люблю ранок: ранкову каву, ранкові газети, ранкові лекції.
   – А коли ж ти повертаєшся додому?
   ~ О сьомій – о пів на восьму.
   – То ти, Маріє, на відміну від мене, маєш більше часу увечері, а я вранці.
   ~ Відверто кажучи, я ніколи не маю часу.

2. – Па́ні профе́соре, о котрі́й годи́ні почина́ється і́спит?

~ У чверть на деся́ту – як за́вжди́ у се́реду.

– А що ми пови́нні підготува́ти до і́спиту?

~ Все, що ви вчи́ли у лі́тньому семе́стрі. Про́шу особли́во зверну́ти ува́гу, коле́ги, на вжива́ння словосполу́чень. Зрозумі́ло?

– Так.

~ Ма́єте ще пита́ння? Ні? Тоді́ – до поба́чення! Бажа́ю у́спіхів!

Wortverbindungen aus Text und Dialogen

По-пе́рше, по-дру́ге ...	*erstens, zweitens ...*
На відмі́ну від (*Gen.*)	*im Unterschied zu*
Півтори́ годи́ни	*eineinhalb Stunden*
І́ншими слова́ми	*mit anderen Worten*
Відве́рто ка́жучи	*ehrlich (offen) gesagt*
Зверну́ти ува́гу	*beachten*
Це зале́жить від (*Gen.*)	*das hängt ab von*

Vokabeln

небага́то *Adv.*	*wenig*	нале́жати II	*gehören*
сумлі́нно	*fleißig*	розгорну́ти	*öffnen*
вимо́ва *f*	*Aussprache*	(v. розгорта́ти)	
вхо́дити II	*hereingehen*	(по)диви́тися	*sehen, schauen*
виклада́ч *m*	*Professor*	оде́ржати	*bekommen*
каза́ти I (кажу́...)	*sagen*	(v. оде́ржувати)	
прикме́тник *m*	*Adjektiv*	ма́йже	*fast*
відмі́ню/вати(ся) I	*deklinieren*	точні́ше *Adv.*	*genauer*
відмі́нок *m*	*Fall*	*Компр. v.* то́чно	
відмі́нювання *n*	*Deklination*	словосполу́чення *n*	*Wortverbindung*
по́вний	*Langform*	поспіша́ти I	*sich beeilen*
(прикме́тник)		сторі́нка *f*	*Seite*
коро́ткий	*Kurzform*	особли́во *Adv.*	*besonders*
пе́вний	*bestimmte*	зале́жати II	*abhängen*
закі́нчення *n*	*Endung*	заважа́ти I	*stören*
де́який	*gewisser, mancher*	взагалі́	*überhaupt, im Allgemeinen*
бі́льшість	*Mehrheit*	вжива́ння *n*	*Gebrauch*

Übungen

*1. Schreiben Sie die folgenden Sätze ab. Setzen Sie dabei die passenden Wör-
ter (siehe unten) im Genitiv mit Präposition ein.*

   a) Ми летіли ... на літаку, а потім подорожували на потязі.
   b) Його брат ще малий. Він ходить ... .
   c) Читайте, будь ласка, текст ... .
   d) Потяг ... прибуває о сьомій годині.
   e) Цю книжку я взяв ... .
   f) Наталя повинна працювати сьогодні ... .

   (школа, підручник, брат, Київ, вечір, Франція).

*2. Schreiben Sie die folgenden Sätze ab. Setzen Sie die Personalpronomen im
jeweils erforderlichen Fall ein.*

   a) Богдан – мій товариш. Я йду до ... .
   b) Сестра надіслала ... листа. Я відповідаю ... .
   c) Студент стоїть біля дошки. Професор звертається до ... .
   d) Я знаю, що у тебе є друг. Ти йдеш з ... у театр?
   e) В аудиторію входить викладач і сердечно ... вітає.
   f) У середу ми маємо тест. Час готуватись до ... .
   g) У моєї подруги завтра день народження. Я вже купила для ...
      подарунок.
   h) Ти не був учóра на лекції. Що з ...?
   i) Спитай, будь ласка, у ..., коли ми маємо іспит.
   k) Я одержала твого листа. Щиро дякую ... за ... .
   l) Завтра ми йдемо в кіно. Моя сестра теж йде з ... .
   m) Микола – гарний студент. Професор задоволений ... .
   n) Надія познайомилась з ... дуже давно.

3. Beantworten Sie die folgenden Fragen. Setzen Sie dabei das Verb бути *im
Präteritum und Futur ein.*

   a) У неї є сестра?
   b) Його батько – лікар?
   c) Олеся захворіла. У неї грип?
   d) Сьогодні тепло. А вчора, завтра?
   e) У вас є питання?

4. *Setzen Sie folgende Wortverbindungen mit Präpositionen in den Akkusativ und Lokativ Singular:*

Ранкова газета, останній урок, літній семестр.

5. *Schreiben Sie die folgenden Sätze ab und unterstreichen Sie die Pronomen. Geben Sie an, ob es sich um ein Personal- oder Possessivpronomen handelt.*

   a) Мені подобаються його статті. Треба написати йому про це.
   b) Я повинен подзвонити до неї, але я не знаю її номера телефону.
   c) Вона ніколи не бачила його раніш, але знала його брата.
   d) Їх допомога дуже важлива для нас. Ми щиро дякуємо їм за допомогу.
   e) Я не читав її віршів, але чув їх по радіо.

6. *Schreiben Sie die folgenden Sätze ab. Setzen Sie die in Klammern stehenden Verben im Präsens und Präteritum ein.*

   a) Студенти (мусити) багато працювати.
   b) Мої друзі (хотіти) святкувати Різдво в Києві.
   c) Ви (могти) їхати до центру на трамваї.
   d) Він (хотіти) закінчити університет у цьому році.
   e) Моя сестра (могти) говорити по-італійському.
   f) Тарас (мусити) іти в університет о 7-ій годині ранку.

7. *Beantworten Sie die folgenden Fragen und verwenden Sie dabei die in Klammern stehenden Wörter.*

   a) У якому семестрі ви вивчаєте числівники? (літній семестр)
   b) Скільки студентів у вашій групі? (8, студенти)
   c) Коли ви закінчуєте університет? (наступний рік)
   d) Чи маєте ви зараз час? (ні)
   e) Чия книжка тут лежить? (його брат)
   f) Яка зараз лекція? (чеська мова)
   g) Скільки студентів має підручник? (декілька, студенти)

8. *Beantworten Sie folgende Fragen:*

   a) Котрий місяць зараз?
   b) Котра книжка – твоя?
   c) У котрому семестрі вчиться Богдан?

d) Котра година тепер?

e) Котре сторіччя (*Jahrhundert*) наступає?

f) Котрі картини тобі подобаються?

9. *Bilden Sie den Imperativ Singular und Plural folgender Verben:*

Пам'ятати, знати, їсти, продовжувати, вітатися, пити, дивитися, спати.

10. *Bilden Sie den Imperativ aller neuen Verben des Textes dieser Lektion.*

11. *Schreiben Sie folgende Uhrzeiten auf Ukrainisch:*

1.05 / 10.55 / 10.45 / 2.17 / 10.13 / 2.30 / 8.45 / 4.20 / 7.45 / 6.50 / 1.30 / 7.27 / 6.25 / 3.06 / 10.10 / 9.27.

12. *Beantworten Sie die folgenden Fragen. Verwenden Sie dabei die vorgegebenen Uhrzeiten.*

a) Коли ви прокидаєтесь уранці? (7.15)

b) Коли ви снідаєте? (7.35)

c) Коли ви йдете до університету? (8.00)

d) Коли ви обідаєте? (12.30)

e) Коли ви вже вдома? (6.00)

f) Коли ви йдете спати? (11.30)

13. *Bilden Sie den Vokativ folgender Substantive:*

Василь, пані, Надія, Андрій, батько, сестра, син, Георг, Сабіна, Степан, дуб, мама, Петро, товариш, Микола, колега, поле, друг, Галя.

14. *Übersetzen Sie folgende Sätze:*

a) Welche Fremdsprache hast du in der Schule gelernt?

b) Mein Bruder arbeitet 8 Stunden am Tag.

c) Schlagen Sie die Lehrbücher auf Seite 35 auf.

d) Oksana ist um viertel vor vier nach Hause gekommen.

e) Seine Uhr geht genau.

15. *Bilden Sie zwei Dialoge zum Thema* Ми вивчаємо українську мову.

16. *Lesen Sie die Texte und erzählen Sie sie nach.*

a) Студе́нт склада́в іспит профе́сорові. Ві́сім разі́в прихо́див він на екза́мен і все не міг відпові́сти́ на пита́ння. На дев'я́тий раз студе́нт знайшо́в профе́сора вдо́ма. Профе́сор хоч і був невдово́лений, проте́ поча́в екзаменува́ти. Студе́нт відповіда́в так са́мо пога́но, як і рані́ш.

– Дава́йте своє́ свідо́цтво, – мо́вив профе́сор.

– Ви́тримав?!* – ра́дісно ви́гукнув студе́нт.

– Та ви ви́тримали, але́ я не ви́тримав.

* Ви́тримати (іспит) – *1) eine Prüfung bestehen 2) aushalten*

b)– Ма́мо, да́йте мені́ горі́хів.

– До́бре, візьми́ собі́ по́вну жме́ню.

– Аж по́вну жме́ню?! То ви, ма́мо, да́йте самі́, бо ва́ша жме́ня бі́льша.

17. *Lesen und übersetzen Sie das Gedicht. Beachten Sie den Gebrauch des Vokativs.*

РІДНА МОВА

Рідна мо́во, пісне солов'їна!
Ти одна́, як ди́во-дивина́,
Як єди́на в сві́ті Украї́на
І як ма́ти в ко́жного одна́.

Рідну панімáтку зневажáти –
Гріх найбі́льший в сві́ті далебі́
А коли́ їх дві у те́бе, бра́те,
То одна́ з них ма́чуха тобі́.

Не спішíмо ма́чух проклина́ти, –
То не ї́хня зре́штою вина́ ...
Та одна́че ма́чуха – не ма́ти,
Рідна ма́ти всé-таки одна́.

Рідна мо́во, пісне солов'їна!
Ти одна́, як ди́во-дивина́,
Як одна́ на сві́ті Украї́на
І як ма́ти в ко́жного одна́.

Михайло Ігнатенко

LEKTION 13

1. Der Instrumental des Substantivs
2. Der Gebrauch des Instrumentals
3. Der Genitiv des Substantivs mit
   Präpositionen (Fortsetzung)
4. Der Akkusativ des Substantivs mit
   Präpositionen (Fortsetzung)
5. Qualitäts- und Beziehungsadjektive
6. Lang- und Kurzformen des Adjektivs
7. Der Komparativ des Adjektivs
8. Das Reflexivpronomen **себé** (*sich*)
9. Transitive und intransitive Verben
10. Das Futur I
11. Die Verben der Fortbewegung
    (Fortsetzung)
12. Das Wort **коли** (*wann, als,
    während*)
13. Zusammengesetzte Wörter

GRAMMATIK

1. Der Instrumental des Substantivs

a) Die Substantive weisen im Instrumental Singular die Endungen **-ом, -ем
(-єм), -ою, -ею (-єю), -ю, -ам** (selten) (**-ям**) und im Instrumental Plural die Endungen **-ами (-ями), -ми*** (selten) auf:

Nominativ Sg.			Instrumental Sg.			Instr. Pl.
m	*f*	*n*	*m*	*f*	*n*	
чоловíк	шкóла	перó	чоловíк-**ом**	шкóл-**ою**	пер-**óм**	
зóшит			зóшит-**ом**			
бáтько			бáтьк-**ом**			-**ами**
товáриш	грýша		товáриш-**ем**	грýш-**ею**		
кущ	ніч	курчá	кущ-**éм**	нíчч-**ю**	курч-**áм**	
стáроста			стáрост-**ою**			
день	пóвість	мóре	дн-**ем**	пóвіст-**ю**	мóр-**ем**	
лíкар	земля́	життя́	лíкар-**ем**	земл-**éю**	житт-**я́м**	-**ями**
край	надíя		крá-**єм**	надí-**єю**		
суддя́			судд-**éю**			

* Die Endung **-ми** haben nur wenige Substantive, z.B.: сльóзи − слізь-ми (und сльоз-ами) (*Tränen*), свинí − свинь-ми (und свин-ями) (*Schweine*).

b) Die Endung **-ом** haben:
  – die *männlichen* Substantive mit Stammauslaut auf *harten* Konsonanten:
  мак – мáком / стіл – столóм.

  – die *männlichen und sächlichen* Substantive auf **-о**:
  Дніпро – Дніпрóм / село – селóм.

c) Die Endung **-ем** haben:
  – die *männlichen* Substantive mit Stammauslaut auf einen *weichen* Konsonanten, **ж, ч, ш, щ** und einzelne Substantive auf **р**:
  кінь – конéм / дощ – дощéм / кобзáр – кобзарéм;

  – die *sächlichen* Substantive auf **-е**:
  поле – пóлем / вогнище – вóгнищем.

d) Die Endung **-єм** haben die *männlichen* Substantive auf **-й**:
  óбрій – обрієм / водій – водієм.

e) Die Endung **-ою** haben die *männlichen und weiblichen* Substantive auf **-а** (nach **ж, ч, ш, щ** vor **-а** jedoch die Endung **-ею**):
  лампа – лампою / воєвода – воєводою
  aber: миша – мишею / тиша – тишею.

f) Die Endung **-ею** haben die *männlichen und weiblichen* Substantive auf **-я** und die *weiblichen* Substantive auf **-а** (nach **ж, ч, ш, щ**):
  суддя – суддею / земля – землею / дача – дачею.

g) Die Endung **-єю** haben die *weiblichen* Substantive auf **-ія**:
  аудиторія – аудиторією.

h) Die Endung **-ю** haben alle *weiblichen* Substantive mit Stammauslaut auf einen Konsonanten:
  ніч – ніччю / осінь – осінню / піч – піччю.

i) Die Endung **-ам** bzw. **-ям** haben alle *sächlichen* Substantive auf **-а** bzw. **-я**:
  лоша – лошам / життя – життям / знання – знанням.

k) Die Endung **-ами** haben im Plural:
  – die *männlichen* Substantive mit Stammauslaut auf einen *harten* Konsonanten, auf **-о**, auf **-а**:
  стіл – столами / батько – батьками / староста – старостами;

  – die *sächlichen* Substantive auf **-о**:
  вікно – вíкнами;

– die *weiblichen* Substantive auf -**a** und auf einen *Zischlaut*:

лампа – лампами / ніч – ночами.

l) Die Endung -**ями** haben im Plural:

- die *männlichen* Substantive mit Stammauslaut auf einen *weichen* Konsonanten, auf **j(й)**, auf -**я** und einzelne Substantive auf **p**:

день – днями / край – краями / суддя – суддями / лікар – лікарями;

- die *sächlichen* Substantive auf -**e** und -**я**:

море – морями / життя – життями;

- die *weiblichen* Substantive auf -**я** und auf einen weichen Konsonanten:

земля – зе́млями / повість – повістями.

Merken Sie sich den Instrumental Singular von Adjektiven und einigen Pronomen (inklusive **той** *jener* / **цей** *dieser*).

Nominativ Sg.		*Instr. Sg.*
m	*n*	*m + n*
зеле́ний	зеле́не	зеле́ним
си́ній	си́нє	си́нім
мій	моє́	моı́м
твій	твоє́	твоı́м
той	те	тим
цей	це	цим
чий	чиє́	чиı́м

Nominativ Sg.	*Instrumental Sg.*
	f
зеле́на	зеле́ною
си́ня	си́ньою
моя́	моє́ю
твоя́	твоє́ю
та	тіє́ю (то́ю)
ця	ціє́ю
чия́	чиє́ю

Beispiele:

Nominativ Sg.	*Instrumental Sg.*
Мій новий стіл.	Моїм новим столом.
Та синя книжка.	Тією синьою книжкою.

2. Der Gebrauch des Instrumentals

Der Instrumental wird in folgenden Fällen gebraucht:

a) Zur Bezeichnung des Mittels oder des Instruments einer Handlung:

писати олівцем *mit dem Bleistift schreiben*

різати хліб ножем *das Brot mit einem Messer schneiden.*

b) Zur Angabe eines Ortes, an dem sich eine Bewegung vollzieht:

їхати полем *über das Feld fahren*

іти берегом річки *am Ufer des Flusses entlanggehen.*

c) Zur Bezeichnung eines Verkehrsmittels:

їхати машиною *mit dem Auto fahren*

летіти літаком *mit dem Flugzeug fliegen.*

d) Den Instrumental verlangen Verben wie **бути**, **стати** *werden*, die in einem zusammengesetzten Prädikat als Kopula dienen (im Präteritum und im Futur):

Він був письменником.	*Er war Schriftsteller.*
Він буде письменником.	*Er wird Schriftsteller.*
Він став письменником.	*Er wurde Schriftsteller.*
Він стане письменником.	*Er wird Schriftsteller werden.*

e) Der Instrumental steht nach folgenden Verben:

керува́ти I	*leiten*
володі́ти I	*beherrschen, besitzen*
користува́тися I	*benutzen*
ціка́витися II	*sich interessieren*
займа́тися I	*sich befassen, treiben*
захо́плюватися I	*sich begeistern*
пиша́тися I	*stolz sein*

3. Der Genitiv des Substantivs mit Präpositionen

a) Mit dem Genitiv werden auch folgende Präpositionen gebraucht:

без *ohne* / се́ред (по́серед) *unter, mitten, auf* / під час *während* / про́ти (навпроти) *gegenüber, gegen* / щодо *was ... betrifft.*

b) Die Präposition **серед** (**посеред**) mit dem Genitiv bezeichnet den Ort
und die Zeit:

Пам'ятник стоїть серед (посеред) майдану.

Das Denkmal steht mitten auf dem Platz.

Серед студентів багато спортсменів.

Unter den Studenten gibt es viele Sportler.

Серед ночі почалась гроза.

Das Gewitter begann mitten in der Nacht.

c) Die Präposition **без** weist auf das Nichtvorhandensein eines Gegenstandes oder einer Person hin und bezeichnet die Art und Weise einer Handlung (die Frage як? *wie?*):

Моя сестра прийшла без своєї подруги.

Meine Schwester ist ohne ihre Freundin gekommen.

Студент перекладає текст без словника.

Der Student übersetzt den Text ohne Wörterbuch.

d) Die Präposition **проти** (**навпроти**) mit dem Genitiv bezeichnet den Ort
(die Frage де? *wo?*):

Стіл стоїть навпроти вікна. *Der Tisch steht gegenüber dem Fenster.*

e) Die Präposition **щодо** mit dem Genitiv:

Щодо мого сина, він студент. *Was meinen Sohn betrifft, er ist Student.*

f) Die Präposition **під час** bezeichnet die Zeit:

Під час канікул я поїду до Києва.

Während der Ferien fahre ich nach Kiew.

4. Der Akkusativ des Substantivs mit Präpositionen

Außer den Präpositionen **у** (**в**) und **на** wird der Akkusativ mit folgenden
Präpositionen gebraucht:

про *von, über* / че́рез *durch, über* / за *hinter, in, statt, für* / над *über* /
під *unter* / по *nach* u.a.

a) Die Präposition **про** bezeichnet den Gegenstand einer Rede oder eines
Gedankens:

Мій товариш розповів мені про свою подорож.

Mein Freund erzählte mir von seiner Reise.

b) Die Präposition **через** bezeichnet:

– eine Bewegung, die von einer Seite auf die andere gerichtet ist:

перейти через вулицю *über die Straße gehen;*

– eine Bewegung durch, hindurch:

іти через ліс *durch den Wald gehen*;

– die Zeitspanne:

через рік *in einem Jahr.*

c) Die Präposition **за** bezeichnet:
   – die Richtung einer Bewegung:

   Сонце зайшло за хмару. *Die Sonne verbirgt sich hinter einer Wolke.*

   – die Zeit:

   За хвилину починається концерт. *In einer Minute beginnt das Konzert.*

   – die Bedeutung *statt, anstatt, anstelle*:

   Він працює за вчителя. *Er arbeitet anstelle des Professors.*

d) Die Präposition **над** bezeichnet eine Richtung:

   летіти над хмари *über die Wolken fliegen.*

e) Die Präposition **під** bezeichnet:
   – die Richtung der Bewegung:

   Він поклав лист під книжку. *Er legte den Brief unter das Buch.*

   – die Bedeutung von *kurz vor*:

   під Різдво *kurz vor Weihnachten.*

f) Die Präposition **по** bezeichnet das Ziel einer Handlung:

   йти по ліки *das Arzneimittel holen.*

5. Qualitäts- und Beziehungsadjektive

a) Qualitätsadjektive benennen und bezeichnen eine Eigenschaft unmittelbar, z.B. Größe (маленький), Farbe (синій), Geschmack (солодкий), Gewicht (важкий), Temperatur (холодний) usw.

b) Qualitätsadjektive bezeichnen Merkmale, die bei einem Gegenstand in mehr oder minder starkem Maße auftreten können.

c) Beziehungsadjektive drücken eine Eigenschaft durch Bezug auf einen anderen Begriff aus:

   книжкова шафа *Bücherschrank.*

d) Beziehungsadjektive können ein Merkmal des Gegenstandes bezeichnen durch Bezug auf den Stoff (кам'яний будинок *steinernes Haus*), die Zeit (зимовий семестр), den Ort (міський транспорт).

e) Steigerungsformen lassen sich *nur* von Qualitätsadjektiven bilden.

6. Lang- und Kurzformen des Adjektivs

a) Man unterscheidet Lang- und Kurzformen des Adjektivs. Qualitätsadjektive können neben den Langformen auch Kurzformen haben:

пе́вний *überzeugt, gewiss* – пе́в-ен / зеле́ний – зе́л-ен.

b) Die Kurzformen werden im Satz attributiv und prädikativ gebraucht. Sie sind nicht deklinierbar.

c) Die Kurzformen werden nur im Nominativ Singular (männliche Form) und überwiegend in Poesie und Umgangssprache gebraucht:

Дрібен дощик іде (дрібний дощ *feiner Regen*).

7. Der Komparativ des Adjektivs

a) Die Qualitätsadjektive haben zwei Steigerungsformen: den Komparativ und den Superlativ:

черво́ний – червоні́ший – найчервоні́ший.

b) Man unterscheidet einfache Formen und zusammengesetzte Formen des Komparativs. Der einfache Komparativ wird durch Anfügen der Suffixe **-ш** und **-іш** an den Adjektivstamm gebildet:

молодий – молод-ш-ий / зелен-ий – зелен-іш-ий.

c) Bei einigen Adjektiven kommen im Komparativ bestimmte Stammänderungen vor:

– die Suffixe **-к, -ок, -ек** entfallen:

корот-к-ий – коротший

шир-ок-ий – ширший

дал-е́к-ий – да́льший;

– im Wurzelauslaut erfolgt ein Konsonantenwechsel:

з + ш		низьки́й – ни́жчий	*niedrig, gemein*
г + ш → жч		дорогий – доро́жчий	*teuer, lieb*
ж + ш		дужий – дужчий	*kräftig*
с + ш → щ		високий – вищий	*groß, hoch*

aber: легкий – легший, довгий – довший.

d) Der Komparativ wird nach Geschlecht, Zahl und Fall verändert und hat nur *harte* Endungen:

зелені́ший (**-a, -e, -i**), сині́ший (**-a, -e, -i**).

e) Die Komparativformen mancher Adjektive werden von anderen Wortstämmen gebildet. *Beachten Sie*:

хороший	кращий + гарніший
гарний	кращий + гарніший
поганий	гірший
великий	більший
малий	менший

f) Von einigen Adjektiven lassen sich keine einfachen Komparativformen bilden, z. B.: діловий *Geschäfts-, sachlich* / сліпий *blind* / лисий *kahl* / трагічний *tragisch*.

g) Der zusammengesetzte Komparativ wird durch das Voranstellen von **більш** oder **менш** vor die Positivstufe des Adjektivs gebildet:

гордий	більш (менш) гордий	*stolz*
здатний	більш (менш) здатний	*fähig*
відповідальний	більш (менш) відповідальний	*verantwortlich*

Der zusammengesetzte Komparativ lässt sich von allen Qualitätsadjektiven bilden.

h) Der Komparativ wird als Attribut und als Prädikat gebraucht. Bei prädikativem Gebrauch des Komparativs werden die Konjunktion **ніж** *als* + Nominativ oder die Präpositionen **за, від** + Genitiv gebraucht:

Мій брат вищий, ніж я.	*Mein Bruder ist größer als ich.*
Він розумніший за (від) мене.	*Er ist gescheiter als ich.*

8. Das Reflexivpronomen себé (*sich*)

a) Das Pronomen **себé** wird – wie im Deutschen *sich* – für alle Geschlechter im Singular und Plural gebraucht:

Він (вона) бачить себе в дзеркалі.	*Er (sie) sieht sich im Spiegel.*
Вони бачать себе	*Sie sehen sich ... .*

b) Es wird dekliniert, hat aber keinen Nominativ.

Nominativ	–	*Akkusativ*	себé
Genitiv	себé	*Instrumental*	собóю
Dativ	собí	*Lokativ*	у собí

c) Das Pronomen **себé** kann sich – im Unterschied zum Deutschen – in allen Fällen auf alle Personen beziehen; dabei bezieht es sich stets auf den Handlungsträger des Satzes:

Я купую собі книжку.   *Ich kaufe mir ein Buch.*
Ти купуєш собі книжку.   *Du kaufst dir ein Buch.*
usw.

d) Im Satz tritt **себé** als Objekt auf.

9. Transitive und intransitive Verben

a) Im Ukrainischen unterscheidet man wie im Deutschen transitive und intransitive Verben. Transitive Verben verlangen ein Akkusativobjekt ohne Präposition (direktes Objekt): писати (що?) книгу; слухати (кого?) брата.
Verben, die nicht die Frage кого? що? zulassen, sind intransitiv, wie z.B. працювати, іти, стояти.
Alle Verben mit dem Suffix -ся sind intransitiv, wie z.B. зустрічатися, умиватися. *Ausnahme*: дивитися (фільм).

b) In einigen Fällen kann das Objekt nach einem transitiven Verb nicht im Akkusativ, sondern im Genitiv stehen (siehe Lektion 12).

10. Das Futur I

a) Es gibt drei Formen für das Futur: zwei zusammengesetzte und ein einfaches Futur. Die beiden zusammengesetzten Futurformen werden vom unvollendeten Infinitiv (читати, писати) gebildet. Das einfache Futur wird vom vollendeten Infinitiv (написати, прочитати) gebildet.

b) Das zusammengesetzte Futur I wird durch Verbindung der Futurformen des Hilfsverbs **бути** *sein* mit dem *unvollendeten* Infinitiv gebildet. (Das Verb бути hat im Futur die gleichen Endungen wie die Verben der e-Konjugation I im Präsens):

Singular		*Plural*
я бýду		ми бýдемо
ти бýдеш	**писати**	ви бýдете
він (вона) бýде		вони бýдуть

c) Das Futur I drückt aus, dass die Handlung stattfinden wird, es aber nicht bekannt ist, ob sie abgeschlossen wird:

Завтра я буду читати книжку.   *Morgen werde ich das Buch lesen.*
Morgen lese ich das Buch.

11. Die Verben der Fortbewegung

a) Es gibt einige paarig auftretende Verben, die eine Fortbewegung ausdrücken (wie іти – ходити, siehe Lektion 10), wobei beide Verben unvollendet sind und sowohl zur e-Konjugation I als auch zur u-Konjugation II gehören. Das eine Verb wird als bestimmtes, das andere als unbestimmtes bezeichnet.

b) Zu den Verben der Fortbewegung gehören vor allem folgende Paare:

bestimmte Verben	*unbestimmte Verben*	
іти́ (іду́, іде́ш...) I	ходи́ти (ходжу́, хо́диш...) II	*gehen, kommen*
їхати (їду, їдеш...) I	їздити (їжджу, їздиш...) II	*fahren, reisen*
бі́гти (біжу́, -и́ш...) II	бі́гати (бі́гаю, -єш...) I	*laufen, rennen*
летіти (лечу́, лети́ш...) II	літа́ти (літа́ю, літа́єш...) I	*fliegen*
пли́сти (пливу́, -е́ш...) I	пла́вати (пла́ваю, -єш...) I	*schwimmen*
везти́ (везу́, везе́ш...) I	вози́ти (вожу́, во́зиш...) II	*transportieren*
вести́ (веду́, веде́ш...) I	води́ти (воджу́, во́диш...) II	*führen*
нести́ (несу́, несе́ш...) I	носи́ти (ношу́, но́сиш...) II	*tragen, bringen*

c) Die bestimmten Verben bezeichnen eine Fortbewegung in nur eine Richtung:

Куди ти йдеш, Максиме?   *Wohin gehst du, Maxim?*
Літак летить на південь.   *Das Flugzeug fliegt nach Süden.*

d) Die unbestimmten Verben bezeichnen eine Fortbewegung nicht nur in eine Richtung, sondern

– eine Bewegung einmal hin und zurück:

Куди ви ходили вчора?   *Wohin seid ihr gestern gegangen?*

– eine wiederholte Bewegung:

Звичайно я ходжу на роботу пішки.   *Gewöhnlich gehe ich zur Arbeit.*

– eine Bewegung in verschiedene Richtungen:

Туристи їздили містом на автобусі.   *Die Touristen fuhren mit dem Autobus durch die Stadt.*

– die Fähigkeit zu einer Bewegung:

Пташки літають.   *Die Vögel fliegen.*

e) Die Verben der Fortbewegung werden sehr oft in übertragener Bedeutung gebraucht:

іде дощ, іде фільм, нести відповідальність *die Verantwortung tragen*

(Siehe auch Lektion 7).

12. Das Wort коли (*wann, als, während*)

a) In den meisten Fällen wird колѝ als fragendes Adverb verwendet:

Коли тепло? Влітку. / Коли починаються канікули? Завтра.

b) Es wird auch als Konjunktion mit der Bedeutung *während, als* im Satzgefüge verwendet:

Коли йде сніг, холодно.

Я люблю гуляти, коли йде сніг.

c) Es kann die Konjunktion **як** statt **коли** gebraucht werden:

Коли (як) світить сонце, тепло.

13. Zusammengesetzte Wörter

a) Durch die Verbindung zweier oder mehrerer Stämme können neue Wörter entstehen, die als zusammengesetzte Wörter bezeichnet werden:

кароокий *braunäugiger Mann*

пароплав *Dampfschiff.*

b) Die Verbindung der Wortstämme erfolgt oft durch die sogenannten Bindevokale **-o** und **-e**:

рук-**о**-пис *Handschrift*

стал-**е**-вар *Stahlgießer.*

Zusammengesetzte Wörter können auch ohne einen Bindevokal gebildet werden: пів-день *Süd(en).*

c) Zusammengesetzte Wörter werden in der Regel aus einem Substantiv- und einem Verbalstamm (лист-о-пад, повітря-плавання) oder aus einem Adjektiv- und Substantivstamm gebildet:

чорн-о-волосий *Schwarzhaariger* / сір-о-окий *grauäugig.*

d) Zusammengesetzte Wörter können aber nicht nur aus vollständigen, sondern auch aus verkürzten Wortstämmen gebildet werden:

газпром (газова промисловість) *Gasindustrie*

вуз (вищий учбовий заклад) *Hochschule, Universität.*

Merken Sie sich:

(die Endungen **-a** (**-я**), **-у** (**-ю**) im Genitiv Singular)

Рік – рóк-**у**, *але:* тúжн-**я**, мíсяц-**я**, понедíлк-**а**

звук – звýк-**у**, *але: грам.* звýк-**а**

вид – вúд-**у**

сúнтаксис – сúнтаксис-**у**

рід – рóд-**у**

сир – сúр-**у**, мед – мéд-**у**, *але:* хліб – хлíб-**а**

стіл – стол-**á** й стóл-**у**

(Siehe auch Anhang 4).

Text

Мої друзі, мої колеги

Богдáн – мій крáщий друг. Ми рáзом ходúли до шкóли, пóруч сидíли за однíєю лáвою, а тепéр рáзом вчимóся в університéті. Алé плáни на майбýтнє у нас не схóжі.

Богдáн – людúна цікáва. Він – талановúтий (я зáвждú кажý, що він талановúтіший від мéне), працьовúтий і твéрдо знáє, чого він хóче досягнýти у життí. Йогó метá, по-пéрше, досконáло оволодíти принáймі чотирмá іноземними мóвами. По-дрýге, працювáти пíсля університéту у гáлузі міжнарóдної полíтики, щоб сприяти взаємо-розумíнню між крáїнами та нарóдами.

Мої цíлі – більш *земні*. Я хóчу викладáти іноземні мóви у шкóлі, а пізнíше – в університéті.

Богдáн – струнки́й, висóкий юнáк. Кáжуть, він типóвий українець: чорнявий, чорнобрúвий, карóокий. Ви бáчили коли-нéбудь портрéти українських гéтьманів? Богдáн зáвждú нагáдує менí ці облúччя.

Що я мóжу ще сказáти про могó найблúжчого дрýга? У ньóго лáгідна, але рішу́ча вда́ча. Богда́н лю́бить свої́х дру́зів і взагалі́ нале́жить до *конта́ктних* люде́й.

Ви, звича́йно, вже ду́маєте, що я ма́ю на́мір намалюва́ти ідеа́льний портре́т свого́ дру́га і ... помиля́єтесь. Я зна́ю й всі Богда́нові ва́ди. Але у ньо́го нема́є тіє́ї риси характеру, яку́ у нас в Украї́ні назива́ють – *моя́ ха́та з кра́ю*. (У цьо́му він і́нколи звинува́чує мене́). Його́ ціка́вить все. Я ж вважа́ю і́ноді за кра́ще займа́тись свої́ми особи́стими спра́вами.

Зо́вні ми теж ду́же рі́зні. Я – на відмі́ну від Богда́на – біля́вий, ма́ю блаки́тні о́чі, й обли́ччя у ме́не круглі́ше, ніж у Богда́на. Алé про се́бе ва́жко говори́ти. Найважливі́ше, що ми ма́ємо ба́гато спі́льних інтере́сів і до́бре розумі́ємось.

Крім Богда́на, у ме́не є ще бага́то знайо́мих та коле́г. Учо́ра, наприклад, іду́ по Хреща́тику – ра́птом ба́чу висо́ку по́стать, що здійма́ється над голова́ми і́нших пішохо́дів. Безпере́чно, це Петро́ – мій коле́га. Він ста́рший за всіх у на́шій гру́пі. Петро́ – люди́на стри́мана, мовча́зна. Він лю́бить поря́док, вмі́є керува́ти людьми́.

По́ряд з Петро́м – Наді́я, його́ по́друга й моя́ коле́га. Наді́йка невисо́ка, тенді́тна ді́вчина з до́вгими коса́ми й вели́кими зеле́ними очи́ма. На відмі́ну від Петра́ – вона́ весе́ла, говірли́ва. У не́ї на все вистача́є ча́су: і га́рно вчи́тися і ве́село розважа́тися.

Але найбі́льш *колори́тна* фігу́ра на на́шому ку́рсі, напе́вне, Юрко́. Поéт, гітари́ст, він зако́ханий у всю світову́ поéзію й у всіх дівча́т на ку́рсі. Він пи́ше чудо́ві ві́рші й пе́вен, що на ньо́го чека́є світова́ сла́ва. Зре́штою, ми всі теж так гада́ємо.

Wortverbindungen aus dem Text

1. Сприя́ти взаєморозумі́нню   *zum gegenseitigen Verständnis beitragen*
2. У ньо́го (не́ї) ла́гідна   *er (sie) hat einen netten (starken) Cha-*
   (рішу́ча) вда́ча   *rakter*
3. Ма́ти на́мір   *die Absicht verfolgen (haben)*
4. Моя́ ха́та з кра́ю (це мене́   *»Mein Name ist Hase.«*
   не стосу́ється)
5. Його́ ціка́вить все   *er interessiert sich für alles*
6. Вважа́ти за кра́ще   *bevorzugen*
7. Особи́сті спра́ви   *persönliche Angelegenheiten*

8. Вистача́є ча́су   *Die Zeit reicht.*
9. Зре́штою   *übrigens*

Vokabeln

кра́щий (Komp. v. до́брий, га́рний)	*der Bessere*	зві́сний	*bestimmte*
		звинува́чу/вати I	*beschuldigen*
по́руч *Adv.* (по́ряд)	*nebenan, nebeneinander*	зо́вні *Adv.*	*äußerlich*
ла́ва *f*	*Bank*	ри́са *f*	*Zug*
майбу́тнє *n*	*Zukunft*	рі́зний	*unterschiedlich*
схо́жий	*ähnlich*	на відмі́ну	*im Unterschied zu*
працьови́тий	*fleißig, arbeitsam*	крім	*außer*
досягну́ти (v. досяга́ти)	*erreichen*	біля́вий	*blond*
		ра́птом *Adv.*	*plötzlich*
земни́й	*irdisch, realistisch*	по́стать *f*	*Gestalt*
мета́ (ціль) *f*	*Ziel*	здійма́тися I	*sich erheben*
оволоді́ти (v. володі́ти I)	*beherrschen*	пішохі́д *m*	*Fußgänger*
		безпере́чно *Adv.*	*bestimmt, zweifellos*
доскона́ло *Adv.*	*gründlich*	стри́маний	*zurückhaltend*
прина́ймі	*wenigstens*	мовча́зний	*schweigsam*
га́лузь *f*	*Zweig, Bereich*	поря́док *m*	*Ordnung*
міжнаро́дний	*international*	в(у)мі́ти I	*können*
взагалі́	*überhaupt*	тенді́тний	*zart*
струнки́й	*schlank*	коса́ *f*	*Zopf*
юна́к *m*	*Junge*	говірли́ва	*geschwätzig, redselig*
чорня́вий	*Schwarzhaariger*		
чорнобри́вий	*mit schwarzen Augenbrauen*	розважа́тися I	*sich unterhalten*
		гітари́ст *m.*	*Gitarrenspieler*
каро́окий	*braunäugig*	колори́тний	*schillernde Figur*
ге́тьман *m.*	*Hetmann*	напе́вне	*wahrscheinlich*
нага́дувати I	*erinnern*	зако́ханий	*verliebt*
нале́жати II	*gehören*	чудо́вий	*wunderbar, wunderschön*
намалюва́ти (v. малюва́ти I)	*(aus)malen*		
		чека́ти I	*warten*
помиля́тися I	*sich irren*	гада́ти I	*denken*
ва́да *f*	*Fehler, Nachteil*	мрі́яти I	*träumen*
тіє́ї (Gen. v. та)	*jene*		

Übungen

1. Schreiben Sie die folgenden Sätze ab. Setzen Sie dabei die passenden Wörter im Genitiv oder im Akkusativ mit Präpositionen ein.

a) Ми писали твір ... .
b) Ваза стояла якраз ... .
c) Вона кладе (*hinlegen*) зошит ... .
d) Вся рідня збирається ... вдома.
e) Ти повинен розповісти (von розповідати) мені ... до Києва.
f) Літак швидко злетів ... .
g) ... починаються останні вісті.
h) Увечері вони йдуть гуляти ... .

(Різдво, стіл, подорож, Хрещатик, хмари, словник, 15 хвилин, портфель).

2. Setzen Sie folgende Substantive in den Instrumental (Singular + Plural):
Лікар, життя, товариш, знання, людина, сльоза, колега, постать, обличчя, намір, вдача, край.

3. Setzen Sie die in Klammern stehenden Substantive und Pronomen im Instrumental Singular ein:

a) Сестра писала (мій олівець).
b) Подорож (цей потяг) була важкою.
c) Він керує (цей завод) багато років.
d) Ми довго йшли (густий ліс).
e) Вона завжди пишається (своя сестра).
f) Юрко з дитинства мріє стати (відомий поет).

4. Bilden Sie sieben Sätze mit folgenden Verben:
знайомитися, володіти, керувати, пишатися, захоплюватися, користуватися, цікавитися.

5. Ersetzen Sie die Langform folgender Adjektive durch die Kurzform:
Славний, певний, дрібний, зелений, повний.

6. Bilden Sie den Komparativ (einfache Form) folgender Adjektive:
Лагідний, високий, довгий, зелений, низький, легкий, широкий, гарний, малий, великий, веселий.

7. *Übersetzen Sie die folgenden Wortverbindungen und bilden Sie damit sechs Sätze:*

Купувати собі, питати себе, цікавитися собою, бачити себе, готувати собі, займатися собою.

8. *Bilden Sie das Futur I aller Verben des Textes.*

9. *Konjugieren Sie alle Verben der Fortbewegung.*

10. *Schreiben Sie die folgenden Sätze ab. Setzen Sie die passenden Verben der Fortbewegung, die jeweils in Klammern stehen, ein.*

   a) Вже пізно. Час (іти – ходити) додому.
   b) Діти люблять (бігти – бігати).
   c) Мати звичайно (вести – водити) сина до школи. Зараз вона (вести – водити) його до лікаря.
   d) Пароплав (плисти – плавати) з Києва до Черкас.
   e) Школярі часто (нести – носити) важкі портфелі.
   f) Зараз літаки звичайно (летіти – літати) дуже високо.
   g) Він рано навчився (плисти – плавати).

11. *Bilden Sie sechs Sätze mit dem Wort* коли.

12. *Übersetzen Sie:*

   a) Das Mädchen läuft zur Mutter.
   b) Wohin gehen Sie? Ich gehe in die Universität.
   c) Der Lehrer führt die Schüler durch die Stadt.
   d) Mein Bekannter erzählte mir viel Interessantes von sich.
   e) Ist er jetzt bei sich zu Hause?
   f) Sein Bruder beherrscht Ukrainisch sehr gut.
   g) Alle Studenten sind von dem Theaterstück begeistert.
   h) Die Schwester ist jünger als der Bruder.

13. *Beschreiben Sie Ihren Bruder (Schwester, Freund, Freundin).*

14. *Schreiben Sie einen Aufsatz zum Thema* Мій кращий друг.

15. Lesen Sie die Texte und erzählen Sie sie nach:

Чому́ вони́ біжа́ть?

Два хло́пці ди́вляться спорти́вні змага́ння з бі́гу.
– Чому́ ці лю́ди так біжа́ть? – пита́є оди́н.
– Пе́рший з них оде́ржить приз, – відповіда́є дру́гий.
– Так, пе́рший. Але́ чому́ і́нші теж біжа́ть?

Одни́м по́їздом у рі́зні на́прямки

Одно́го ра́зу і́хав я по́тягом Ки́їв – Доне́цьк. На одні́й ста́нції вбіг до на́шого купе́ захе́каний чолові́к. Влаштува́вся. І́демо. Розмовля́ємо. Пита́ємо, хто й куди́ і́де.
– Я – кажу́ – з Ки́єва.
– А я – ка́же чолові́к – до Ки́єва.
По́тім поду́мав і дода́в:
– До чого́ ж таки́ те́хніка дійшла́! Ви і́дите з Ки́єва, а я до Ки́єва в одному́ по́їзді, в одному́ ваго́ні й в одному́ й тому́ ж купе́.

16. Lesen Sie das Gedicht und lernen Sie es auswendig. Beachten Sie den Gebrauch des Instrumentals und der Kurzform der Adjektive.

ТРА́ВЕНЬ

А чим же мі́сяць тра́вень
Помі́ж брата́ми сла́вен?
Святко́вими пісня́ми
І гро́мом над поля́ми.
Іде́ і ве́село співа́,
Доща́ми зе́млю полива́.
Не з лі́йки-полива́лки,
А з грозово́ї хма́рки.

Т. Коломі́єць

17. Lesen und übersetzen Sie das Gedicht und lernen Sie es auswendig. Beachten Sie den Gebrauch des Akkusativs.

Нелегко, ка́жуть, жи́ти на дві ха́ти,
А ще нелегше жить на дві душі́.

Л. Костенко

18. Lesen und übersetzen Sie das Gedicht und lernen Sie es auswendig. Beachten Sie den Gebrauch der Kurzform der Adjektive.

Що за до́ля: не дасть, а відні́ме,
Що за шлях: то шипши́на, то терн,
Був би Пу́шкіним, хоч анони́мним,
В ди́вен ве́чір зустрі́лася б Керн!

М. Осадчий

LEKTION 14

1. Der Dativ des Substantivs
2. Der Gebrauch des Dativs
3. Der Instrumental mit Präpositionen
4. Die Possessivadjektive (Possessiva)
5. Die Deklination der Adjektive im Singular und Plural

6. Der Superlativ des Adjektivs
7. Die Deklination von Possessivpronomen
8. Die Demonstrativpronomen **цей, той**
9. Das Futur II

GRAMMATIK

1. Der Dativ des Substantivs

a) Die Substantive weisen im Dativ Singular die Endungen **-у(-ю)**, **-ові**, **-еві (-єві)**, **-і(-ї)** und **-ому** (bei substantivierten Adjektiven und Partizipien, z. B.: приїжджому *Angereiste*, вартовому *Posten*) und im Dativ Plural die Endungen **-ам (-ям)** auf:

Nominativ Sg.		Dativ Sg.		Dativ Pl.	
m + n	*f*	*m + n*	*f*	-ам	-ям
зо́шит	шко́ла	зо́шит-у	шко́л-і	зо́шит-ам	дн-ям
село́	земля́	сел-у́	земл-і́	се́л-ам	зе́мл-ям
день	тінь	дн-ю	тін-і	шко́л-ам	тін-ям
життя́	надія	житт-ю́	наді-ї		наді-ям
мо́ре		мо́р-ю			мор-я́м
ба́тько		ба́тьк-ові		батьк-а́м	житт-я́м
чолові́к		чолові́к-ові		чолові́к-а́м	
това́риш		това́риш-еві		товариш-а́м	
воді́й		воді-є́ві			воді-я́м

b) Die üblichen Veränderungen im Stamm des Substantivs im Dativ sind:
– Alternation der Vokale im Singular und Plural (wie im Genitiv und im Instrumental):

ніс – носу – носам

ніч – ночі – ночам

кінь – коневі – коням

осінь – осені – осеням;

– Ausfall der flüchtigen Vokale **o** und **e** im Singular und Plural (wie im Genitiv und im Instrumental):

сон – сну – снам

день – дню – дням;

– Konsonantenwechsel im Singular (wie im Lokativ):

нога – нозі (*aber*: ногам)

рука – руці (*aber*: рукам).

2. Der Gebrauch des Dativs

a) In Verbindung mit Verben bezeichnet der Dativ eine Person oder eine Sache, auf die die Handlung gerichtet ist: Я пишу листа **батькові**. Він приділя́є бага́то ува́ги **чи́танню**. In der erwähnten Bedeutung steht der Dativ nach den Verben:

давати *geben* / показувати *zeigen* / приносити *bringen*

купувати *kaufen* / допомагати *helfen* / обіцяти *versprechen*

писати *schreiben* / відповідати *antworten* / радити *raten*.

b) In unpersönlichen Sätzen wird der Dativ zur Bezeichnung einer Person gebraucht, die eine Handlung ausübt oder sich in einem Zustand befindet:

Студентам треба готуватись до іспиту.

Die Studenten müssen sich auf die Prüfung vorbereiten.

Дітям весело. *Die Kinder sind froh.*

c) Der Dativ wird immer *ohne* Präpositionen gebraucht.

3. Der Instrumental mit Präpositionen

a) Den Instrumental fordern folgende Präpositionen:

з *mit* / над *über* / під *unter* / між *zwischen* / перед *vor* / за (по́за) *hinter*.

b) Die Präposition **з** mit einem Substantiv bezeichnet eine Person, mit der gemeinsam eine Handlung ausgeführt wird, oder das Merkmal eines Gegenstandes bzw. einer Person (die Frage як? *wie?*):

Моя сестра розмовляє з своїм викладачем.
Meine Schwester spricht mit Ihrem Professor.

Я слухаю лекцію з великою увагою (уважно).
Ich höre die Vorlesung mit großer Aufmerksamkeit.

c) Die Präpositionen **над, під, між, перед, за (поза)** geben den Ort und
між, перед auch die Zeit an.

Ort:

Над столом висить картина.   *Das Bild hängt über dem Tisch.*

Влітку ми живемо під Києвом.   *Im Sommer wohnen wir bei Kiew.*

Стіл стоїть між вікнами.   *Der Tisch steht zwischen den Fenstern.*

Озеро лежить за (поза) горами.   *Der See liegt hinter den Bergen.*

Квіти ростуть перед будинком.   *Die Blumen wachsen vor dem Haus.*

Zeit:

Він читає між лекціями.   *Er liest zwischen den Vorlesungen.*

Я прийду до тебе перед обідом.   *Ich komme vor dem Mittagessen zu dir.*

4. Die Possessivadjektive (Possessiva)

a) Es gibt eine Gruppe von Adjektiven – Possessivadjektive (Possessiva) –,
die auf die Zugehörigkeit eines Gegenstandes zu einer Person hinweisen:
братів олівець *der Bleistift des Bruders.*

b) Die Possessivadjektive werden sowohl in der Umgangs- als auch in der
Literatursprache häufig verwendet.

c) Possessivadjektive werden durch Anfügen der Suffixe **-ів (-їв), -ин (-їн)**
an den Substantivstamm gebildet.

d) Die Suffixe **-ів (-їв)** werden am Stamm des männlichen Substantivs (auf
Konsonanten und **-о**) angefügt:

чоловік – чоловік-**ів** / Юрко – Юрк-**ів** / Андрій – Андрі-**їв**.

e) Die Suffixe **-ин (-їн)** werden am Stamm des weiblichen Substantivs und
männlichen Substantivs auf **-a** angefügt:

сестра – сестр-**ин** / Надія – Наді-**їн** / Микола – Микóл-**ин**.

f) Die männlichen Possessivadjektive haben im Singular keine Endung. In
der weiblichen und sächlichen Form und auch im Plural werden die Suffixe **-ів** in **-ов** oder in **-ев** (nach weichen Konsonanten und Zischlauten),

-їв in -єв verändert und die entsprechenden Endungen -a, -o, -e, -i angefügt. Die Suffixe -ин (-їн) verändern sich nicht.

m	*f*	*n*	*Pl.*
брáт-ів	брáт-ов-а	брáт-ов-е	брáт-ов-і
товáриш-ів	товáриш-ев-а	товáриш-ев-е	товáриш-ев-і
Андрí-їв	Андрí-єв-а	Андрí-єв-е	Андрí-єв-і
сéстр-ин	сéстр-ин-а	сéстр-ин-е	сéстр-ин-і
Марí-їн	Марí-їн-а	Марí-їн-е	Марí-їн-і

g) Manchmal kommt bei der Bildung von Possessivadjektiven ein Konsonantenwechsel vor:

(к → ч)   Одарка – Одарчин

(г → ж)   Ольга – Ольжин

(х → ш)   свекруха – свекрушин

h) Alle Possessivadjektive werden wie die harten Adjektive dekliniert.

5. Die Deklination der Adjektive im Singular und Plural
Siehe hierzu Seite 213 (Anhang 1).

6. Der Superlativ des Adjektivs
a) Man unterscheidet den einfachen Superlativ (найцікавіший) und den
   zusammengesetzten Superlativ (найбільш цікавий).

b) Der einfache Superlativ wird durch Anfügen des Präfixes **най-** an die
   Komparativform gebildet:

   висóкий – вúщúй – **най**вúщий

   гáрний – гарнíший – **най**гарнíший.

c) Für die Bezeichnung eines sehr hohen Grades einer Eigenschaft werden
   manchmal noch die Präfixe **як-** und **що-** angefügt:

   якнайкращий, **що**найгарнíший.

d) Der zusammmengesetzte Superlativ wird durch das Voranstellen von
   найбільш oder **найменш** vor den Positiv des Adjektivs oder durch das
   Nachstellen von **від усíх, за всíх, над усé** nach den Komparativ
   des Adjektivs gebildet:

   розýмний – **найбільш** розумний, розумнíший **від усіх** (**за всіх**);

   дорогúй – **найбільш** дорогий, дорóжчий **над усе**.

e) Die Superlativformen werden sowohl attributiv als auch prädikativ gebraucht:

Найкращий студент у групі – Павло.

Павло – **найкращий** студент у групі.

Павло – **розумніший від усіх** (**за всіх**).

7. Die Deklination von Possessivpronomen

a) Die Possessivpronomen **мій, твій, свій, наш, ваш** werden wie Adjektive nach Geschlecht, Zahl und Fall verändert.

b) Das Pronomen **свій** wird wie **мій** und **твій** dekliniert. Die Pronomen **наш** und **ваш** werden wie harte Adjektive dekliniert.

c) Zur Deklination der Possessivpronomen siehe Seite 215.

8. Die Demonstrativpronomen цей, той

a) **Цей** *dieser*, **ця, це, ці** weist auf Näherliegendes – **той** *jener*, **та, те, ті** auf Entfernteres (örtlich und zeitlich) hin.

b) Die Demonstrativpronomen **цей, той** stimmen mit dem Substantiv in Geschlecht, Zahl und Fall überein.

c) Die Pronomen **цей, той** treten im Satz gewöhnlich als Attribut auf:

Ця студентка з Києва, а **та** – зі Львова. Бери **той** зошит.

d) Als Subjekt wird nur die sächliche Form **це** gebraucht. Das Pronomen **це** weist dabei auf eine Person oder auf einen Gegenstand hin und wird nach Geschlecht und Zahl *nicht* verändert:

Це мій товариш. **Це** наша вчителька. **Це** мої студе́нти.

e) In der Umgangssprache beginnen die Pronomen **цей, той** mit **о**:

оцей, оця, оце, оці; отой, ота, оте, оті.

Es gibt auch die Dialektvarianten **сей, ся, се, сі**.

f) Zur Deklination der Demonstrativpronomen **цей** und **той** siehe Seite 215.

9. Das Futur II

Das ukrainische Futur II entspricht nicht dem deutschen Futur II (Futurum exactum, vollendete Zukunft, Vorzukunft).

a) Das zusammengesetzte Futur II wird vom unvollendeten Infinitiv des Verbs (wie Futur I), dem Suffix **-м** und den Präsensendungen gebildet. (Die Affixe **-му, -меш, -ме, -мемо, -мете, -муть** sind Kurzformen der alten Formen des Verbs **йняти** (иму, имеш, иметь ...) *haben*.)

b) Die Verben der e-Konjugation (I) und и-Konjugation (II) haben im Futur II die gleichen Affixe.

	e-Konjugation (I)	*и-Konjugation (II)*
я	чита́ти-**му**	говори́ти-**му**
ти	чита́ти-**меш**	говори́ти-**меш**
він	чита́ти-**ме**	говори́ти-**ме**
вона	"	"
воно	"	"
ми	чита́ти-**мемо**	говори́ти-**мемо**
ви	чита́ти-**мете**	говори́ти-**мете**
вони	чита́ти-**муть**	говори́ти-**муть**

c) Die Verben mit dem Suffix **-ся** werden genauso konjugiert. Merken Sie sich nur das Suffix **-ть** in der 3. Person Singular!

	Singular	*Plural*
1. Person	ба́чити-**му**-сь	ба́чити-**мемо**-сь
2. Person	ба́чити-**меш**-ся	ба́чити-**мете**-сь
3. Person	ба́чити-**ме-ть**-ся	ба́чити-**муть**-ся

Text

Мій Київ

(розповіда́є Наді́йка)

Ки́їв я полюби́ла давно́, ще з дити́нства, з шкільни́х ро́ків.

До́бре пам'ята́ю, як я чека́ла на зимо́ві кані́кули, які я за́вжди́ проводила у Ки́єві, у мої́х ті́тки та дя́дька. Було́ ду́же ціка́во й ве́село: ко́жен день музе́ї, ви́ставки, теа́три й бага́то розмо́в, диску́сій з мої́ми брата́ми-одноліт́ками.

... Приїзди́ла я звича́йно по́тягом, на центра́льний Ки́ївський вокза́л — до́сить відо́му, але́ не ду́же прива́бливу будо́ву 20-30-их (двадця́тих —

тридця́тих) ро́ків. На перо́ні на ме́не вже чека́ла на́ша приві́тна ки́ївська рідня́.

Додо́му ми ї́хали на таксі́, бульва́ром Шевче́нка, повз університе́т, Кри́тий ри́нок, а по́тім вго́ру, на ду́же за́тишну ву́лицю Да́рвіна, де у буди́нку № 6 прожива́ла в той час роди́на мого́ дя́дька. З ву́лиці Да́рвіна, між і́ншим, мо́жна підня́тися крути́ми схо́дами на Пече́рськ – найкра́щий райо́н у Ки́єві. Там, по́ряд з відно́сно нови́ми урядо́вими буди́нками, бага́то га́рних будо́в 19-го столі́ття. Найціка́віший з них, можли́во, так зва́ний буди́нок-аква́ріум, яки́й відтво́рює африка́нську фло́ру та фа́уну, інжене́ра й мандрівника́ Городе́цького.

... На́ша пе́рша ціль звича́йно був Хреща́тик – головна́ ву́лиця   укра́їнської столи́ці, широ́кий і ду́же зеле́ний проспе́кт, яки́й веде́ ма́йже до Дніпра́. Впада́є в о́чі, що архітекту́ра Хреща́тика – типо́ва *то́ртова* архітекту́ра 50-их (п'ятидеся́тих) ро́ків.

Хреща́тик закі́нчується майда́ном Незале́жності, там, де почина́ються схи́ли Дніпра́, Володи́мирська гі́рка з па́м'ятником кня́зю Володи́миру Святосла́вичу.

Ім'я́ Володи́мира но́сить тако́ж одна́ з найціка́віших ву́лиць Ки́єва – Володи́мирська, на які́й розташо́вано Ки́ївський – з неда́внього ча́су – Націона́льний університе́т і́мені Тара́са Шевче́нка. Ця будо́ва мину́лого столі́ття но́сить більш-менш класи́чні ри́си. Дивує́ лише́ не зо́всім типо́вий темночерво́ний ко́лір університе́ту. Але́ це вже і́нша істо́рія.

На цій же Володи́мирській ву́лиці – Ки́ївський теа́тр о́пери та бале́ту, бі́ля ньо́го – па́м'ятник украї́нському компози́торові Ли́сенку. Коли́ ви пі́дете да́лі, то натра́пите на чудо́во реставро́вані Золоті́ воро́та, ва́рту ува́ги спору́ду з епо́хи Ки́ївської Русі́.

Закі́нчується Володи́мирська ву́лиця майда́ном Богда́на Хмельни́цького з його́ па́м'ятником та однією́ з найстарі́ших будо́в у Ки́єві – собо́ром свято́ї Софі́ї. Цей собо́р з 11-ого столі́ття сла́виться свої́ми чудо́вими моза́їками та фре́сками.

... І все ж справжні́й ки́ївський колори́т мо́жна відчу́ти лише́ блука́ючи ву́личками Подо́лу – найдавні́шого райо́ну мі́ста, захо́дячи у бага́точисле́нні старови́нні хра́ми або спуска́ючись Андрії́вським узво́зом – улю́бленим маршру́том кия́н та тури́стів. Але́ про це пі́де мо́ва пізні́ше.

Який ти красень, Києве ти мій,
в убранні осені, багряно-золотий!
Мені відкрив ти всі свої принади,
тобою йду я, наче дивним садом.

В. Сосюра

Dialoge

1. Екскурсія

– Ми хотіли б оглянути місто. Чи не скажете, де тут екскурсійне бюро?

~ Біля станції метро Хрещатик. Це зовсім недалеко.

– Скажіть, будь ласка, скільки часу займе огляд міста?

~ Це залежить від маршруту...

– По-перше, ми хочемо подивитись центр міста, а потім бльш детально оглянути Київський університет та пам'ятник Шевченку.

~ Це – найкоротший з наших маршрутів. Автобус від'їжджає через десять хвилин.

– Скільки ж триває ця екскурсія?

~ Не більше години.

– Чудово! Це якраз те, що нам треба. Дякуємо!

2. На вулиці

– Вибачайте, будь ласка, де тут найближча зупинка шостого трамвая?

~ Це недалеко, за рогом праворуч. Там побачите.

– Щиро дякую за вашу допомогу.

~ Прошу.

3.

– Перепрошую, ви не знаєте, де знаходиться Печерська лавра? Це далеко звідси?

~ Так, неблизько.

– І як мені туди дістатися?

~ Краще за все проїхати тролейбусом одну зупинку, а там перейти на станцію метро *Стадіон*.

– І довго їхати на метро?

~ Ні, щонайбі́льше чверть годи́ни.

– Ду́же вам вдя́чний.

~ Ра́дий вам допомогти́.

4.

– Скажи́, Наді́йко, ти кия́нка? Адже́ ти так до́бре зна́єш Ки́їв!

~ Ні, Богда́не, я не кия́нка. Це Васи́ль кия́нин. Але́ спра́ва в то́му, що ще до університе́ту я ду́же ча́сто тут бува́ла, й мені́ самі́й здава́лось, що я вже все ба́чила у Ки́єві...

– А тепе́р ти не впе́внена в цьо́му?

~ Ти ма́єш ра́цію. Ви́явилось, що я бага́то ще чого́ не ба́чила ...

– Наприклад?

~ Наприклад, я ще ніко́ли не була́ бі́ля тако́го відо́мого мі́сця, як Аско́льдова моги́ла.

– А я й не чув про не́ї. Хто таки́й був Аско́льд?

~ Один з пе́рших ки́ївських князі́в, яко́го похо́вано на Дніпро́вих схи́лах (принаймі за леге́ндою), у ду́же га́рному мі́сці.

– Це й спра́вді ціка́во. Пі́демо туди́ ра́зом. Не запере́чуєш?

~ Звича́йно, ні. У тра́вні, говоря́ть, там особли́во га́рно. Але́ коли́?

– За́втра пі́сля ле́кцій, наприклад.

~ Гара́зд!

– Домо́вились.

Vokabeln

полюби́ти (v. люби́ти)	*mögen, lieben*
чека́ти I (на)	*warten auf*
однолі́тки (*Pl.*)	*Altersgenossen*
по́тяг *m*	*Zug*
прива́бливий	*attraktiv, anziehend*
рідня́ *f*	*Verwandtschaft*
перо́н *m*	*Bahnsteig*
приві́тний	*freundlich*
за́тишний	*gemütlich, still*
прожива́ти I	*wohnen*
крути́й (стрімки́й)	*steil*
схо́ди (*Pl.*)	*Stufen, Treppe*
урядо́вий	*Regierungs-*

столі́ття *n*	*Jahrhundert*
відтво́рю/вати I	*widerspiegeln, aufzeigen*
майда́н *m*	*Platz*
схил *m*	*Abhang*
гі́рка *f* (v. горá)	*kleiner Berg, Hügel*
розташо́вано	*gelegen sein*
натра́пити (v. натрапля́ти I)	*stoßen, treffen*
чудо́во *Adv.*	*wundervoll*
спору́да *f*	*Bau, Bauwerk*
славе́тний	*berühmt*
відчува́ти I	*empfinden*
блука́ючи Adv.partizip (v. блука́ти)	*wandernd*
найдавні́ший (v. давній)	*älteste*
захо́дячи Adv.partizip (v. захо́дити)	hier: *besuchen*
багаточисле́нний	*zahlreiche*
спуска́ючись Adv.partizip (v. спускатися)	*heruntersteigen*
кра́сень *m*	*schöner*
убра́ння *n*	*Kleidung, Tracht*
багря́ний	*rotgelb*
прина́да *f*	*Verlockung*
ди́вний	*wunderlich, sonderbar*
зайня́ти (v. займа́ти I)	*in Anspruch nehmen*
трива́ти I	*dauern*
за ро́гом	*hinter der Ecke*
зві́дси *Adv.*	*von hier aus, ab*
діста́тися (v. дістава́тися I)	*ankommen, erreichen*
здава́тися	*scheinen, es scheint*
зупи́нка *f*	*Haltestelle*
у(в)пе́внений	*überzeugt, sicher*
виявля́тися I	*wie es sich herausstellt*
моги́ла *f*	*Grab*
прина́ймі	*wenigstens, zumindest*
чу́ти I	*hören*
похо́ваний	*begraben*

заперéчу/вати I	*leugnen, widersprechen*
домóвитися	*abmachen*
(v. домовля́тися)	

Wortverbindungen aus Text und Dialogen

1. Тóртова архітектýра	*Zuckerbäcker-Architektur*
2. Бíльш-менш	*mehr oder weniger*
3. Мóва пíде (мóва йдé)	*es geht um ...*
4. Оглядáти мíсто (музéй)	*besichtigen*
5. Менí (тобí...) здаéться	*es scheint mir*
6. Мáти рáцію	*Sinn haben, Recht haben*
7. Впадáти в óчі	*in die Augen stechen*
8. Вáртий увáги	*die Aufmerksamkeit wert sein*

Übungen

1. Schreiben Sie die folgenden Sätze ab. Setzen Sie die in Klammern stehenden Wörter im Dativ ein.

a) Цей пам'ятник було поставлено (князь Володимир) у 19-ому столітті.

b) Кожного тижня вона пише листа (свої батьки).

c) (Твій друг) подобається Київ?

d) Я завжди була вдячна (київська рідня) за гарні зимові канікули.

e) Надійка порадила (Богдан) оглянути Софійський собор.

f) Біля Київської опери стоїть пам'ятник (композитор Лисенко).

g) Подзвони, будь ласка, (моя сестра).

h) Не треба заперечувати (батько).

i) (Школярі) весело, тому що незабаром канікули.

2. Bilden Sie Sätze mit folgenden Verben. Bedenken Sie, dass die Wörter nach diesen Verben im Dativ stehen müssen.

Заперечувати, подобатися, допомагати, вірити, заважати, писати.

3. Schreiben Sie die folgenden Sätze ab. Setzen Sie die passenden Präpositionen (перед, з, над, між, під) ein. Erklären Sie die Bedeutung der Präpositionen + Instrumental.

a) ... Київським університетом стоїть пам'ятник Шевченкові.

b) Богданові батьки живуть ... Львовом.

c) Учора ми ходили ... Петром у Софійський собор.

d) ...часом та двома вона звичайно обідає.

e) Майже всю ніч Василь працював ... статею.

f) Ми домовились відвідати ... лекціями бібліотеку.

g) ... містом чисте небо.

4. *Bilden Sie die Possessivadjektive von den angegebenen Substantiven.*
   Muster: Марія – Маріїн, -а, -о, -і.

   Чоловік, Ольга, Тарас, товариш, Микола, тато, мама, брат, Андрій, Надійка, Аскольд, Дніпро.

5. *Beantworten Sie schriftlich folgende Fragen:*

   a) Мій брат – Богдан. Чия я сестра?

   b) Наші батьки – Петренки. Чиї ми діти?

   c) Галина – моя колега. Чия я колега?

   d) Сашко – мій онук. Чия я бабуся?

   e) Мій товариш – Тарас. Чий я товариш?

   f) Київ належав Кию (von Кий). Чий це був град (місто)?

   g) Ми читали вірш В. Сосюри. Чий то був вірш?

6. *Bilden Sie von den angegebenen Adjektiven den Komparativ und Superlativ (alle möglichen Formen).*

   Давній, старий, головний, зелений, цікавий, привітний, червоний, широкий, крутий.

7. *Schreiben Sie die folgenden Sätze ab. Setzen Sie die Pronomen* той *und* цей *in der erforderlichen Form ein.*

   a) Це ... пам'ятник Шевченку, про який я тобі говорила.

   b) Мені особливо подобається ... вулиця у Києві.

   c) Дай, будь ласка, мені ... книжку, а сам візьми... .

   d) Чи знаєш ти будинок Городецького? Так, це ... споруда з чудовиськами, що на Печерську?

   e) Тут вже починаються схили Дніпра. Це ... місце у Києві, яке я особливо люблю.

   f) Це Володимирська вулиця. На ... вулиці є багато цікавого.

8. *Bilden Sie das Futur II (Singular + Plural) folgender Verben*:

Пам'ятати, чекати, проводити, прибувати, їхати, носити, заперечувати, блукати, спускатися, відчувати.

9. *Schreiben Sie die folgenden Sätze ab. Setzen Sie die in Klammern stehenden Verben in das Futur II.*

a) Завтра ми (блукати) весь день вулицями Києва.
b) Після театру вони (гуляти) по Хрещатику.
c) Під час зимових канікул школярі (ходити) у театри, кіно, (відвідувати) виставки.
d) Влітку я (писати) свою дипломну роботу.
e) Богдан (подорожувати) два місяці.
f) Я (чекати) на тебе вдома.
g) Він (працювати) після університету у школі.

10. *Bilden Sie zwei Dialoge zum Thema* На вулицях Києва.

11. *Schreiben Sie einen Aufsatz zum Thema* Перший раз у Києві.

12. *Übersetzen Sie:*

– Wann gehen Sie nach Kiew?
~ Übermorgen.
– Fahren Sie mit dem Zug oder fliegen Sie?
~ Ich reise mit dem Flugzeug.
– Wie viele Stunden fliegt das Flugzeug bis Kiew?
~ Genau weiß ich es nicht. Ich glaube, zwei Stunden.

13. *Lesen und übersetzen Sie:*

Глушина

– Ку́ме, де ви купува́ли цю соро́чку?
~ Це мені́ присла́ли з Пари́жа.
– А дале́ко туди́ від Фа́стова*?
~ Та ти́сячі зо дві кіломе́трів.
– Чи ви ба́чили?! Така́ глушина́, а які там га́рні сорочки́.

* Фастов – провінціальне містечко в Україні.

LEKTION 15

1. Die Deklination der Substantive.
   Die Bedeutung der Fälle
   (Zusammenfassung)
2. Die Fälle mit Präpositionen
   (Zusammenfassung)

3. Die Deklination der Fragepronomen
   чий, котрий
4. Verbalaspekte
5. Die Steigerung von Adverbien
6. Das Partizip
7. Die Bildung von Partizipien (Aktiv)

GRAMMATIK

1. Die Deklination der Substantive. Die Bedeutung der Fälle.
Відмінювання іменників. Основні значення відмінків

a) Es gibt im Ukrainischen sieben Fälle. Jeder Fall (mit Ausnahme des Vokativs) antwortet auf eine bestimmte Frage.

Nominativ Називни́й – Н. в. – хто? що? Den Nominativ bezeichnet man als direkten Fall, alle anderen als abhängige Fälle.

Genitiv Родови́й – Р. в. – кого? чого? Der Genitiv drückt das Verhältnis der Zugehörigkeit oder das Nichtvorhandensein eines Gegenstandes (bzw. einer Person) aus.

Dativ Дава́льний – Д. в. – кому? чому? Der Dativ bezeichnet Personen oder Gegenstände, auf die eine Handlung gerichtet ist.

Akkusativ Знахі́дний – З. в. – кого? що? Der Akkusativ bezeichnet den Gegenstand oder die Person, auf den/die sich eine Handlung bezieht. Nach einem transitiven Verb steht immer ein Akkusativobjekt.

Instrumental Ору́дний – О. в. – ким? чим? Der Instrumental bezeichnet das Instrument oder das Mittel, mit dessen Hilfe eine Handlung durchgeführt wird.

Lokativ Місце́вий – М. в. – на кому? на чому? Der Lokativ gibt den Ort oder die Zeit einer Handlung an.

Vokativ Кли́чний – Кл. в. oder Кли́чна фо́рма. Der Vokativ bezeichnet eine Person oder einen Gegenstand, an den man sich wendet.

b) Zur Deklination der Substantive siehe Seite 210 (Anhang 1).

c) Die Fälle weisen im Ukrainischen eine Vielzahl an Bedeutungen auf. Durch einen Fall können im Satz verschiedene Beziehungen zwischen den Wörtern zum Ausdruck gebracht werden.

2. Die Fälle mit Präpositionen (Zusammenfassung).
Відмінки з прийменниками

	Präpositionen
Gen.	без, бі́ля, **у (в)**, від, для, до, **з, із, за**, ко́ло, по́руч *neben, an*, пі́сля, по́серед (посереди́ні), се́ред, про́ти, **між**, **під час**, протягом *während, im Verlauf,* щодо *was ... betrifft,* бли́зько u.a.
Akk.	**у (в), за, на, під,** о (об), **між,** че́рез, про, **над, пе́ред, по, по́за** u.a.
Instr.	**з (із), за, поза, між, над, перед, під** u.a.
Lok.	**у (в), на,** о (об), **по,** при u.a.

a) Nominativ, Dativ und Vokativ werden *ohne* Präpositionen gebraucht.

b) Der Lokativ wird nur mit Präpositionen gebraucht.

c) Manche Präpositionen (siehe Tabelle oben) werden mit *verschiedenen* Fällen gebraucht und haben *verschiedene* Bedeutungen.

3. Die Deklination der Fragepronomen чий, котрий.
Відмінювання питальних займенників чий, котрий

a) Die Deklination der Fragepronomen **чий:**

	Singular			*Plural*
	m	*n*	*f*	
Nom.	чий	чиє́	чия́	чиї́
Gen.	чийо́го	чийо́го	чиє́ї	чиї́х
Dat.	чийо́му	чиє́му	чиї́й	чиї́м
Akk.	чий(ого)	чиє́	чию́	чиї́(х)
Instr.	чиї́м	чиї́м	чиє́ю	чиї́ми
Lok.	на чийо́му (на чиї́м)	на чиє́му	на чиї́й	на чиї́х

b) Das Pronomen **котрий** wird wie die harten Adjektive dekliniert:

	Singular		*Plural*
	m + n	*f*	
Nom.	котри́й котре́	котра́	котрі́
Gen.	котро́го	котро́ї	котри́х
Dat.	котро́му	котрі́й	котри́м
Akk.	котри́й(о́го)	котру́	котрі́ (и́х)
Instr.	котри́м	котро́ю	котри́ми
Lok.	на котро́му, на котрі́м	на котрі́й	на котри́х

c) Das Pronomen **який** wird wie **котрий** dekliniert.

4. Verbalaspekte. Види дієслова

a) Im Ukrainischen werden – im Unterschied zum Deutschen – alle Verbformen nach dem Aspekt bestimmt, das heißt nach der unterschiedlichen Betrachtungsweise des Handlungsablaufs.

b) Einem deutschen Verb stehen gewöhnlich zwei ukrainische Verben gegenüber: ein Verb des *unvollendeten* Aspekts und ein Verb des *vollendeten* Aspekts:

писати – **написати** / відкрива́ти – **відкри́ти**.

c) Die Verben des *unvollendeten* Aspekts bezeichnen eine Handlung in ihrer zeitlichen Entwicklung; sie geben nicht an, ob die Handlung zu Ende geführt worden ist oder ob ein Resultat vorliegt. Ein Verb des *vollendeten* Aspekts kennzeichnet die Handlung als geschlossenes, unteilbares Geschehen, das seinen Endpunkt erreicht hat oder erreichen wird:

Я **писав** листа. Я **написав** листа.

d) Die Verben des *unvollendeten* Aspekts (читати, писати) verfügen über vier Zeitformen: das Präsens (читаю, пишу), das Präteritum (читав, писав), das Futur I (буду читати, буду писати) und das Futur II (читатиму, писатиму). Die Verben des *vollendeten* Aspekts haben nur das Präteritum (прочитав, написав) und das einfache Futur (прочитаю, напишу). Von vollendeten Verben können keine Präsensformen gebildet werden.

5. Die Steigerung von Adverbien.
Ступені порівняння прислівників

a) Von zahlreichen Adverbien auf **-o** oder **-e** werden Steigerungsformen gebildet:

> холодно – **холодніше** / га́ряче́ – **гарячіше**.

b) Die Komparativformen der Adverbien auf -o, -e stimmen mit der sächlichen Komparativform der entsprechenden Adjektive überein und werden mit den Suffixen **-ше, -іше** gebildet (die Suffixe **-к, -ок, -ек** entfallen):

> шви́дко – **шви́д-ше** / ши́роко – **ши́р-ше** / тихо – **ти́х-ше** (**тих-іше**) / ве́село – **весел-і́ше**.

c) Bei einigen Adverbien (wie bei den entsprechenden Adjektiven) treten im Komparativ bestimmte Stammänderungen auf (siehe Lektion 13):

> ду́же – **ду́жче** / до́рого – **доро́жче** / ву́зько – **ву́жче** / висо́ко – **ви́ще**.

d) Die Komparativformen mancher Adverbien werden von anderen Wortwurzeln gebildet:

> бага́то – **бі́льше** / пога́но – **гі́рше** / ма́ло – **ме́нше** / га́рно (хо́роше) – **кра́ще**.

> Merken Sie sich auch: дале́ко – **да́лі**.

e) Der Superlativ von Adverbien wird aus dem Komparativ und dem Präfix **най-** gebildet (manchmal auch mit den Präfixen **як-** oder **що-** dazu):

> ви́ще – **найви́ще, щонайви́ще**
> кра́ще – **найкра́ще – якнайкра́ще**.

f) Der Komparativ und der Superlativ eines Adjektivs beziehen sich auf ein Substantiv. Der Komparativ und der Superlativ eines Adverbs beziehen sich auf ein Verb. Vergleichen Sie:

Adjektiv	*Adverb*
Його відповідь **кра́ща**, ніж моя́. *Seine Antwort ist besser als meine.*	Вона́ гово́рить по-украї́нському **кра́ще**, ніж я. *Sie spricht Ukrainisch besser als ich.*
Його́ твір – **найкра́щий**. *Sein Aufsatz ist der beste.*	Вона́ пише тво́ри **найкра́ще**. *Sie schreibt die Aufsätze am besten.*

6. Das Partizip. Дієприкметник

a) Partizipien sind Verbformen, die Merkmale eines Adjektivs haben.

b) Als Adjektiv ist das Partizip nach Geschlecht, Zahl und Fall veränderlich.

c) Als Verbformen werden sie nach dem Aspekt (vollendeten oder unvollendeten), der Zeit (Präsens oder Präteritum) und der Handlungsrichtung (Aktiv oder Passiv) unterschieden. Wie beim Verb findet man beim Partizip Transitivität und Intransitivität.

d) Es gibt *vier* Partizipien: das Partizip des Präsens (Aktiv und (selten) Passiv) und das Partizip des Präteritums (Aktiv und Passiv).

7. Die Bildung von Partizipien (Aktiv).
Творення активних дієприкметників

a) Das Partizip des Präsens Aktiv wird nur von unvollendeten Verben gebildet.

b) Es wird vom Präsensstamm mit Hilfe der Suffixe **-уч(-юч)**, **-ач(-яч)** und einer adjektivischen Endung (**-ий, -а, -е, -i**) gebildet:

- **-уч(ий)**, **-юч(ий)** für Verben der e-Konjugation:

керувати – керують – **керу́-юч-ий** /

писати – пишуть – **пи́ш-уч-ий**;

- **-ач(ий)**, **-яч(ий)** für Verben der и-Konjugation:

правити – правлять – **пра́вл-яч-ий** /

терпіти *ertragen* – терплять – **терпл-я́ч-ий**.

c) Das Partizip des Präteritums Aktiv wird vom Infinitivstamm des vollendeten Aspekts mit Hilfe des Suffixes **-л-** und einer adjektivischen Endung gebildet:

позеленіти – **позелені́-л-ий** / осиротіти *verwaisen* – **осироті́-л-ий** /

зблід-ну-ти – **зблі́д-л-ий** (das Suffix **-ну** fällt oft aus).

d) Die moderne ukrainische Sprache verliert langsam die Formen der Partizipien Aktiv. Diese werden zu Adjektiven transformiert.

Text

Мій Київ

(продовження)

Київ часто називають легендарним містом. І справді його історія наповнена легендами, легендарними героями, легендарними поетами, співаками ...

За легендою, між іншим, Київ було засновано трьома братами – Києм, Щеком, Хоривом та їх сестрою Либідь. Легенда говорить, що сама назва міста походить від імені старшого брата Кия (тобто те, що належить Кию – Київ). А назву Либідь, наприклад, одержала маленька мальовнича річка, що тече через Київ.

Овіяні легендами й імена перших київських князів – Олега, Ігора та його дружини Ярославни, Володимира й особливо Ярослава Мудрого. Його епоху можна теж назвати легендарною – як час найвищого розвитку Київської держави, її архітектури, мистецтва, письменства – її державності. Німецький історик Тітмар писав про Київ тієї доби, що місто має чотириста храмів і вісім торгових майданів. Це свідчить про те, що вже на початку 11-ого століття Київ був одним із найбільших міст у світі.

... І все-таки я хотіла б розповісти не про туристський, офіційний Київ, а про мій Київ – місто, яке я щиро люблю.

Весна ... У травні зацвітають славетні київські каштани. Їх так багато, що місто майже вкривається рожево-білим цвітом, у повітрі стоїть лагідний запах цвітіння.

Навесні ж я буваю завжди у передмісті – у бузковому парку над Дніпром. Мало хто – навіть з киян – знає цей замріяний сад, закладений ще перед війною на величезній території по схилах Дніпра. Йдеш алеями парку – по обидві сторони бузок, людей не видно, тиша – і здається, що цей чарівний світ ніколи не скінчиться. А тут заспіває соловейко, потім другий, третій ... І так хороше на серці, так спокійно на душі!

... А іноді, якщо ще не стемніло, то з одного пагорба можна побачити золоті куполи Києво-Печерської лаври, Видубецький монастир ... Пам'ятаєте літописця Нестора? Тут, у Печерській лаврі, він писав свою *Повість временних літ*, першу нашу історію. І перший вищий учбо́вий за́клад всіх схі́дних слов'я́н – Ки́єво-Могиля́нська Акаде́мія – було́ засно́вано, між і́ншим, тут, у Ки́єві.

І ще оди́н *по́гляд*, про яки́й ва́жко не сказа́ти, на *мій* Ки́їв. Якщо́ вра́нці ви наближа́єтесь до Ки́єва по́тягом зі схо́ду, то неодмі́нно подиві́ться на мі́сто. Найкра́ще, коли́ по́тяг іде́ до́вгим мосто́м че́рез Дніпро́. Пе́ред очи́ма виника́є неповто́рна карти́на Ки́єва: у розкі́шній зе́лені Дніпро́вих схи́лів золоті́ ку́поли старови́нних собо́рів, монастирі́в, ося́яні пе́ршим промі́нням со́нця.

Мій Ки́їв – це й дивови́жно га́рна Андрі́ївська це́рква архіте́ктора Б. Растре́ллі, і те́мні моза́їки Софі́йського собо́ру, і мій улю́блений пам'ятник Ле́сі Украї́нці – славе́тній украї́нській поете́сі, яка́, між і́ншим, чудо́во зна́ла німе́цьку мо́ву, бува́ла в А́встрії, Німе́ччині, і музе́й росі́йського мисте́цтва з відо́мими карти́нами М. Вру́беля та П. Кончало́вського ...

... Про Ки́їв мо́жна розповіда́ти без кінця́. Але́ ви самі́ коли́сь поба́чите (якщо́ ще не ба́чили) це чудо́ве мі́сто й неодмі́нно закоха́єтесь у ньо́го.

Dialoge

1. – Богда́не, зна́єш, де ми сього́дні були́? У Софі́йському собо́рі.

    ~ Спра́вді? Туди́ ді́йсно мо́жна ходи́ти бага́то разі́в. Чудо́ва спору́да! І скі́льки ціка́вого!

    – А чи зна́єш ти, що Собо́р було́ збудо́вано на честь перемо́ги над печені́гами?

    ~ Звича́йно. У 1037-ому ро́ці, за кня́зя Яросла́ва Му́дрого. І його́ ма́рмуровий саркофа́г там знахо́диться.

    – Чи зверта́в ти ува́гу, що одна́ фре́ска у собо́рі зобража́є до́чок Яросла́ва Му́дрого? Три з них ста́ли короле́вами Фра́нції, Норве́гії та Уго́рщини.

    ~ Так, це відо́мо, що Яросла́в був не ті́льки могу́тнім кня́зем, але́ й ду́же осві́ченою люди́ною, як і вся його́ роди́на. Зрозумі́ло, що інозе́мні королі́ пра́гнули ма́ти собі́ його́ за дру́га.

    – Зна́єш, я на́віть десь чита́в, що до цього́ ча́су у Фра́нції стої́ть пам'ятник до́чці Яросла́ва Му́дрого з таки́м на́писом: *А́нні росі́йській – короле́ві францу́зькій.*

2. – Скажі́ть, будь ла́ска, ви не зна́єте ча́сом, де ву́лиця Політехні́чна?

~ Ви шука́єте, ма́бу́ть, Політехні́чний інститу́т?

– Ні, мене́ ціка́вить лише́ ву́лиця Політехні́чна, там тепе́р живу́ть мої́ дру́зі.

~ А ... То і́нша спра́ва. Ви зна́єте, де знахо́диться Політехні́чний інститу́т?

– На жаль, не зна́ю.

~ Гара́зд. Тоді́ найкра́ще сіда́йте на метро́ й і́дьте до ста́нції *Полі-технічний інститут*. Коли́ ви́йдете з метро́, зра́зу право́руч ву́лиця Політехні́чна.

– Не зна́ю, як вам дя́кувати. Ма́йже годи́ну я шука́ю цю ву́лицю ...

~ Не ва́рто подя́ки. Прощава́йте!

– Бува́йте здоро́ві!

Пісня про Київ

Бі́лі кашта́ни,   Ки́ївські но́чі   Так воно́ ста́не,
Сві́тлі огні́,   Зу́стрічі в саду́   Так воно́ є.
Де б не бува́в я,-   В се́рці, куди́ не піду́.   Бі́лі кашта́ни,
Лю́бі мені́.   Ща́стя моє́.

Андрій Малишко

Vokabeln

справ́ді	*wirklich, tatsächlich*	ла́гідний	*zart*
		за́пах *m*	*Duft*
напо́внений	*gefüllt*	бузко́вий (парк)	*Fliedergarten*
співа́к *m*	*Sänger*	на́віть	*sogar*
засно́вано	*gegründet*	замрі́яний	*in Träumereien*
мальовни́чий	*malerisch*		*versunken*
ро́звиток *m*	*Entwicklung*	закла́дений	*angelegt*
доба́ *f*	*Epoche*	ти́ша *f*	*Stille*
свідчити II	*zeugen von*	чарівни́й	*zauberhaft*
кашта́н *m*	*Kastanienbaum*	солове́йко *m*	*Nachtigall*
пові́тря *n*	*Luft*	па́горб *m*	*Hügel*
вкри́тися I	*sich bedecken*	за́клад *m*	*Hochschule*
передмі́стя *n*	*Vorstadt*	(ви́щий, учбо́вий)	
цвіт *m*	*Blüte*	по́гляд *m*	*Blick*

наближа́тися I	*sich nähern*	закоха́тися *voll.*	*sich verlieben*
неодмі́нно *Adv.*	*unbedingt*	перемо́га	*Sieg*
виника́ти I	*erscheinen*	печені́ги *Pl.*	*kriegerischer*
неповто́рний	*einmalig*		*Volksstamm*
розкі́шний	*prächtig, üppig*	зобража́ти I	*darstellen*
монасти́р *m*	*Kloster*	могу́тній	*mächtig*
ося́яний	*strahlend,*	осві́чений	*gebildet*
	glänzend	пра́гнути I	*streben*
промі́ння *n*	*Strahlen*	ча́сом *Adv.*	hier: *zufällig*
дивови́жно *Adv.*	*erstaunlich*	шука́ти I	*suchen*

Wortverbindungen aus Text und Dialogen

1. Ові́яні леге́ндами   *von Legenden umrankt*
2. Зверта́ти ува́гу   *Aufmerksamkeit auf sich ziehen*
3. Не ва́рто подя́ки   *nichts zu danken*
4. Не зна́ю, як вам дя́кувати.   *Ich weiß nicht, wie ich danken soll.*
5. І́нша спра́ва.   *Das ist etwas ganz anderes.*
6. Ма́ти собі́ за дру́га   *zum Freund haben*
7. Ма́ло хто зна́є   *nur wenige wissen*

Übungen

1. *Schreiben Sie die folgenden Sätze ab. Setzen Sie die in Klammern stehen-*
   den Wörter im erforderlichen Fall ein.
   a) Студент відповів (професор) на всі питання.
   b) Учора я дивився (новий фільм).
   c) В Україні багато (річки).
   d) Він цікавиться особливо (іноземні мови).
   e) Оксана не виконала (домашнє завдання).
   f) Ця екскурсія триває (одна година).
   g) Він написав (сестра) довгого листа.

2. *Schreiben Sie die folgenden Sätze ab. Setzen Sie die passenden Präpositio-*
   nen ein.
   a) ... Києві багато старовинних пам'ятників.
   b) Надійка ... Богданом оглянули Софійський собор, а потім пішли
      ... схили Дніпра.

c) Ми приїхали ... Львова ... свято.

d) ... лекцій ми часто ходили ... театру чи ... кіно.

e) Спитай її ... нову п'єсу!

f) ... 12-ій годині ми звичайно обідаємо.

g) Влітку ми їдемо ... Чорного моря, ... Крим.

3. *Schreiben Sie die folgenden Sätze ab und setzen Sie die Präpositionen* у (в) *oder* на *ein.*

   a) Київські каштани цвітуть ... травні.

   b) Остап вчиться ... університеті, ... медичному факультеті.

   c) Мій брат живе ... Відні ... майдані святого Штефана.

   d) Уранці ми їдемо ... дачу ... передмісті Києва.

   e) Потяг зупинився ... маленькій станції.

   f) Нам треба сісти ... метро ... станції *Хрещатик.*

4. *Bilden Sie sechs Sätze mit den Fragepronomen* котрий *und* чий.

5. *Schreiben Sie die folgenden Sätze ab. Setzen Sie die in Klammern stehenden Adverbien im Komparativ und Superlativ ein.*

   a) Богдан (гарно) розмовляє по-англійському.

   b) (Швидко) настає ніч узимку.

   c) Мій годинник іде (точно).

   d) Скоро весна. Тепер день починається (рано).

   e) Взимку вже о четвертій годині (темно).

   f) Зараз на півдні (тепло).

6. *Bestimmen Sie den Aspekt der angegebenen Verben:*

   Оглядати, відкрити, подивитись, бачити, дістатися, перейти, виявитися, бувати, зробити.

7. *Bilden Sie von folgenden Verben Partizipien des Präsens Aktiv:*

   Працювати, свідчити, виникати, шукати, думати, розповідати, повертатися, жити, питати, говорити, приїжджати, прагнути.

8. *Bilden Sie von folgenden Verben Partizipien des Präteritums Aktiv:*

   Стемніти, збліднути, пожовкнути, зазеленіти, посивіти, осиротіти.

9. *Bilden Sie zwei Dialoge zum Thema* На вулицях міста.

10. *Schreiben Sie einen Aufsatz zum Thema* Моє рідне місто.

LEKTION 16

<table>
<tr><td>

1. Die Bildung von Verbalaspekten
2. Die Bildung von Partizipien (Passiv)
3. Die Bildung von Partizipien (Zusammenfassung)
4. Der Konjunktiv

</td><td>

5. Unbestimmte Pronomen. Bildung und Gebrauch
6. Der zusammengesetzte Satz. Die Satzverbindung

</td></tr>
</table>

GRAMMATIK

1. Die Bildung von Verbalaspekten.
Творення видів дієслова

a) Die Verben, die keine Präfixe oder Suffixe enthalten, sind zumeist unvollendet (читати, писати, любити).

b) Werden an nichtpräfigierte *unvollendete* Verben Präfixe angefügt, entstehen gewöhnlich *vollendete* Verben:

    робити – **зробити** / писати – **переписати**.

c) Mit Hilfe von Präfixen entstehen ziemlich selten Aspektpartner (wie z.B. казати – сказати); meist wird eine Bedeutungsveränderung bewirkt (писати – переписати *umschreiben* / читати – перечитати *von Neuem (durch)lesen*), d.h., es werden neue Verben mit neuer lexikalischer Bedeutung gebildet. Von diesen vollendeten Verben werden eigene unvollendete Aspektpartner abgeleitet: переписати – **переписувати** / перечитáти – **перечитувати**.

d) Die Bildung *vollendeter* Verben erfolgt mit Hilfe folgender Präfixe:

на-	писати – **написати** / мокнути – **намокнути**;
з- (с-)	лякатися – **злякатися** / питати – **спитати**;
по-	кликати – **покликати** / думати – **подумати**;
про-	їхати – **проїхати** / вести – **провести**;
за-	програмувати – **запрограмувати** / співати – **заспівати**;
в-	нести – **внести** / казати – **вказати**.

e) Die *unvollendeten* Verben werden von *vollendeten* mittels der Suffixe **-ува-**, **-юва-** und **-ва-** gebildet:

запита́ти – запи́т-**ува**-ти / заговори́ти – загово́р-**юва**-ти /
дати – да-**ва**-ти / відкрити – відкри-**ва**-ти.

f) Die *vollendeten* Verben werden aus *unvollendeten* auch mittels Ersatz
eines Suffixes durch ein anderes (z.B. -**ну**-) gebildet:

стук-**а**-ти – стук-**ну**-ти / стриб-**а**-ти – стриб-**ну**-ти.

2. Die Bildung von Partizipien (Passiv).
Творення пасивних дієприкметників

a) Im Ukrainischen werden die Partizipien des Präsens Passiv (ви-
конувати – виконуваний) – im Gegensatz zu Partizipien des Präteritums Passiv – seltener gebraucht.

b) Das Partizip des Präteritums Passiv wird nur vom Infinitivstamm transi-
tiver Verben mit Hilfe der Suffixe -**н**, -**ен**, -**єн**, -**т** und einer adjektivischen Endung (-**ий**, -**а**, -**е**, -**і**) gebildet:

– dem Suffix -**н**, wenn der Infinitivstamm auf -**а**(-**я**) auslautet:

прочита-ти – **прочита-н-ий** / переписа-ти – **переписа-н-ий**;

– dem Suffix -**ен**, wenn der Infinitivstamm auf einen Konsonanten oder
auf -**і**, -**и** endet:

принес-ти – **принес-ен-ий** / звари-ти – **звар-ен-ий** / одяг-ти́ *an-*
ziehen – **одя́гн-ен-ий**;

wenn der Stamm der Partizipien auf **б, п, в, ф, м** auslautet, kommt
noch -**л** dazu:

купи-ти – **куп-л-ен-ий** / зроби-ти – **зроб-л-ен-ий**;

– dem Suffix -**єн**, wenn der Infinitivstamm auf -**ї** auslautet:

озброї-ти – **озбро-єн-ий** / освої-ти – **осво-єн-ий**;

– dem Suffix -**т**, wenn der Infinitivstamm der Verben auf -**и**(-**і**), -**а**(-**я**),
-**у**, -**ер** auslautet:

ши-ти – **ши-т-ий, приши-т-ий** / грі-ти – **грі-т-ий, пригрі-т-ий** /
стер-ти – **стер-т-ий** / ми́-ти *waschen* – **ми́-т-ий** / поча́-ти *begin-*
nen – **поча-т-ий**.

3. Die Bildung von Partizipien (Zusammenfassung).
Творення дієприкметників

Infinitiv	Stamm	Partizipien		Suffixe	Beispiele
нести́	Präsens-	Präsens	Aktiv	**-уч(юч)**	нес-у́ч-ий
бажа́ти	stamm				бажа́-юч-ий
спа́ти				**-ач(яч)**	сп-л-я́ч-ий
вико́нувати	Infinitiv-		Passiv	**-н** (selt.)	вико́нува-н-ий
вжива́ти	stamm				вжи́ва-н-ий
осироті́ти		Präteritum	Aktiv	**-л**	осироті́-л-ий
позелені́ти					позелені́-л-ий
прочита́ти			Passiv	**-н,-ен**	прочи́та-н-ий
принести́				**-єн,-т**	прине́с-ен-ий
усвідо́мити					усвідо́м-л-ен-ий
освої́ти					осво́-єн-ий
ши́ти					ши́-т-ий
					(приши́-т-ий)

4. Der Konjunktiv. Умовний спосіб

a) Der Konjunktiv bezeichnet eine Handlung, die unter bestimmten Bedingungen möglich oder erwünscht ist:

> Я прочитав би цю книжку, якщо мав би час.
> *Wenn ich Zeit hätte, würde ich dieses Buch lesen.*

b) Die Formen des Konjunktivs vollendeter und unvollendeter Verben sind aus den Formen des Präteritums und der Partikeln **би (б)** zusammengesetzt; die Partikel **би** wird nach Konsonanten, die Partikel **б** nach Vokalen verwendet und getrennt geschrieben. *Beispiele*: писати, дивитися

Zahl	Geschlecht		писати		дивитися	
Sg.	*m*	я, ти, він	писа-в	би	дивився	б
	f	я, ти, вона	писа-л-а	б	дивилась	би
	n	воно	писа-л-о	б	дивилось	би
Pl.	*alle Geschl.*	ми, ви, вони	писа-л-и	б	дивились	би

c) Gewöhnlich steht **би** (**б**) hinter der Verbform, kann aber auch einem anderen Wort nachgestellt werden, wenn dieses hervorgehoben werden soll:

> Я цього не сказав **би**. *Ich hätte das nicht gesagt.*

> Я **б** цього не сказав. *Ich hätte das nicht gesagt.*

d) Auf die Konjunktion **коли** folgt **б** unmittelbar: **коли б**; mit den Konjunktionen **як, що** verschmilzt **би** (**б**) zu **якби** *wenn, falls* / **щоб** *damit*:

> **Якби** я це знав, я прийшов **би** до тебе.
> *Wenn ich das gewusst hätte, wäre ich zu dir gekommen.*

> **Коли б** він знав адресу Богдана, він написав **би** йому.
> *Wenn er Bohdans Adresse wüsste, würde er ihm schreiben.*

5. Unbestimmte Pronomen. Bildung und Gebrauch.
Неозначені займенники. Творення та вживання

a) Die unbestimmten Pronomen werden aus Fragepronomen (хто, що, який usw.) durch Anfügen oder Vorsetzen der Partikeln **-сь, де-, аби-, будь-, -небудь, хтозна-, казна-** gebildet:

> хтось *jemand* / щось *etwas* / чийсь *jemandem gehörig* / якийсь *irgendein* / дехто *jener, dieser* / дещо *dieses, jenes* / абихто *irgend jemand* / абищо *irgend etwas* / будь-хто *irgend jemand* / будь-що *irgend etwas* / будь-який *irgendein* / хто-небудь *irgend jemand* / чий-небудь *irgend jemandem gehörig* / хтозна-хто / казна-хто / хтозна-що / хтозна-який.

b) Die unbestimmten Pronomen weisen die gleiche Deklination wie die entsprechenden Fragepronomen auf; die Partikel bleiben unveränderlich:

> **хтось, когось, комусь** ..., **будь-що, будь-чого, будь-чим** ..., **хтозна-хто, хтозна-кого** ... . (Siehe Anhang I).

c) Werden die mit **будь-, аби-, де-, хтозна-, казна-** gebildeten unbestimmten Pronomen mit einer Präposition verbunden, so wird diese (ohne Bindestrich) dazwischengeschoben:

> **будь у кого, хтозна з ким.**

d) Unbestimmte Pronomen werden gebraucht, wenn z. B. im Satz von einer Person, Sache oder Qualität die Rede ist, die dem Sprecher oder Gesprächspartner oder generell unbekannt ist:

> Він зустрів **декого** з своїх товаришів. *Er traf einige seiner Freunde.*

> Розкажи мені **абищо**! *Erzähle mir irgend etwas.*

6. Der zusammengesetzte Satz. Die Satzverbindung.
Складне речення. Складносурядне речення

a) Ein zusammengesetzter Satz besteht aus zwei oder mehreren einfachen Sätzen und kann als Satzverbindung oder als Satzgefüge auftreten:

Продзвенів дзвоник, і студенти увійшли в аудиторію.
Es klingelte und die Studenten betraten den Hörsaal (Satzverbindung).

У своєму листі Петро писав мені, що він незабаром закінчить свою роботу. *In seinem Brief schrieb Petro mir, dass er seine Arbeit bald beenden würde* (Satzgefüge).

b) In einer Satzverbindung sind die einfachen Sätze einander nebengeordnet und voneinander unabhängig.

c) Einfache Sätze lassen sich zu Satzverbindungen ohne Konjunktionen oder durch die Konjunktionen **і, та, а, але** usw. verbinden:

Я читав книжку, він писав лист.
Ich las ein Buch, er schrieb einen Brief.

Лекція закінчилась, **але** всі залишались на місцях.
Die Vorlesung war zu Ende, alle blieben aber auf ihren Plätzen.

Текст

Оселя

Не підлягає су́мніву, що жи́тло, осе́ля ко́жної люди́ни більш чи менш сві́дчать про її́ хара́ктер, інтере́си, на́хили, заня́ття.

Так міркува́в я по доро́зі до ста́нції метро́ одного́ га́рного весняно́го дня.

Спра́ва в то́му, що роди́на мого́ коле́ги Макси́ма купи́ла нову́ кварти́ру. Це, зре́штою, дале́ко від це́нтру, десь у ново́му житлово́му маси́ві, але́ кварти́ра га́рна: чоти́ри кімна́ти, дві ло́джії, вели́ка ку́хня. І са́ме сього́дні сім'я́ та дру́зі сім'ї́ справля́тимуть новосі́лля.

Я ду́же зраді́в запро́шенню Макси́ма — адже́ мені́ ще не дово́дилось бува́ти у нього вдо́ма, познайо́митись з його́ роди́ною, та й цей райо́н Ки́єва був мені́ незнайо́мим.

Метро́, автобус, по́тім пішки — от наре́шті Макси́мова ву́лиця: буди́нки-близнюки́, як ма́йже за́вжди́ у нови́х райо́нах, але вели́кі й до́сить раціона́льно збудо́вані.

Ву́лиця Митці́в – це я до́бре пам'ята́ю, а буди́нок, кварти́ра? Тре́ба все ж подиви́тись адре́су.

Так і є! Ки́їв, ву́лиця Митці́в, буди́нок 6, під'ї́зд 3, кварти́ра 122.

Дзвоню́ – і за хвили́ну переді́ мно́ю Макси́м. Захо́димо.

Пе́рше вра́ження: до́сить просто́рий передпо́кій – і все ж ті́сно (принайми́ сього́дні) від деся́тка пальт, капелю́хів, шапо́к, подару́нків. (Де́хто вже прийшо́в – поду́мав я; хтось прині́с точні́сінько такі́ ж жо́вті нарци́си, як і я).

Пі́сля серде́чних привіта́нь Макси́м узя́вся пока́зувати мені́ своє́ житло́. По-пе́рше була́ до́сить вели́ка віта́льня: білі шпале́ри, сві́тлі ме́блі, бага́то росли́н – якра́з те, що мені́ подо́бається. По́тім спа́льня батькі́в, та́тів мале́нький кабіне́т. (Тут я затри́мав свою́ ува́гу:　　　Макси́мів ба́тько – відо́мий вче́ний, його́ га́лузь – до́сить вузьки́й ро́зділ психо-лінгві́стики). Кабіне́т по́вен книжо́к – книжко́ві ша́фи, книжко́ві поли́ці удо́вж стін, вели́кий письмо́вий стіл. На підло́зі –　украї́нський ки́лим, на стіні́ – невели́кий портре́т Тара́са Шевче́нка й ще чиє́сь ста-рови́нне фо́то. (Хто б то міг бу́ти? Тре́ба бу́де по́тім попита́ти Макси́ма).

От і кімна́та мого́ при́ятеля. Як і у ба́тька, зрозумі́ло, письмо́вий стіл (ті́льки ме́нший), стіле́ць, книжко́ві поли́ці, лі́жко, невели́кий DVD пле́єр і наре́шті – нови́й комп'ю́тер, подару́нок ста́ршого (вже жона́того) бра́та. На сті́нах по́стери – й все нові́ моде́лі маши́н. (Я ще не сказа́в, що Макси́м, як і я, студе́нт Політехні́чного інститу́ту й вивча́є машинобудува́ння. Те́хніка для ньо́го і фах, і хо́бі). Книжки́, часо́писи, які́сь моде́лі – все по бі́льшості техні́чні ре́чі. У цій кімна́ті зра́зу відчува́єш, що тут живе́ майбу́тній інжене́р, як то ка́жуть, *інжене́р від Бо́га.*

... Тим ча́сом ми ще роздиви́лись та́ко́ж за́тишну ку́хню, ва́нну й ло́джію, з яко́ї відкрива́ється чудо́вий краєви́д на Дніпро́ та си́ні у тума́ні лісѝ вдалині́. (Слід було́ б дода́ти, що мої́ знайо́мі ме́шкають на во́сьмому по́версі десятиповерхо́вого буди́нка).

– Га́рно? Чи не так? – спита́в Макси́м і заду́мливо дода́в: *Ще не мо́жу зви́кнути до цього́ просто́ру...*

На́шу розмо́ву перерва́в дзвіно́к: це прийшли́ нові́ го́сті. Час і нам приєдна́тись до них.

... Поверта́вся я додо́му пі́зно вве́чері. Мі́сто ся́яло вогня́ми, надво́рі тим ча́сом приморо́зило (зима́ ще дава́ла про се́бе зна́ти). Лише́ вели́ка лі́тера **М** (метро́) приві́тно світи́лась попе́реду, обіця́ючи тепло́ й – що особли́во важли́во у цей пі́зній час – можли́вість шви́дше діста́тись додо́му.

Словник

осе́ля *f*	*Wohnung, Behausung*	росли́на *f*	*Pflanze*
		га́лузь *f*	*Zweig, Gebiet*
сві́дчити II	*zeugen*	поли́ця *f*	*Regal*
на́хил *m*	*Neigung*	удо́вж *Adv.*	*längs, entlang*
мірку/ва́ти I	*bedenken, überlegen*	лі́жко *n*	*Bett*
маси́в *m* (житлови́й)	*Neubausiedlung*	підло́га *f*	*Boden*
		при́ятель *m*	*Freund*
зра́діти *voll.* (v. ра́діти I)	*sich freuen*	DVD пле́єр	*DVD-Player*
		жона́тий	*verheiratet*
запро́шення *n*	*Einladung*	часо́пис *m*	*Zeitschrift*
дово́дитися (мені, йому... дово́диться)	*ich muss (musste)*	маши́но-будува́ння *n*	*Maschinenbau*
		по бі́льшості	*meistens*
близню́к *m*	*Zwilling*	відчува́ти I	*fühlen, spüren*
мите́ць *m*	*Künstler*	відкрива́тися I	*sich öffnen, aufgehen*
під'ї́зд *m*	*Treppe, Stiege*	роздиви́тися (v. роздивля́тися)	*betrachten*
кварти́ра	*Wohnung*		
вра́ження *n*	*Eindruck*	краєви́д *m*	*Aussicht, Landschaft*
просто́рий	*geräumig*	тума́н *m*	*Nebel*
передпо́кій *m*	*Vorzimmer*	вдалині́	*in der Ferne*
ті́сно *Adv.*	*eng, schmal*	заду́мливо	*nachdenklich*
подару́нок *m*	*Geschenk*	про́стір *m*	*Weite*
капелю́х *m*	*Hut*	приєдна́тися	*sich anschließen*
ша́пка *f*	*Mütze, Kappe*	важли́во *Adv.*	*wichtig*
віта́льня *f*	*Gästezimmer*	обіця́ючи (обіця́ти I)	*versprechend*
взя́тися *voll.* (v. бра́тися)	*auf sich nehmen, übernehmen*	поверта́тися I	*zurückkehren*
шпале́ри *Pl.*	*Tapeten*	можли́вість *f*	*Möglichkeit*

Словосполучення з тексту

1. Не підляга́є су́мніву   *es steht außer Zweifel*
2. Спра́ва в то́му   *es handelt sich um, es kommt darauf an*
3. Справля́ти новосі́лля   *den Einzug feiern*
4. Затри́мати ува́гу   *Aufmerksamkeit auf sich lenken, richten*
5. Як то ка́жуть   *wie man sagt*
6. Інжене́р від Бо́га   *ein Ingenieur von Gottes Gnaden*
7. Дава́ти про се́бе зна́ти   *sich zu erkennen geben*
8. Надво́рі приморо́зило   *draußen ist es frostig geworden*

Вправи

1. Назвати синоніми чи близькі по значенню слова до приведених нижче.

Мешкати, родина, друг, житло, думати, дехто, відомий, татів (кабінет), за хвилину, професія, доїхати.

2. Привести антоніми до даних слів та словосполучень.

Пізній (час), майбутній, попереду, новий, вузький, увечері, старший, (іти) пішки, центр (міста), надворі, весняний (день).

3. Утворити похідні від поданих слів.

Житло, зрадіти, письмовий, вчений, гордість, жонатий, технік, вдалині, вітальня, увага, подарунок, приморозити, задумливо, мешкати, просторий.

4. Вказати, з яких частин складаються використані у тексті складні слова.

Краєвид, машинобудування, десятиповерховий, часопис, новосілля, психолінгвістика.

5. Утворити з допомогою префіксів від дієслів недоконаного виду доконаний вид.

Радіти, бачити, знайомитися, тримати, питати, казати, повертатися, робити, дивитися.

6. *Написати видову пару до даних дієслів.*

Називати, викликати, бувати, вивчати, звикнути, вкриватися, розповісти, темніти, побачити, сказати, женитися, брати, співати.

7. *Від даних дієслів утворити пасивні дієприкметники минулого часу.*

Закінчити, купити, додати, сказати, попитати, зробити, написати, принести, перечитати, стерти.

8. *У даних реченнях підкреслити дієприкметники, написати форми, від яких вони утворені.*

a) Працююча людина цінує час.
b) Нас привітала немолода жінка з посивілим волоссям.
c) Його раптом зблідле обличчя привернуло нашу увагу.
d) Прочитана доповідь була цікавою, але трохи задовгою.
e) На вулицях лежало вже пожовкле листя.
f) Сказані слова не повернеш.
g) Я люблю у Києві бузковий парк, закладений у 30-их – 40-их рокáх минýлого столíття.

9. *Скласти 7 речень з неозначеними займенниками.*

10. *Виписати з тексту всі складносурядні речення.*

11. *Скласти шість речень, увівши до них словосполучення, подані після словника.*

12. *Написати твір на тему:* Моя оселя.

13. *Провести розмову на тему:* У тебе є своя квартира чи ти живеш з батьками?

14. *Прочитати та перекласти на німецьку мову.*

Руки довші
– У гостя́х не тягни́сь чéрез увéсь стіл. Хібá немáє у тéбе язикá?
– Є і язи́к, алé рýки дóвші ...

LEKTION 17

1. Die Bildung von Verbalaspekten (Forts.)
2. Das Futur III
3. Der Gebrauch von Partizipien. Partizipialkonstruktionen
4. Die Satzgefüge
5. Die Suffixe des Substantivs zum Ausdruck der Verkleinerung (Diminutiva) und der Zärtlichkeit

GRAMMATIK

1. Die Bildung von Verbalaspekten. Творення видів дієслова

a) Bei der Aspektbildung erfolgt manchmal auch ein Wechsel von Vokalen sowie ein Betonungswechsel im Verbalstamm:

вивч-а́-ти – ви́вч-и-ти / повтор-и́-ти – повто́р-ю-вати / викид-а́-ти – ви́кид-а-ти.

b) Einzelne Aspektpartner weisen verschiedene Wortwurzeln auf:

брати – **взяти** / ловити – **піймати**.

c) Es gibt eine kleine Gruppe von Verben, die je nach Kontext in der Funktion des vollendeten oder des unvollendeten Aspekts gebraucht werden können (**мо́вити, жени́ти, велі́ти**), mitunter einige Verben mit dem Suffix -ува- (Lehn- und Fremdwörter), wie z.B. **гарантува́ти, організува́ти, телеграфува́ти**.

d) Eine Reihe von Verben (sog. unpaarige Verben) kommen nur im unvollendeten Aspekt (ви́сіти *hängen* / лежати *liegen* / коштувати *kosten*) oder nur im vollendeten Aspekt vor (поговорити *etwas unterhalten* / складатися (з чого?) *bestehen* / заблудитися *sich verlaufen*).

2. Das Futur III. Майбутній час

a) Das Futur III (das Futur vollendeter Verben) wird vom Infinitivstamm *vollendeter* Verben (заспівати, переказати, спитати), wie die Präsensformen unvollendeter Verben, gebildet:

писати – **написати: напишу, напишеш, напише** ... .

b) Musterwörter: прочита́ти I, ви́вчити II

Zahl	Person		Beispiele
Sg.	я	прочита́ю	ви́вчу
	ти	прочита́єш	ви́вчиш
	він, вона	прочита́є	ви́вчить
Pl.	ми	прочита́ємо	ви́вчимо
	ви	прочита́єте	ви́вчите
	вони	прочита́ють	ви́вчать

c) Das Futur III drückt aus, dass die Handlung stattfinden und zu Ende geführt werden wird:

Я закінчу університет через два роки. Сьогодні я напишу сестрі листа.

3. Der Gebrauch von Partizipien. Partizipialkonstruktionen. Вживання дієприкметників. Дієприкметникові звороти

a) Das Partizip tritt im Satz gewöhnlich als Attribut auf und stimmt mit seinem Beziehungswort in Geschlecht, Zahl und Fall überein:

осиротілий хлопчик / **виконуване** завдання.

b) Ein Partizip mit den von ihm abhängigen Wörtern bezeichnet man als Partizipialkonstruktion. Eine Partizipialkonstruktion hat dieselbe Bedeutung wie ein Attributsatz mit **котрий, який**:

Дай мені книжку, вже прочитану тобою.
Gib mir das von dir schon durchgelesene Buch.

Дай мені книжку, яку ти вже прочитала.
Gib mir das Buch, das du schon durchgelesen hast.

c) Die Partizipien bzw. die Partizipialkonstruktionen können durch das Partizip I (-d), das Partizip II (-t oder -en) oder durch einen Relativsatz (mit *der, die, das*) ins Deutsche übersetzt werden:

Ми одержали замовлені нами квитки у театр.
Wir haben die von uns bestellten Theaterkarten erhalten.
Wir haben Theaterkarten erhalten, die von uns bestellt wurden.

d) In unpersönlichen Sätzen werden die undeklinierbaren ukrainischen Partizipien des Präteritums Passiv auf **-но**, **-то** (manchmal mit dem Hilfsverb бути) sehr oft als Prädikativum verwendet.

> У цей час поему вже *було написано*. До свят все *буде зроблено*. Київський університет *збудовано* у 19-ому сторіччі.

Beachten Sie:

Das Präteritum Passiv auf **-но**, **-то** verlangt immer ein direktes Objekt (siehe oben: поему, все, Київський університет).

4. Die Satzgefüge. Складнопідрядні речення

a) Ein Satzgefüge besteht aus einem Hauptsatz und einem oder mehreren Nebensätzen. Die Nebensätze sind dem Hauptsatz untergeordnet:

> Сталось те, **чого ніхто не чекав.**
> *Es geschah das, was niemand erwartet hatte.*
> (Сталось те ist Hauptsatz. Чого ніхто не чекав ist Nebensatz).

b) Die Nebensätze werden mit dem Hauptsatz durch unterordnende *echte* und *unechte* Konjunktionen (Wörter mit Satzgliedfunktion) verbunden.

c) Unterordnende (*echte*) Konjunktionen − **що, щоб, коли, хоч** − sind keine Satzglieder. Sie dienen nur zur Verknüpfung des Nebensatzes mit dem Hauptsatz:

> Брат написав, **що** він приїде у середу.
> *Der Bruder hat geschrieben, dass er am Mittwoch kommt.*

d) *Unechte* Konjunktionen sind Relativpronomen, z.B. **хто, котрий, чий** und Relativadverbien − **де, куди, чий** ... :

> Я поїду туди, **де** на мене чекає мій друг.
> *Ich fahre dorthin, wo der Freund auf mich wartet.*
> Сьогодні він закінчив статтю, **над котрою** працював весь місяць.
> *Heute ist er mit dem Artikel fertig geworden, an dem er einen Monat lang gearbeitet hat.*

Merken Sie sich:

Das Wort **що** kann in dem einen Satz eine echte, in dem anderen eine unechte Konjunktion sein:

> Вона бачила, **що** він приніс. (Що ist eine unechte Konjunktion.)
> *Sie hat gesehen, was er mitgebracht hat.*
> Вона бачила, **що** він приніс книжку. (Що ist eine echte Konjunktion.)
> *Sie hat gesehen, dass er ein Buch mitgebracht hat.*

5. Die Suffixe des Substantivs zum Ausdruck der Verkleinerung (Diminutiva) und der Zärtlichkeit. Суфікси іменників на означення зменшеності та пестливості

a) Die ukrainische Sprache ist besonders reich an Suffixen der subjektiven Einschätzung. Mit ihnen werden von konkreten Substantiven neue Substantive abgeleitet, die eine − mehr oder minder auf der subjektiven Einschätzung des Sprechenden beruhende − Bedeutungsveränderung ausdrücken.

b) Suffixe der Verkleinerung und der Zärtlichkeit.
Männliche Substantive:

-ок:	ліс-о́к, голос-ок (von: ліс, голос);
-ик:	сто́л-ик, брат-ик (von: стіл, брат);
-чик:	хло́п-чик, клю-чик (von: хлопець, ключ);
-очок:	син-о́чок, ліс-очок (von: син, ліс);
-усь:	дід-у́сь, Петр-усь (von: дід, Петро).

Текст

Лист

Надíйка, як ми вже зна́ємо, не кия́нка. До Ки́єва вона́ приíхала вчи́тися з невели́кого мíста Черка́си, що, до ре́чі, розташо́вано, як і Ки́їв, на Дніпрí. Тут, у Черка́сах, наш Дніпро́-Славу́тич особли́во широ́кий і могу́тній. А у да́вні часи́ − говóрять старí лю́ди − він був ще ши́рший, і ри́би в ньо́му було́ *тьма-тьму́ща*, і на берега́х його́ жило́ весе́ле, добрози́чливе плéм'я риба́лок ... . Серед них і Надíйчин пра́дід Касья́н.

Черка́си сьогóдні − типо́ве украї́нське мíсто: мо́ре зе́лені, па́рки, садки́ − і квíти, квíти − куди́ не ки́неш о́ко. Стари́х будо́в ма́йже не зали́шилось − ві́йни й револю́ції нищі́вно пройшли́сь мíстом. І все ж ... Надíйка лю́бить своє́ рíдне мíсто й пиша́ється ним.

Незаба́ром мина́є тре́тій рік, як Надíя вчи́ться у Ки́єві. Навча́ння в університе́ті займа́є ду́же бага́то ча́су − лéкції, семіна́ри, практи́чні заня́ття − і повсякде́нна робо́та у бібліоте́ці. Алé незважа́ючи на це, Надíйка щоти́жня пи́ше листа́ до своḯх батькíв та де́яких дру́зів, що зали́ши́лись удо́ма.

Надíйчин лист:

Любі мáмо й тáто!

Не минýло ще й тúжня, як я булá вдóма, а вже мáю настíйну потрéбу поговорúти з вáми, принáймі у листí.

Доїхала я дýже дóбре й, здавáлось, дýже швúдко. У моéму вагóні їхала грýпа студéнтів-геóлогів, які повертáлись з прáктики десь у Карпáтах. Усю дорóгу вонú співáли, жартувáли, розповідáли захóплюючі істóрії з життя́ геóлогів, томý час пролетíв непомíтно.

У гуртóжитку на мéне вже чекáли дрýзі, й ми рáзом рýшили у кінó (ви пам'ятáєте, це булá недíля, остáнній день нáших канíкул). Назáвтра вже почалúсь лéкції, а це, як відóмо, означáє – навчáння, навчáння, навчáння... .

В університéті ніяких особлúвих новúн, не врахóвуючи, що нарéшті ми мáємо такóж лéкції з сучáсної зáхідної літератýри, на які вже давнó чекáли. І ще дéщо: у нас дýже невдáлий рóзклад у цьомý семéстрі – мáйже кóжного дня занятт́я до вéчора. У бібліотéці мýсимо працювáти лишé між лéкцій, а це, зрозумíло, не дýже зрýчно. А взагалí навчáння менé, як і ранíш, дýже цікáвить.

Учóра навíдалась до тíтки та дя́дька. Вонú – дя́кувати Бóгові – здорóві. У них рáдісна новинá: Юркó пúше, що колúсь у листопáді повертáється до Кúєва. Мóже, вонú всі рáзом завітáють до нас на Різдвó. Отó булú б гáрні свя́та!

Оцé й всі моí новúни. А як у вас спрáви, моí люб́і? Чи здорóві всі? Вітáйте від мéне бабýсю та дідýся́, а такóж нáших сусíдів.

Мíцно обіймáю вас усíх.
Вáша Надíя

Словник

розташóвано (v. розташувати)	*gelegen sein*
Славýтич (від слава)	*ruhmreich*
могýтній	*mächtig*
доброзúчливий	*wohlwollend*
плéм'я *n*	*Stamm*
рибáлка *m*	*Fischer*

пра́дід *m*	*Urgroßvater*
ма́йже	*fast, nahezu*
залиша́тися I (зали́ши́тися)	*bleiben*
нищі́вно *Adv.*	*vernichtend*
пиша́тися I	*stolz sein*
мина́ти I (мину́ти)	hier: *vergehen*
займа́ти I (час) (зайня́ти)	*in Anspruch nehmen*
повсякде́нний	*alltäglich*
насті́йний	*beharrlich, dringend*
потре́ба *f*	*Bedarf, Bedürfnis*
прина́ймі	*wenigstens, zumindest*
здава́тися I (зда́тися)	hier: *anscheinend*
захо́плюючий (v. захо́плюватися I)	*hinreißend*
ру́шити *voll.* (v. руша́ти I)	*sich auf den Weg machen (bewegen)*
непомі́тно *Adv.*	*unmerklich*
гурто́житок *m*	*Studentenwohnheim*
нія́кий *Pron.*	*keinerlei, (gar) kein*
новина́ *f*	*Neuigkeit*
зру́чно *Adv.*	*bequem, angenehm*
взагалі́	*überhaupt*
наві́датися *voll.* (v. наві́дуватися I)	*besuchen*
завіта́ти *voll.*	*besuchen*
мі́цно	*fest, stark*
обійма́ти I (обійня́ти)	*umarmen*

Словосполучення з тексту

1. До ре́чі	*beiläufig, übrigens*
2. Тьма-тьму́ща (ри́би)	*unzählige (Fische)*
3. Ки́нути о́ко	*einen Blick werfen*
4. Нищі́вно пройшли́сь	*fegten alles hinweg*
5. Незважа́ючи на ...	*trotzdem*
6. Дя́кувати Бо́гові	*Gott sei Dank*
7. Як відо́мо	*wie bekannt*
8. Не врахо́вуючи	*abgesehen von*

Вправи

1. Підібрати до даних слів та виразів з тексту протилежні по значенню (антоніми).

Широкий, киянка, старий, прадід, місто, повсякденний, багато, тато, останній, починатися, західний, бабуся, сучасний.

2. Виписати з тексту слова та вирази, граматично не пов'язані з ним, – так звані вставні слова та речення. Наприклад: як ви вже знаєте. *Пояснити їх значення.*

3. Привести синоніми чи близькі по значенню слова до приведених нижче.

Розташовано, плем'я, море (зéлені), будова, незабаром, щотижня, мама та тато, любий, мусити, рушити, навідатися.

4. Утворити похідні слова від поданих нижче.

Вітати, жартувати, зрозуміло, захоплюючий, геолог, Київ, місто, лист, тиждень, житло, міцно.

5. Написати видову пару до даних дієслів.

Розповісти, принести, писати, вчити, обіймати, летіти, розуміти, рахувати, скласти (іспит), читати, питати, обіцяти, вітатися.

6. Скласти 10 речень з приведеними видовими парами.

Брати – взяти, казати – сказати, вивчáти – вúвчити, цікавитися – зацікавитися, купувати – купúти, обіймати – обійняти, їхати – заїхати, навідуватися – навідатися, рушáти – рýшити, врахóвувати – врахувáти.

7. Переписати речення, підкреслити в них дієприкметникові звороти та замінити їх підрядними реченнями.

a) Написаний Надією лист лежав на столі.

b) Склад, несучий наголос, називається наголошеним.

c) Позеленілі минулого тижня дерева знову вкрились снігом.

d) Сúдячий на сонці хлопчик привернув його увагу.

e) Одержаний учора лист не виходив у Лесі з голови.

f) Треба виписати словосполучення, вживані у тексті.

8. *Виписати з тексту всі складнопідрядні речення.*

9. *Переписати речення, підкреслити в них сполучники (echte Konjunktionen) чи сполучні слова (unechte Konjunktionen).*

a) Сьогодні до мене прийде товариш, з котрим ми вчились у школі.

b) Мені сказали, що іспит буде у середу.

c) Це була така людина, про яку важко забути.

d) Максим розповів мені, що я повинен підготувати до іспиту.

e) На жаль, я не знав точно, де живе Олег.

f) Я вірю в те, що повернеться тепло.

g) Здогад, який виник раптово, не давав мені спокою.

h) Я зовсім не знав, що треба робити у таких випадках.

i) Він спитав, котра година зараз.

10. *Утворити від приведених іменників чоловічого роду з допомогою суфіксів* **-ик, -ок, -чик, -очок, -усь** *іменники зі значенням зменшеності та пестливості.*

Брат, стіл, стілець, дід, тато, будинок, лист, кіт, двір, син.

11. *Написати листа своєму приятелю (приятельці), своїм батькам.*

12. *Тема для розмови:* Чи ча́сто пишемо ми листи?

13. *Тема для дискусії:* Листування як форма комунікації.

14. *Прочитати та перекласти на німецьку мову.*

Гу́мор

– Ти чого́ така́ сумна́?

~ Навча́ння, навча́ння, навча́ння ... з ра́нку до ве́чора, і нічо́го, крім нього́ ... .

– І давно́ ти вчи́шся?

~ За́втра почина́ю.

LEKTION 18

1. Der Gebrauch des unvollendeten Aspekts
2. Negativpronomen
3. Das Adverbialpartizip. Bildung der Adverbialpartizipien

4. Das Satzgefüge. Zum Gebrauch der Konjunktionen **що, щоб** in Objektsätzen
5. Die Suffixe des Substantivs zum Ausdruck der Verkleinerung (Diminutiva) und der Zärtlichkeit

GRAMMATIK

1. Der Gebrauch des unvollendeten Aspekts.
Вживання недоконаного виду дієслова

a) Die unvollendeten Verben im Futur I und Futur II (bzw. im Präsens) bezeichnen die Handlung in ihrem Verlauf, in ihrer Dauer, ohne ihre zeitliche Begrenzung anzugeben:

> Я вивчатиму українську мову.

b) Unvollendete Verben im Präsens und Präteritum können die Handlung als wiederholt ablaufend kennzeichnen (приходити, бувати, траплятися *geschehen*). Auf sich wiederholende Handlungen können Adverbien und Substantive hinweisen (**завжди, іноді, часто, рідко, час від часу, кожної години, весь час** ...):

> Минулого року він часто працював у бібліотеці.

c) In der Form des Präteritums können unvollendete Verben stehen, wenn der Sprecher erfahren will, ob die betreffende Handlung stattgefunden hat. Er interessiert sich nicht für das Ergebnis der Handlung:

Ви читали цю книжку?	*Haben Sie dieses Buch gelesen?*
Так, читав.	*Ja, ich habe es gelesen.*
Ти складав іспит?	*Hast du die Prüfung gemacht?*
Так, складав.	*Ja, ich habe sie gemacht.*

2. Negativpronomen. Заперечні займенники

a) Die Negativpronomen werden aus Fragepronomen (хто, що, який usw.) durch Voranstellen des Partikels **ні** gebildet:

ніхто *niemand, keiner* / **ніщо** *nichts* / **нічий** *niemandem gehörig* / **ніякий** *kein.*

b) In einem Satz, der Negativpronomen enthält, muss das Prädikat durch **не** verneint werden:

Ніхто мені **нічого не** говорив. *Niemand hat mir etwas gesagt.*

c) Die Negativpronomen weisen die gleiche Deklination wie die entsprechenden Fragepronomen auf:

Nom.	ніхто́	ніщо́	нія́кий	нічи́й
Gen.	ніко́го	нічо́го	нія́кого	нічийо́го
Dat.	ніко́му	нічо́му	нія́кому	нічийо́му
Akk.	ніко́го	нічо́го	нія́кого	нічийо́го
Instr.	ніки́м	нічи́м	нія́ким	нічии́м
Lok.	ні на	ні на	ні на	ні на
	ко́му	чо́му	я́кому	чийо́му

d) Wird das Negativpronomen mit einer Präposition verbunden, so tritt die Präposition zwischen **ні** und das Pronomen; es wird dann getrennt geschrieben.

Я ні з ким не говорив. *Ich habe mit niemandem gesprochen.*

Ні у кого немає цієї книжки. *Niemand hat dieses Buch.*

Сестра написала, що **ні в якому** разі не може приїхати.
Die Schwester hat geschrieben, dass sie auf keinen Fall kommen kann.

3. Das Adverbialpartizip. Bildung der Adverbialpartizipien.
Дієприслівник. Творення дієприслівників

a) Adverbialpartizipien sind Verbformen, die auch Merkmale eines Adverbs haben. Wie das Verb werden sie nach dem Aspekt (unvollendet oder vollendet) und der Zeit (Gleichzeitigkeit oder Vorzeitigkeit) unterschieden; wie ein Adverb sind sie in ihrer Form unveränderlich und werden im Satz als Adverbialbestimmung gebraucht.

b) Es gibt im Ukrainischen zwei Adverbialpartizipien:

– das Adverbialpartizip auf **-учи (-ючи)**, **-ачи (-ячи)** (von unvollendeten Verben):

працю-ючи / говор-ячи;

– das Adverbialpartizip auf **-вши** oder **-ши** (von vollendeten Verben):
прочита-вши / **приніс-ши**.

c) Die Adverbialpartizipien von unvollendeten Verben werden durch Anfügen des Suffixes **-учи (-ючи)**, **-ачи (-ячи)** an den Präsensstamm gebildet:

писати – пиш-уть – **пиш-учи**
робити – робл-ять – **робл-ячи**.

d) Die Adverbialpartizipien von vollendeten Verben werden vom Infinitivstamm mit Hilfe der Suffixe **-вши** (*nach Vokal*) oder **-ши** (*nach Konsonant*) gebildet:

відкрити – **відкри-вши** / донести – **доніс-ши** /
довезти – **довіз-ши**.

Beachten Sie die Alternation der Vokale: e → i.

e) Ein Adverbialpartizip kann wie ein Verb das Suffix **-сь** oder (sehr selten) **-ся** aufweisen:

дивитися – **дивлячись** / зустрітися – **зустрівшись** /
познайомитися – **познайомившись** / побратися (за руки) *einander
(sich) an den Händen fassen* – **побравшися**.

4. Das Satzgefüge. Zum Gebrauch der Konjunktionen що, щоб in Objektsätzen. До вживання сполучників що, щоб у додаткових підрядних реченнях

a) In den Nebensätzen mit der Konjunktion **що** wird eine reale Mitteilung
wiedergegeben, wobei das Prädikat des Hauptsatzes durch Verben des
Sagens und *Denkens*, der *Empfindung* und der *sinnlichen Wahrnehmung*
ausgedrückt ist: **говорити, сказати, думати, розуміти, заявляти** *erklären, melden*, **радіти, знати, бачити, чути** *hören*, **почувати** *fühlen*:

Я знаю,
Я чув, ——— що буде гарна погода.
Він сказав,

b) In den durch die Konjunktion **щоб** eingeleiteten Nebensätzen handelt es
sich um etwas *Erwünschtes, Erforderliches*. Das Prädikat des Hauptsatzes besteht aus einem Wort, das einen *Wunsch*, eine *Bitte*, eine *Forderung* oder einen *Befehl* ausdrückt: **хотіти, бажати, вимагати** *fordern* /
прохати, просити *bitten* / **треба, необхідно**:

Я **хочу, щоб** він прийшов раніше. *Ich möchte, dass er früher kommt.*

Треба, **щоб** тут було тихо. *Es ist notwendig, dass es hier ruhig ist.*

c) Nach einigen Wörtern (z.B. **сказати, написати, сказано, написано**) kann sowohl **що** als auch **щоб** stehen. Die durch **що** eingeleiteten Sätze drücken die *Mitteilung* über eine *Tatsache* aus, während die durch **щоб** eingeleiteten Sätze einen *Wunsch* oder eine *Bitte* wiedergeben.

Vergleichen Sie:

Сестра сказала, **що** він ужé прийшов.

Die Schwester sagte, dass er schon gekommen ist.

Вона сказала, **щоб** він прийшов.

Sie sagte, dass er kommen soll.

5. Die Suffixe des Substantivs zum Ausdruck der Verkleinerung (Diminutiva) und der Zärtlichkeit (Fortsetzung). Суфікси іменників на означення зменшеності та пестливості

Die Suffixe des Substantivs zum Ausdruck der Verkleinerung (Diminutiva) und der Zärtlichkeit.

Weibliche Substantive:

-к-а:	рýч-к-а, книж-к-а (von: рука, книга);
-оньк-а, **-еньк**-а:	голíв-оньк-а, рýч-еньк-а (von: голова, рука);
-ичк-а:	сестр-ѝчк-а, вод-ичк-а (von: сестра, вода);
-очк-а, **-ечк**-а:	дóн-ечк-а, рýч-ечк-а (von: доня (дочка), рука);
-ун-я:	баб-ýн-я, мам-ун-я (von: баба, мама);
-ус-я:	мам-ýс-я, баб-ýс-я (von: мама, баба).

Sächliche Substantive:

-к-о:	молоч-к-ó, óч-к-о (von: молоко, око);
-атк-о, **-ятк**-о:	курч-áтк-о, дит-ѝтк-о, тел-ятк-о (von: дитя, теля);
-очк-о, **-ечк**-о:	дитѝт-очк-о, сóн-ечк-о (von: дитя, сонце);
-ц-е:	дерев-ц-é, слов-ц-é (von: дерево, слово);
-ен-я:	коз-ен-ѝ, оч-ен-ѝ (von: коза, око).

Завдання

1. Прочитати вірш В. Сосюри, спробувати перекласти на німецьку мову.

Так ніхто́ не коха́в. Че́рез ти́сячі літ
лиш прихо́дить поді́бне коха́ння.
В день таки́й розцвіта́є весна́ на землі́
і земля́ убира́ється зра́ння ...

Ди́ше ти́хо і ле́гко в синя́ву вона́,
простяга́є до зір свої́ ру́ки ...
В день таки́й на землі́ розцвіта́є весна́
і тремти́ть од соло́дкої му́ки ...

2. Знайти у вірші заперечний займенник, провідмінювати його та скласти речення, у якому він вживається з прийменником.

3. Підкреслити у вірші прислівники та визначити їх розряди.

4. Визначити тип складних речень у вірші.

5. Звернути увагу на вживання у вірші даних слів і словосполучень: через тисячі літ, дише ... в синяву, до зір, од солодкої муки.

ТЕКСТ

Про нашу роботу

Невдо́взі закі́нчується навча́льний рік, і одноча́сно заве́ршується ваш, вла́сне, основни́й курс украї́нської мо́ви. Попе́реду і́спити, а по́тім до́вгі лі́тні кані́кули. Але́ за́раз ще не час говори́ти та ду́мати про кані́кули. Чи не кра́ще поговори́ти про робо́ту, яку́ ми вже ма́йже вико́нали? Що ми вивча́ли (сподіва́ємось, і ви́вчили) та що ми зна́ємо й мо́жемо, що стосу́ється украї́нської мо́ви?

Чи зна́ємо ми, по-пе́рше, де́що про Украї́ну, про її́ славе́тну столи́цю Ки́їв, про украї́нський наро́д та його́ істо́рію, його́ культу́ру, його́ літера́туру?

Так, і ні. Де́що все́-таки зна́ємо, але́ це ті́льки поча́ток. Ми пови́нні бу́демо ще бага́то чита́ти, писа́ти, розмовля́ти, іна́кше говоря́чи, вчи́ти та вчи́тися. А тут вже ста́не у приго́ді й грама́тика.

Згада́ймо! Ми ви́вчили весь іме́нник, усі́ його́ відмі́нки та бі́льшість прийме́нників, що з ним вжива́ються. На́ше знайо́мство з прикме́тником було́ теж до́сить глибо́ким. Адже́ ми вивча́ли і я́кісні і відно́сні прикме́тники, тверду́ та м'яку́ гру́пи прикме́тників, до́вгі та коро́ткі фо́рми й звича́йно сту́пені порівня́ння. Не обі́йшли ми ува́гою та́кож і займе́нники, і числі́вники, і прислі́вники. Але́ найважливі́шим було́ все ж дієсло́во. Крім тепе́рішнього, мину́лого та трьох майбу́тніх часі́в, ми, зрозумі́ло, працюва́ли й працю́ємо з ви́дами дієсло́ва, спо́собами ді́ї й, зокрема́, з дієслова́ми ру́ху. Не лиши́лись по́за на́шою ува́гою і дієприкме́тники, і дієприслі́вники, як і структу́ра просто́го й складно́го ре́чення, яки́ми ми тепе́р займа́ємось.

Це ма́йже до́сить, щоб зрозумі́ти оригіна́льний текст.

А словни́к? А словосполу́чення? Де́який запа́с слів ми вже напе́вно ма́ємо, але́ його́ не до́сить. Бо бага́тство мо́ви — це вже спра́ва до́свіду, тренува́ння і деся́тки (а мо́же со́тні?) прочи́таних книжо́к.

Чи мо́жемо ми порозумі́тись по-украї́нському? Гада́ю, що так. Ми вчи́ли й тренува́ли найбі́льш вжи́вані розмо́вні констру́кції що стосу́ється найпрості́ших тем комуніка́ції і, зрозумі́ло, мо́жемо підтри́мати розмо́ву про се́бе, свою́ роди́ну, жи́тло, про навча́ння, хо́бі, взагалі́ студе́нтське життя́, про дру́зів та коле́г і на́віть про Ки́їв, Украї́ну та украї́нців.

Тож чита́йте, пиши́ть і розмовля́йте, якщо́ можли́во, по-украї́нськи! Ви тепе́р нале́жите до тих — не ду́же багатьо́х інозе́мців, — які́ володі́ють украї́нською мо́вою. Поздоровля́ю!

Найбі́льше і найдоро́жче добро́ у ко́жного наро́ду — це його́ мо́ва, ота́ жива́ схо́ванка лю́дського ду́ху, його́ скарбни́ця, в яку́ наро́д склада́є і своє́ да́внє життя́, і свої́ сподіва́нки, ро́зум, до́свід, почува́ння.

Панас Мирний

Ну що б, здава́лося, слова́ ...
Слова́ та го́лос — більш нічо́го.
А се́рце б'є́ться — ожива́,
Як їх почу́є!..

Тарас Шевченко

Завдання

1. Прочитати текст, звернути увагу на нові слова та вирази.

2. Виділити та переказати основні думки тексту.

3. Запам'ятати приведені нижче словосполучення, вставні слова та речення, вживані в тексті, перекласти їх на німецьку мову.

Справа досвіду, не обійти увагою, (не лишились поза увагою), інакше говорячи, зокрема, стати у пригоді, власне, ще не час, чи не краще.

4. Прочитати приведені словосполучення, скласти з ними речення. Потурбуйтесь запам'ятати деякі з них: вони ще стануть у пригоді.*

    a) Справляти враження   *einen Eindruck machen*

    b) Стати у пригоді*   *zustatten kommen*

    c) Брати (взяти) до уваги   *berücksichtigen*

    d) Як це сталося?   *wie ist das geschehen?*

    e) Приєднуватися до думки   sich einer Meinung anschließen

5. Відповісти на питання, пов'язані з темою тексту.

    a) Чи було б вам цікаво більше дізнатися про Україну?

    b) Як би ви хотіли продовжити своє вивчення української мови?

    c) Чи маєте ви плани поїхати до України?

    d) Що б ви найбільш хотіли побачити в Україні?

    e) Чи хотіли б ви познайомитися з українською літературою?

6. Побудувати 2 – 3 діалоги до теми: Як ми вивчаємо українську мову.

Вправи

1. *Доповнити наведені речення дієсловами з дужок у належній формі (доконаного чи недоконаного виду, минулого чи майбутнього часу).*

   a) На протязі всього навчального року ми (читати – прочитати) тексти, (писати – написати) твори, (вивча́ти – ви́вчити) розмовні моделі.

   b) Незабаром родина Пилипенків (справляти – справити) новосілля.

   c) Максим (запрошувати – запросити) мене подивитись його нове мешкання.

   d) Я (повертатися – повернутися) додому дуже пізно.

   e) Батьки (дарувати – подарувати) мені комп'ютер.

   f) Ста́рша сестра (розповідати – розповісти) мені, що наш батько дуже цінував творчість Тараса Шевченка.

   g) Несподівано (дзвонити – задзвонити) дзвоник, і всі (кидатися – кинутися) до дверей.

   h) Наступного року його сестра теж (вивчати – вивчити) українську мову.

2. *Переписати речення. Вставити дієслова доконаного чи недоконаного виду.*

   a) Ми вже (знайомитися – познайомитися) з основними граматичними категоріями.

   b) Тепер уже час (братися – взятися) за оригінальні тексти.

   c) Наш викладач говорить, що ми повинні багато (читати – прочитати).

   d) Увечері ми всі (рушати – рушити) у кіно.

   e) Назавтра вже (починатися – початися) лекції в університеті.

   f) Сьогодні Надійка з Богданом гарно (працювати – попрацювати) у бібліотеці й тепер можуть трохи (відпочивати – відпочити).

   g) Студенти-геологи (розповідати – розповісти) одну захоплюючу історію, що трапилася у Карпатах.

   h) Нарешті ми (одержувати – одержати) новий, хоч і не дуже вдалий розклад.

   i) У листі з Сибіру Юрко (писав – написав), що робота дуже цікава, але все ж є тяга додому, до Києва.

3. Скласти 6 речень з заперечними займенниками, пам'ятаючи про подвійне заперечення в українській мові.
Muster: **Я нічого** йому **не** сказав.

4. Від приведених дієслів утворити усі можливі форми дієприслівника.

Згадувати – згадати, розуміти – зрозуміти,
підтримувати – підтримати (розмову), лишатися – лишитися,
працювати – попрацювати, читати – прочитати,
володіти – оволодіти, приєднуватися – приєднатися.

5. Скласти 6 складнопідрядних речень зі сполучниками **що** *та* **щоб** *і пояснити їх вживання.*

6. Написати твір на тему: Що я думаю про вивчення іноземних мов.

7. Перекласти на українську мову приведені нижче жарти.

Sehr interessant
In der Pause einer Theateraufführung begegnen sich zwei Theaterkritiker. Der eine gähnt.
»Das wollte ich auch sagen«, meint der andere.

Du irrst dich!
Er: Guten Tag, Erika! Darf ich dich heute Abend einmal besuchen?
Sie: Ja, Herbert, komm um 7 Uhr!
Er: Herbert? Du irrst dich. Ich bin doch gar nicht Herbert.
Sie: Das macht nichts! Ich bin ja auch nicht Erika.

LEKTION 19

<table>
<tr><td>

1. Der Gebrauch des vollendeten Aspekts im Präteritum
2. Der Gebrauch der Adverbialpartizipien. Die Gerundialkonstruktionen

</td><td>

3. Das Satzgefüge mit einem Attributsatz
4. Die Suffixe des Adjektivs, Adverbs und Verbs zum Ausdruck der Zärtlichkeit

</td></tr>
</table>

GRAMMATIK

1. Der Gebrauch des vollendeten Aspekts im Präteritum.
Вживання доконаного виду дієслова у минýлому чáсі

a) Vollendete Verben können auf das *Ergebnis*, auf den *Abschluss* einer Handlung hinweisen:

> пояснити *erklären* / вúвчити / відпочити.

b) Vollendete Verben können auf das *Anfangsstadium* einer Handlung, auf ihre *Entstehung* hinweisen:

> поїхати *losfahren* / захворіти / піти *losgehen* / відчути *empfinden*.

c) Vollendete Verben können *momentane, einmalige* Handlungen bezeichnen:

> кинути *werfen* / штовхнути *stoßen*.

d) Die Präteritalform vieler Verben des vollendeten Aspekts kann darauf hinweisen, dass das *Ergebnis* der Handlung, die vor dem Zeitpunkt der Rede ausgeführt worden ist, auch zum Redemoment vorliegt:

> До мене **приїхав** мій приятель з Києва.
> *Zu mir ist mein Freund aus Kiew gekommen (er ist jetzt bei mir).*

2. Der Gebrauch der Adverbialpartizipien. Die Gerundialkonstruktionen. Вживання дієприслівникових зворотів

a) Ein Adverbialpartizip mit den von ihm abhängigen Wörtern nennt man Gerundialkonstruktion. Diese Konstruktionen werden vom übrigen Satzteil durch Kommas abgetrennt:

> Він стояв на вулиці, **чекаючи на товариша.**
> *Den Freund erwartend, stand er auf der Straße.*

b) Eine Gerundialkonstruktion mit dem Adverbialpartizip des *unvollendeten* Aspekts bezeichnet in der Regel eine Nebenhandlung, die *gleichzeitig* mit der Haupthandlung verläuft:

Друзі йшли додому, **весело розмовляючи**.
Die Freunde gingen nach Hause und unterhielten sich fröhlich.

c) Eine Gerundialkonstruktion mit dem Adverbialpartizip des *vollendeten* Aspekts bezeichnet in der Regel eine Nebenhandlung, die der Haupthandlung des Satzes zeitlich *vorausgegangen* ist:

Закінчивши роботу, він відпочивав.
Nachdem er seine Arbeit beendet hatte, erholte er sich.

d) Adverbialpartizipien werden im Deutschen häufig durch einen Adverbialnebensatz der Zeit, der Art und Weise, des Grundes, der Bedingung wiedergegeben:

Повернувшись додому, він зразу почав працювати.
Nachdem er nach Hause zurückgekehrt war, begann er gleich zu arbeiten.
Склавши іспити, ми поїдемо додому.
Als wir die Prüfungen abgelegt hatten, fuhren wir nach Hause.

3. Das Satzgefüge mit einem Attributsatz.
Складнопідрядне речення з атрибутивним підрядним

a) Ein Attributsatz wird durch die Pronomen **котрий, який, чий …**   (unechte Konjunktionen) eingeleitet.

b) **Котрий** und **який** stimmen in Geschlecht und Zahl stets mit dem Substantiv überein, auf das sie sich beziehen; der Fall von **котрий, який** hängt vom Verb des Nebensatzes ab:

Я вже прочитав книжку, **котру (яку)** ти мені дав. Сьогодні до мене прийде товариш, **про котрого (про якого)** я тобі розповідав.

c) **Чий** stimmt nicht mit dem Substantiv des Hauptsatzes, auf das es sich bezieht, sondern mit seinem Bezugswort im Nebensatz überein, und zwar in Geschlecht, Zahl und Fall:

Він був радий побачитись з людиною, **чиї** твори мали на нього великий вплив. Товариш, **чию** книжку я приніс, ще не повернувся додому.

4. Suffixe des Adjektivs, Adverbs und Verbs zum Ausdruck der Zärtlichkeit. Суфікси прикметників, прислівників, дієслів на означення пестливості

Suffixe des *Adjektivs* zum Ausdruck der Zärtlichkeit:

-еньк-ий: гарн-е́ньк-ий, тих-еньк-ий, біл-еньк-ий;

-есеньк-ий: мал-е́сеньк-ий, гарн-есеньк-ий;

-юсіньк-ий: гарн-ю́сіньк-ий, тон-юсіньк-ий.

Suffixe des *Adverbs* zum Ausdruck der Zärtlichkeit:

-есенько: тих-е́сенько, лег-есенько;

-енько: далеч-е́нько, близ-енько;

-ісінько: точн-і́сінько, гарн-ісінько.

Suffix des *Verbs* zum Ausdruck der Zärtlichkeit:

-оньки: ходи́т-оньки, спа́т-оньки (*nur im Infinitiv*).

Завдання

Прочитати приведені уривки з пісень, вказати на слова з суфіксами на означення пестливості, назвати нейтральну форму, від якої вони утворені.

Мі́сяць яснесенький,	Ой не сві́ти, місяче́ньку,
Про́мінь тихе́сенький,	Не світи́ ніко́му,
Ки́нув на нас.	Ті́льки сві́ти миле́нькому,
Спи ж ти мале́сенький,	Як іде́ додо́му.
Пізній-бо час.	
Леся Українка	Народна пісня

Текст

В Україну ідіть, діти...

Коли́сь, іще́ в шко́лі, я спита́в учи́теля, чому́ ми ка́жемо *на Украї́ні*, а не *в Украї́ні*. Адже́ коли́ сказа́ти, напри́клад, *на Росі́ї, на Німе́ччині*, то це бу́де негра́мотно. А вжива́ється *у Росі́ї, у Німе́ччині, у Туре́ччині, в Іта́лії, у Фра́нції* і т. д. Чому́ ж щодо Украї́ни така́ несправедли́вість?

Я поя́снення не оде́ржав, але почу́в, що це не є *несправедли́вістю*, а *ви́нятком*.

Лише́ неда́вно, коли́ го́стро поста́ло пита́ння про держа́вність Украї́ни, мені́ спа́ло на ду́мку, що як йде́ться про держа́ву, то не ска́жеш *на держа́ві Украї́на*, а коли́ про око́лицю, географі́чне поня́ття, то обов'язко́во з прийме́нником *на*. Точні́сінько, як *на Камча́тці, на Сахалі́ні, на Аля́сці*.

Утверди́в мене́ в цьо́му ви́сновку і наш геніа́льний Шевче́нко, яки́й зна́чно части́ше вжива́в *в Украї́ні* (він хоті́в її ба́чити краї́ною, держа́вою!), ніж *на Украї́ні*. Згада́ймо: *Леті́ть в Украї́ну, Було́ коли́сь – в Украї́ні, В Украї́ну принесли́, В Украї́ні, і не в Украї́ні, В Украї́ні вита́й, Ді́ялось в Украї́ні ...*

Ото́ж, ді́ти і доро́слі, поклоні́мось Тара́сові за це і вжива́ймо: *в Украї́ні*.

Бо ми є – Держа́ва!

За матеріалами народного календаря

Завдання

1. *Прочитати текст. Передати усно основний зміст тексту.*

2. *Проаналізувати граматичний та синтаксичний склад тексту.*

3. *До даних слів з тексту привести протилежні по значенню (антоніми).*

   Околиця, згадати, давно, дорослі, спитати, виняток, частіше.

4. *До даних слів з тексту привести похідні.*

   Держава, вживати, думка, Україна, пояснення, точнісінько, виняток, несправедливість.

5. *Пояснити значення приведених з тексту словосполучень, перекласти їх на німецьку мову й скласти з ними речення.*

   Коли йдеться про ..., Щодо України ..., постало питання, утвердитись у висновку, спало на думку, географічне поняття.

Вправи

1. Переписати речення. Вставити замість крапок дієслово доконаного чи недоконаного виду.

a) Учитель не (пояснювати – пояснити) мені, чому говорять **на** *Україні*, але **в** *Німеччині,* **в** *Австрії ...*

b) Т. Г. Шевченко хотів (бачити – побачити) Україну незалежною державою.

c) Нарешті Олеся (закінчувати – закінчити) свою дипломну роботу.

d) Він завжди (вживати – вжити) багато іноземних слів.

e) Його брат (їхати – приїхати) ще минулого тижня, але ми досі не бачились.

f) Я ніяк не міг (згадувати – згадати), про що йшла мова останнього разу.

g) Декілька років тому гостро (поставати – постати) питання про державність України.

2. Замінити у тексті, де можливо, дієслова одного виду іншим, зробивши відповідні зміни у реченні.

3. У даних реченнях замінити дієприслівникові конструкції підрядними реченнями.

a) Не одержавши відповіді, він замовк.

b) Друзі поволі йшли парком, розповідаючи один одному новини.

c) Почувши гомін на вулиці, я подивився у вікно.

d) Працюючи на далекій півночі, вони часто мріяли про повернення до України.

e) Роблячи домашні вправи, мій син завжди слухає музику.

f) Ідучи ву́лицями Одеси, згадуєш південні приморські міста Європи.

4. Скласти 6 складнопідрядних речень з атрибутивними підрядними, використовуючи сполучники **котрий**, **який**, **чий**. *Пояснити вживання цих сполучників.*

5. Написати твір на тему: Україна – незалежна держава.

LEKTION 20

1. Der Gebrauch von Verbalaspekten im Imperativ und Infinitiv
2. Die Konjugation von Verben (Zusammenfassung)
3. Die Wortarten (Zusammenfassung)
4. Das Satzgefüge. Zum Gebrauch der Konjunktionen **коли, якщо**

GRAMMATIK

1. Der Gebrauch von Verbalaspekten im Imperativ und Infinitiv.
Вживання видів дієслова у наказо́вому спо́собі та в інфініти́ві

a) Zum Ausdruck der *Bitte,* eine *einmalige Handlung* auszuführen, werden in der Regel vollendete Verben im Imperativ gebraucht:

> **Розгорніть** підручники, будь ласка! *Schlagt die Lehrbücher bitte auf!*
> **Дайте** мені, будь ласка, ваші зошити. *Geben Sie mir bitte Ihre Hefte.*

b) Der Imperativ eines unvollendeten Verbs steht dann, wenn eine *Aufforderung* zum Beginn einer Handlung ausgedrückt wird:

> **Читайте,** будь ласка! Прошу, **відповідайте**!

c) Wenn man jemanden *einlädt,* so gebraucht man gewöhnlich den Imperativ unvollendeter Verben:

> **Заходьте** до нас увечері! *Kommen Sie heute Abend zu uns!*
> **Сідайте**, будь ласка! *Bitte nehmen Sie Platz!*

d) Der Infinitiv des vollendeten Aspekts steht oft nach Wörtern, die ausdrücken, dass eine Handlung *erwünscht, notwendig, möglich* ist:

> Я *хочу* **подивитись** новий фільм.
> Ви *повинні* **прочитати** цей роман.

e) Der Infinitiv des unvollendeten Aspekts steht immer nach Verben, die *Beginn, Fortsetzung* oder *Ende* einer Handlung bezeichnen: **починати, продовжувати, закінчувати**:

> Він *почав* **вивчати** українську мову у цьому році.
> Тільки вчора вона *закінчила* **писати** свою статтю.

2. Die Konjugation von Verben (Zusammenfassung)

a) Unvollendete Verben

Infinitiv: писати

Sg.+Pl.	*Präsens*	*Präteritum*	*Futur I*	*Futur II*
я	пиш-ý	писáв, -ла, -ло	бýду писáти	писáти-му
ти	пи́ш-еш	писáв, -ла, -ло	бýдеш писáти	писáти-меш
він	пи́ш-е	писáв	бýде писáти	писáти-ме
вона	пи́ш-е	писáла	бýде писáти	писáти-ме
воно	пи́ш-е	писáло	бýде писáти	писáти-ме
ми	пи́ш-емо	писáли	бýдемо писáти	писáти-мемо
ви	пи́ш-ете	писáли	бýдете писáти	писáти-мете
вони	пи́ш-уть	писáли	бýдуть писáти	писáти-муть

Imperativ: пиши́! пиши́мо! пиши́ть!

b) Vollendete Verben

Infinitiv: написати

Person	*Präteritum*	*Futur III*
я	написáв, -ла, -ло	напиш-ý
ти	написáв, -ла, -ло	напи́ш-еш
він	написáв	напи́ш-е
вона	написáла	напи́ш-е
воно	написáло	напи́ш-е
ми	написáли	напи́ш-емо
ви	написáли	напи́ш-ете
вони	написáли	напи́ш-уть

Imperativ: напиши́! напиши́мо! напиши́ть!

3. Die Wortarten. Частини мови

Man unterscheidet im Ukrainischen folgende Wortarten:

gebeugte Wortarten	nicht gebeugte Wortarten
Substantiv (**іменник**): стіл, мова, село	*Adverb* (**прислівник**): учора, весело, вдома
Adjektiv (**прикметник**): білий, міський	*Präposition* (**прийменник**): в, на, під
Zahlwort (**числівник**): чотири, шостий	*Konjunktion* (**сполучник**): і, але, хоч
Pronomen (**займенник**): ти, наш, ніхто	*Partikel* (**частка**): чи, лише
Verb (**дієслово**): говорити, співати	*Interjektion* (**вигук**): о! ой! ох!

4. Das Satzgefüge. Zum Gebrauch der Konjunktionen коли, якщо.
До вживання сполучників коли, якщо

a) Der Konjunktion **коли** entsprechen im Deutschen die Konjunktionen *als, während, wann, nachdem*:

Коли я приїхала до Києва, я зразу подзвонила додому.
Als ich in Kiew ankam, telefonierte ich gleich nach Hause.

Коли він читає новий український текст, то звичайно зразу виписує незнайомі слова. *Wenn er einen neuen ukrainischen Text liest, schreibt er gewöhnlich gleich alle unbekannten Wörter heraus.*

b) Der Konjunktion **якщо** entsprechen im Deutschen die Konjunktionen *wenn, falls*:

Якщо буде гарна погода, ми підемо гуляти.
Wenn es gutes Wetter gibt, gehen wir spazieren.

c) Die Konjunktion **коли** hat nicht nur zeitliche, sondern auch konditionale Bedeutung (**якщо**). *Vergleichen Sie:*

Коли ти не прийдеш, я буду працювати далі.
Якщо ти не прийдеш, я буду працювати далі.
Wenn du nicht kommst, arbeite ich weiter.

Текст

Григорій Сковорода – мандрівний філософ

Одне́ з найвидатні́ших місць в істо́рії украї́нської культу́ри посіда́є ім'я́ Григо́рія Сковороди́.

Видатни́й украї́нський філо́соф і письме́нник 18-ого столі́ття, Григо́рій Сковорода́ народи́вся 3-ього грудня 1722 ро́ку на Полта́вщині, у коза́цькій сім'ї́. Початко́ву осві́ту оде́ржав у рі́дному селі́, а по́тім вчи́вся в Ки́ївській акаде́мії. Зві́дси його́, 19-тирі́чного юнака́, було́ за́брано до Петербу́ргу солі́стом у придво́рний хор, де він пробу́в два ро́ки. Весь цей час він жив з одніє́ю ду́мкою: шви́дше поверну́тися до Ки́єва, щоб закі́нчи́ти свою́ осві́ту. Це йому́ наре́шті й вдало́сь.

Пі́сля закі́нчення Акаде́мії Сковорода́ що назива́ється *пода́вся у світ*.

По́над два ро́ки молоди́й Григо́рій Сковорода́ мандрува́в по Євро́пі. Він побува́в у Німе́ччині, у А́встрії, у По́льщі, Іта́лії, вивча́в філосо́фію, слу́хав ле́кції відо́мих професорі́в. Коли́ він поверну́вся додо́му – йому́ йшов 31-й рік, то й батьки́, й брат вже поме́рли. Григо́рій Сковорода́ поки́нув рі́дне село́ й пода́вся по Украї́ні – нести́ осві́ту у наро́д.

Педаго́г за покли́канням, він ба́чив своє́ завда́ння у вихова́нні працьови́тої, че́сної люди́ни.

Він працюва́в у Переясла́вській семіна́рії, виклада́в у Ха́рківській духо́вній коле́гії. Оста́нні 25 ро́ків свого́ життя́ він був мандрі́вним учи́телем, мандрі́вним філо́софом і письме́нником. У ці ро́ки він стає́ надзвича́йно популя́рною люди́ною.

Жага́ знань і бажа́ння поділи́тися набу́тим з ти́ми, хто пра́гне духо́вної свобо́ди, було́ життє́вим кре́до Г. Сковороди́.

Люди́на надзвича́йно осві́чена, філо́соф і письме́нник, він жада́в лише́ одного́: служи́ти своє́му наро́дові. Його́ спокуша́ли привіле́ями, висо́кими поса́дами, ро́зкошами. Сама́ цари́ця Катери́на II запро́шувала його́ на постійне прожива́ння при дворі́, але́ дарма́ ... Сковорода́ відповіда́в: Я не поки́ну батьківщи́ни ...

Поме́р Григо́рій Сковорода́ 1794 ро́ку, на Ха́рківщині.

Він залиши́в вели́ку літерату́рну спа́дщину. Йому́ нале́жать збі́рки *Сад боже́ственних пісе́нь*, *Байкі́ ха́рківські*, числе́нні пере́клади. Ство́рені на ґру́нті реа́льного життя́, його́ тво́ри відобража́ли думки́ й пра́гнення про́сти́х люде́й. Він був а́втором ни́зки філосо́фських тракта́тів, в яки́х виклада́в вла́сну систе́му суспі́льно-політи́чних і ети́чних по́глядів. Писа́в він старослов'я́нською та лати́нською мо́вами.

Завдання

1. *Прочитати та перекласти текст на німецьку мову.*

2. *Запам'ятати наведені словосполученння з тексту. Скласти з ними речення.*

   Низка творів, спокушувати привілеями, податися у світ, нести освіту у народ, одержати освіту, посідати видатне місце в ... , жага знань, літературна спадщина.

3. *Пояснити, чому Григорія Сковороду називають* мандрівним філософом.

4. *Розповісти про життєвий та творчий шлях Г. Сковороди.*

Вправи

1. *Пояснити вживання недоконаного (доконаного) виду дієслів у тексті.*

2. *Переписати речення, вставити дієслова потрібного виду у наказовому способі чи в інфінітиві.*

   a) Тут небезпечно. Не (виходити – вийти) з автобусів, будь ласка!

   b) Діти та дорослі! То (вживати – вжити) в *Україні*, як того хотів наш великий Т. Шевченко.

   c) Треба (писати – написати) відповідь на його лист. Він уже довго чекає на неї.

   d) Найкраще починати (працювати – попрацювати) зранку.

   e) Йому неодмінно хотілось (зустрічатися – зустрітися) з нею ще раз.

   f) (Розгортати – розгорнути), будь ласка, підручники: будемо читати текст.

   g) (Питати – спитати), яке сьогодні число.

3. *Скласти 6 складнопідрядних речень зі сполучниками* **коли**, **якщо** *та пояснити їх вживання.*

4. *Знайти у тексті всі складні речення, визначити їх типи.*

5. *Написати твір на тему:* З історії української культури (літератури): Григорій Сковорода та його час.

6. *Розмова на тему:* Що ми знаємо про Україну та її культуру.

7. *Бесіда на тему:* Україна сьогодні *(новини, особисті враження).*

WEITERFÜHRENDE LEKTÜRE

З українських газет та інтернету

Про Україну – вже в перших газетах світу

З того часу, як Україна відродила свою незалежність, про неї все частіше пишуть на сторінках світової преси. Іноземців цікавить складний процес розбудови Української держави, миролюбна і конструктивна зовнішня політика Української держави.

Однак мало хто знає, що про нашу Батьківщину писали ще на зорі книгодрукування і журналістики! Як відомо, у 1450 році геніальний німець з Майнца Йоган Гутенберг винайшов книгодрукування. У 1470 році у Болоньї (Італія) побачили світло і перші дві друковані газети, писані італійською мовою. Третя за рахунком газета у світі вийшла у тій же країні у місті Тридент, що в перекладі з латини означає *тризуб*. Отже, місто Тридент є батьківщиною третьої газети у світі, а до того ж газети, яка писала про події на території України (гербом якої є, як відомо, тризуб) ...

Варто відзначити, що у 1482 році у Аугсбурзі (Німеччина) побачила світло й перша німецька газета, де теж йшлося про актуальні для тодішньої України проблеми ...

Можна й далі писати про зацікавлення світової преси Україною ще з самого початку друкованого слова ... .

За статею з газети *Літературна Україна*

Україна є. Україна – буде

Віковічне прагнення нашого народу до волі знайшло своє історичне втілення 24 серпня 1991 року в акті проголошення незалежності України.

Роки, що відділяють нас від цього вікопомного дня, – це ціла епоха, яка навіки вкарбована у величному літописі нашого народу.

Утверджено державу. Країна здолала перехрестя епох, твердо стала на стовпову дорогу цивілізованого розвитку, закономірно і неухильно переходить до нових форм життя.

А відтак – Україна є! Україна буде!

Віднині і назавжди!

Послідовно і мужньо крізь віки йшов до цієї славної події український народ. В ім'я волі і свободи він жертвував усім – шматком важко заробленого хліба, родинним спокоєм і своїм життям. В ім'я незалежності єднався й збройно вставав на захист своєї землі від численних поневолювачів.

Осягаючи цей історичний шлях, ми згадуємо геніальне пророцтво Великого Кобзаря: *в своїй хаті своя правда, і сила, і воля*, звертаємося до видатних державотворців Володимира Великого, Ярослава Мудрого, Данила Галицького, Богдана Хмельницького, Данила Орлика, Михайла Грушевського, усіх борців за Українську державу.

Їх подвижнецьке життя осяяне одвічною істиною: немає Батьківщини без свободи і свободи без Батьківщини.

Українки

Про українську жінку сказано і написано немало. Вона надихала і поетів, і малярів, і композиторів – є Музою, Коханою, Матір'ю, великою Трудівницею. Завжди оберігала свій рід український. І не раз їй доводилося ставати воєвницею на полі битви за гідність українського імені, за майбутнє України.

Особливості історичного життя українського етносу зумовили й своєрідне становище жінки в суспільстві, яке викликало подив у чужоземців мірою правової забезпеченості, побутової самостійності, раціональності й гуманості відносин у родині.

Нині ми переживаємо новий виток жіночої емансипації, піднесення жіночого руху і вибуху жіночої «енергетики» в усіх сферах життя. Скільки яскравих постатей жінок буквально оновлюють обличчя української літератури, мистецтва, науки!

Але ж водночас труднощі і неподобства нашої пори вдарили насамперед по жіноцтву, багатьох дезорієнтували й принизили, десятки тисяч змусили шукати долі в чужих краях. За цих умов не зайвим буде нагадування про ті випробування, що випадали на долю багатьох із попередніх поколінь українок, і про той високий моральний орієнтир, який допомагав їм вистояти й утверджувати себе і свій народ.

Іван Дзюба, з книжки *Українки в історії*, Київ Либідь 2004

Якщо завтра «двомовність»...

Прогноз, що «гуманітарна сфера» (передусім мова) ще на якийсь час залишаться поза контролем Партії регіонів, виявився надто оптимістичним. З одного боку, напір «донецьких» та швидкість, з якою вони беруть під свій контроль владу в усіх сферах, для багатьох виявився несподіванкою – якось призабулися вже «допомаранчеві» події. Та й багато хто повірив, що «регіонали» вже не такі, як були. Що хай би яким було їхнє походження та засоби заробляння мільярдів, якими вони володіють – тепер вони вже респектабельні бізнесмени, зацікавлені передусім у нормальному (демократичному, ринковому) розвитку країни – у своїх власних, передусім, інтересах. А з іншого боку – чому дивуватися? Жодної противаги їхньому впливу немає, як немає і жодної перепони на їхньому шляху до абсолютної влади в країни. А разом з тим стане очевидною й сміховинність сподівань на те, що до окреслених Президентом в універсалі «зон невтручання» (шлях до Європи, та сама мова) Янукович і Ко справді будуть ставитися з повагою.
Те, що Президент вже фактично втратив свою владу – загальне місце, про яке не варто зайвий раз говорити. Це дуже прикро усвідомлювати тим, хто розглядав його хай навіть не як здібного та ефективного керівника держави, а просто як ознаку руху країни у правильному напрямі: до демократичності й прозорості, європейських цінностей, пошани держави до прав своїх громадян, і, знову таки, підтримки мови. Тому втрата влади Ющенком – це і втрата усіх цих сподівань.

І головною втратою тут буде саме мова. Адже якщо праві ті, хто каже про повторення Україною шляху інших пострадянських республік (хоч і з «бічною гілкою еволюції» у вигляді Ющенка), то нам слід чекати й «навздогінної русифікації». Тобто російська у нас так само стане другою державною мовою, як і у Білорусі чи Киргизії, але – на 10 із гаком років пізніше. Звісно, проблема тут не в російській мові (хай би собі отримала той офіційний статус) – проблема в тому, що це несе для української мови. Більшість із нас двомовні, і ми усі приречені жити у двомовній країні – як би хто з нас до цього не ставився. Проблема і парадокс полягають у тому, що юридичне закріплення «двомовності» (а зараз ця імовірність вперше за роки незалежності стає реальною) має одну єдину мету – не дати нашим громадянам право користуватися російською, а юридично закріпити можливість не знати й не вживати української. Але доля була до нас прихильна: ми мали десять років, за які ситуація в країні таки змінилася. Адже що би там не казали різні «професійні українці», за цей час в українському суспільстві стало звичним думати, говорити й читати по-українськи (і навіть в Криму на українську мову вже не завжди реагують як на марсіанську). Тож якщо білоруська мова за кілька десятиліть може перестати бути літературною мовою нації й існувати лише на рівні сільських діалектів та мови реліктових патріотів, нашій мові таке вже, слава Богу, не загрожує.

Станіслав Шумлянський *З інтернету*

Нові книжки про Україну

Україна Incognita

Історія життя українського народу протягом віків, у ті епохи, коли він підносився до висот історичної творчості, і тоді, коли страждав під ярмом тотального деспотизму. Історія духовних звершень українців – будівничих нетлінних соборів, живописців, композиторів, воїнів, поетів... Історія тисячолітньої боротьби людей за свободу й гідне життя. Все це разом читач знайде у цьому збірнику статей про актуальні проблеми стародавньої, середньовічної, нової та новітньої історії України. Книгу об'єднує не тільки хронологічний порядок розташування матеріалів, але й проста думка: ми всі – спадкоємці сотень поколінь людей, що жили на українській землі до нас. Історія України не повинна бути Terra Incognita: це наша відповідальність перед нащадками, перед майбутнім.

Дві Русі

Україна і Росія... Країни, такі близькі одна одній (настільки, що й досі живе міф про одну країну, один народ, одну спільну історію і, отже, логічно продовжуючи, спільну державу), проте водночас такі різні! Чи все ми знаємо про їхнє минуле «спільне» й не зовсім? Чи всі історичні міфи, стереотипи й просто забобони подолано у свідомості українців та росіян? А цей процес є вкрай необхідним і, віримо в це, неминучим. Книга «Дві Русі» – це збірник історичних есе, науково-популярних нарисів, об'єднаний однією темою: українсько-російські відносини (політичні, військові, культурні) з часів Києво-Руської держави до наших днів. Автори матеріалів прагнули простежити, якими історичними шляхами йшли в майбутнє Русь Київська і Русь Московська. Простежити і дослідити, без жодних упереджень і найменших спроб образити два великі слов'янські народи.

По сторінкам газети *День*

«Нема раю на всій землі», або
Проза життя Євгенії Кононенко без імітацій

Представляти Євгенію Кононенко читачеві не треба. Сьогодні вона чи не найпопулярніша українська письменниця, до її текстів не слабне читацький інтерес. Не той, штучно підтримуваний саморекламою чи рекламою видавництв, яким треба збувати розкрученого автора. А той, що йде від спраги на людяну цікаву книгу, в якій би віддзеркалювалася мінлива ріка дійсності. Тобто на справжню, неперебутню літературу, яка, переживши моду на себе, залишається актуальною, свіжою, а тому й потрібною. Що й підтвердила щойно видана «Кальварією» її нова книжка «Повії теж виходять заміж», укладена із «старих» новел, що були написані й оприлюднені ще на початку 90-х і з яких, власне, почалася її популярність, секрети і загадки якої і спробуємо розгадати у цій непретензійній розвідці.

Отож, секрет перший. Принаймі для мене, присутність Євгенії Кононенко в українському пострадянському літературному просторі почалася задовго до її широковідомих романів «Імітація», «Зрада», а ще 1992 року з новели, або тексту, як вона вперто називає свої твори, – «Нові колготи». Тоді, дванадцять років тому, вона писала про те, про що ніхто не писав, а тому так, як ніхто не писав: жорстко, експресивно, безбожно одверто, відкриваючи такі содомітські глибини обивательського єства, вирощеного у апокаліптичних джунглях великого міста, про які інші або не здогадувались, або соромились говорити на гребені всенародного пробудження. Секрет другий. Можливо, письменниця, щиро відгукуючись на злобу моменту, і не усвідомлювала, що пише літопис епохи національного відродження, яка почалася саме із відродження самоповаги жінки. І це не перебільшення.

Ольга Сущенко

З класичної української литератури

Реве та стогне Дніпр широкий ...

Реве та стогне Дніпр широкий,
Сердитий вітер завива,
Додолу верби гне високі,
Горами хвилю підійма.
І блідий місяць на ту пору
Із хмари де-де виринав,

Неначе човен в синім морі,
То виринав, то потопав.
Ще треті півні не співали,
Ніхто ніде не гомонів,
Сичі в гаю перекликались,
Та ясен раз у раз скрипів.

Т. Шевченко

Die Behexte

Der Dnjepr stöhnt und brüllt, der breite,
Zornbebend heult der wilde Wind,
Beugt tief hinab die hohe Weide,
Wirft Wellen, die wie Berge sind.
Still kommt der bleiche Mond gezogen,
Lugt zaghaft hinter Wolken vor –
Gleich einem Kahn auf blauen Wogen,
Versinkt er bald, taucht bald empor.
Noch krähte nicht der Hahn. Noch schweigen
Die Dörfer rings, du hörst kein Wort,
Nur Eulen rufen in den Zweigen,
Ein Eschenast knarrt hier und dort.

T. Schewtschenko

День був ясний, сонячний та теплий. Надворі стояла суша. Небо синіло, як літом. Сонце ходило на небі низько, але ще добре припікало косим промінням. Тихий вітер ледве ворушився. Половина листя на вербах уже пожовкла, але на тополях, на осокорах лист зеленів, ніби влітку. Якби не жовте листя в садках, то можна було б подумати, що надворі справжнє літо. Тільки зелена низька озимина нагадувала про осінь. Надворі летіло павутиння. Воно обснувало тополі, верби, стіжки, тини; маяло на вершечках садків і знов летіло та летіло; хто його зна, де воно й бралося.

І. Нечуй-Левицький

З сучасної української прози

У заметіль

Чоловік ішов засніженим шляхом. Надвечір вітер подужчав і почав кидати в обличчя дрібним колючим снігом. Чоловік думав, що дарма не лишився ночувати у Бондарях – до Дмитрівки, куди гадав дістатися засвітла, напевне не встигне. Лишалася надія на стіжок сіна у полі під селом: сніг почав засипати два вузькі сліди нечисленних саней, по яких тільки й видно було дорогу, і йти ставало дедалі важче. А поночі ніхто до хати не пустить... Ночіло ж швидко. Сірі сутінки незабаром змінилися чорно-сніжною мрякою, вітер злішав. Неспокійні думки починали роїтися в голові. Чоловікові здавалося, що він вибився з дороги. На думку знову прийшла тепла хата і її привітний господар – старий знайомий, який зранку вмовляв почекати до завтра:

– Май терпіння, пане брате, мій пес просто так зранку гавкати не буде: не інакше, як на завірюху. Не дай Боже, застане в дорозі.

– Годі тобі. Ніби баба, розходився. На небо поглянь – чисте. До ночі напевне нічого не станеться. А скільки тут іти: й п'ятнадцяти верстов не буде. Піду я, ти вже не гнівайся.

– Ну та ти подивися на нього! Чи це тобі двадцять років? Чи може хоч сорок? Я тобі вже вдесяте кажу: почекай хоч до завтра.

– Спішуся я, пане брате... Та й пішки мушу йти.

– Чого? Куди? Господи, та що в тебе за причина така? Ніяк не зрозумію тебе.

Вітер шарпонув подорожнього за поли і звалив у сніг. Чоловік заплющив очі й осів у замет, впустивши голову на складені перед собою руки. Якоїсь миті йому здалося, що завивання вітра стало тихішим, а снігова крупа не такою колючою і кидало нею в обличчя не з такою злістю. Ба, навіть здалося, що морозне повітря запахло димом, але не тим, що чуєш його в полі поблизу села чи хутора. Запахло димом, який ледь вибивається з-за груби у тепло натопленій хаті, а до диму домішуються пахощі зібраних літом трав і теляти, яке кілька днів тому знайшлося в яслах і господар забрав його від морозів з хліву дохати... А ще пахло жінкою...

Скільки минуло часу, чоловік не знав. Може година, а може й уся ніч. Чорноту в самій середині прорізав маленький жовтий вогник, так, як уночі на обрії з'являється освітлене свічкою віконце.

Знову відчувся запах добре натопленої хати: літньої трави, зимових яблук, гарбузового насіння. А ще – щойно звареного борщу, м'яких подушок і теплої жінки.

Жінка сиділа на лаві біля покуття, поруч з невеликим столом, збитим з давно вже почорнілих дубових дощок. Голка в її правиці вправно шугала лляним рушником, витинаючи на полях великі казкові квіти. У печі мирно потріскували дрова, а на столі, ближче до жінки, підсліпувато горіла тоненька свічечка. Господиня акуратно склала рушника і поклала на лаві поруч із собою. Тоді підвелася і підійшла до високого ліжка, над яким у темно-вишневій дерев'яній рамі, оздобленій сухими квітами, висіло нечітке фото чоловіка у формі підпоручника з двома «георгіями» на грудях. Жінка якийсь час дивилася на фото, важко зіхнула і почала підбивати подушки. Потім присіла біля ліжка і висунула з-під нього невеличку скриню. Повільно відкрила ляду і дістала маленьке люстерко у срібній оправі з прикріпленою ззаду металевою ніжкою. Господиня підійшла до столу, поставила на нього люстерко і сіла поруч на лаві. Жінка згадала, як на Андрія приходили до неї на вечорниці дівчата, ворожити.

– Паніматко, а поворожіть і ви з нами! – весело сміялися юнки, заохочуючи вдовицю до своїх забав.

– Стара я вже ворожити! – махнула у відповідь господиня і відвернулася, аби приховати почервонілі з сорому щоки: бо знала, тільки-но дівчата розійдуться по домівках, як вона сяде біля столу, позапинає щільніше вікна і почне промовляти до люстерка про судженого, а на ніч поставить біля подушки миску з водою і трісочку покладе упоперек, аби наснився їй чоловік.

А сама заллється гіркими сльозами, проклинаючи долю, яка вже дванадцять років як забрала на кримській в неї рідного чоловіка, лишивши без господаря та без діточок, бо й їх нажити не встигли. Господиня втерла очі пеленою і повернулася, щоб з невідомо якої причини розсунути запнуті на ніч фіранки на вікні позад себе. Затим знову поглянула у люстерко. На снігу, під ясним зоряним небом лежав горілиць чоловік.

– Ось він і є, мій суджений, – промовила жінка впівголоса.

Хуртовина вщухла. Сніг заблищав міріадами діамантових іскор, змішуючи свій застиглий блиск з сяйвом чистих зірок і повного білого місяця. Чумацький шлях, здавалося, опустився на саму землю, встеливши собою білий степ. На одному кінці цього незбагненно-чарівного Шляху лежав на снігу подорожній, вдихаючи у морозяному повітрі напівзабуті пахощі теплої хати, а другому – сиділа біля люстерка жінка, намагаючись розгледіти крізь слізну пелену обличчя судженого... І ніхто з них не знав – чи бачать вони виплекані мріями сни, а чи все відбувається насправді.

За оповіданням В. Ейсмонта

Страждання початківця

Якось будучи у доброму настрої, я вирішила спробувати щастя й написати фейлетон. Цілі тижні ходила замріяна і, повна творчого запалу, писала свій твір. Потім, переписавши його разів з десять і зваживши кожне слово, я з любов'ю матері до дитини вислала цей літературний шедевр у холодний чужий світ – далеку редакцію.

Але жарти можуть бути й короткі. Це й був мій останній радісний день. Пізніше я довідалася, що: коли хочете писати, найперше варто піти до лікаря й перевірити, чи міцні нерви і здорове серце. Також виникла проблема із темами. Дехто гадає, що фейлетон можна і треба скласти про людей, серед яких живеш, про середовище, яке знаєш ... Кажуть ще, що сміятися з себе є здорово і навіть потрібно. А от досвідчені люди дивляться на це інакше. Вони суворо сваряться пальцем і речуть:

– Писати на політичні теми не радимо. Для чого зачіпати ставлення еміграції до свого народу? Нащо згадувати конфлікти, що їх має еміграція з дисидентами? Критикувати варто лише своїх ворогів ...

Навіть мій кум Юхим розводить руками й говорить:

– Критикувати своїх людей не годиться. Багато легше і безпечніше їх хвалити. Та й шок може пошкодити їх здоров'ю.

А один літературний добродій, поблажливо усміхаючись, сказав:

– Ну, коли вже так захотілося самокритики, пиши гумореску про те, що у нашій домівці несправні вбиральні. Це також корисна річ.

Слухаючи такі поради, я співчуваю гумористам. Вони напевно дістають подібні дерективи щодня.

Аж раптом сталося диво. Моє оповідання надрукували. Журналу ще не отримала, але знайомі перестають зі мною вітатися. Вони гадають, що писано саме про них.

Нарешті отримую журнал. Ось тут і стають у пригоді міцні нерви і здорове серце. Люди сподіваються, що, читаючи гумористичне оповідання, треба сміятися. Але це часом трапляється, коли читаєш чуже. Своє сприймається зовсім навпаки. Спершу зауважую, що з фейлетону зникли, писані мною, цілі абзаци. Від цього у мене темніє в очах і дістаю першу атаку серця. Чоловік від несподіванки виливає на мене відро холодної води і кличе першу допомогу.

Пізніше, читаючи далі, зауважую, що редактор дописав півфейлетону і змінив навіть ідею твору. Це викликає другу атаку серця. По дорозі в лікарню посинілими губами шепчу чоловікові:

– А приказки теж усі перекручені ... – і, на щастя, втрачаю свідомість.

Наївні подумають, що, змінивши всю гумореску, редактор залишив хоч її назву. Марні надії! Назва змінена теж. Мій найдорожчий співчуває і намагається мене підбадьорити.

– Але прізвище стоїть твоє, – каже він.

У лікарні потроху приходжу до тями. Час їхати додому. Прощаючись, лікар говорить:

– Я радив би вам змінити літературний жанр і почати писати детективні оповідання чи щось у тому дусі. Вб'єте пару людей у романі і, побачите, зразу стане легше на нервову систему ...

Я з ним повністю згоджуюсь.

– Я відомщу йому! – кричу, сідаючи в авто.

– Жіночко, будь ласка, не сплутай мене з редактором,- благально просить чоловік.

Додому їдемо мовчки.

– Дорогенька, – каже він пізніше, – а як ти гадаєш, чи редактор отримує атаки серця, читаючи твори, що надходять в редакцію?

– Хіба редактори мають серце?! – шиплю гнівно.

Дивлюся надвір. Там сяє сонце, всміхаються квіти. І знову стає радісно на душі, і я поринаю у роздуми над новим оповіданням.

За оповіданнями Л. Богуславець, яка розповідає про життя і турботи української діаспори в Австралії

Підземний хід

Щойно закінчилась передача. По інших каналах теж не було нічого, і я вимкнув телевізор. Знову переглянув сумку, здається нічого не забув. Годинник вдарив дванадцяту, більшість вікон сусіднього будинку вже вимкнули світло, місто заснуло.

Ранок ... Я йду вокзальною площею. Грає духовий оркестр – хлопці заробляють. П'яні бомжі танцюють під музику. І де вони вже встигли напитися?

Електричка відігнала геть усе бажання думати. Як не дивно, але потяг їде сьогодні швидко. Я вже звик, що віддаль у неповних тридцять кілометрів доводиться долати за годину-півтори, а сьогодні – тридцять п'ять хвилин. Я йду ґрунтовою дорогою, з обох боків верби заграють з вітром. Настрій настільки піднесений, що я й не помітив, як дійшов до хати.

Привітавшись і розпакувавши речі, отримую *наряд* на сьогодні – копати погріб. Тато вже прокопав десь близько метра углиб. Глина не налипає на лопату, і робота йде досить швидко. А що, коли я відкопаю вхід до підземного ходу діда Марка?

Цю історію я зовсім випадково почув від сусідки, але всіх деталей вона чи не знає чи забула, давно це було. Дід Марко все своє життя копав підземний хід у горі, де я зараз копаю погріб. Для чого він це робив, де проходить це підземілля – ніхто не знає. Кажуть, що підземний хід проходить десь поблизу церкви.

І знову мій заступ відколупує глину. Акорди музики не полишають вуха ні на мить.

Заступ знову пробиває стіну глини, і мене засліплює яскраве світло. Прохід виводить мене на східці, і ось я ступаю трапом. Поруч з ним стоїть новенька іномарка. Сідаю, вмикаю запалювання, їду. На великій швидкості проїжджаю Нью-Йорк, Париж, Берлін, Торонто, а ось і мій будинок.

– Де ти забарився? – запитує мене дружина. – Ми не встигнемо на літак.

На літак ми все ж таки не запізнилися. Кілька годин на дорогу, ще пару на влаштування – і ми з дружиною лежимо під спекотним сонцем Канарських островів.

– Як тут красиво, як хороше, – шепоче мені на вухо дружина. А я хочу купатися у хвилях Дніпра ...

... Ще один шмат глини відколупується, знову якийсь прохід, але що це – я бачу літнього чоловіка з лопатою. Це він – дід Марко.

– Добридень, дідуню, – привітався я.

Він дивиться на мене і мовчить. В очах у нього помітне здивування і задумливість.

– Здоров був, – привітався і він.

– Діду, ви мені не скажете, навіщо ви копали цей підземний хід?

– А для чого ти копаєш свій?

– Але ж у мене лише погріб.

– Хто зна, хто зна ...

– А що там, дідуню, позаду?

– Історія, синку, історія.

– Я сходжу, подивлюся.

– Не ходи, не треба, твоя доля попереду, тож туди і прямуй, бо залишишся на місці. Мені теж треба йти.

Останні слова діда Марка бриніли жалем. Він узяв заступ, замахнувся, вдарив глиняні груди гори і зник.

Скільки я ще копав, скільки пройшов різних перепон – не знаю, але одного разу почув: -Добридень, дідуню ...

Поперед мене стояв молодий дужий юнак з лопатою.

– Здоров був, – привітався і я.

Потім він ще запитував, я відповідав. Здавалося, що я наперед знаю, що він спитає і що я відповім. Наша розмова закінчилася.

– Мені теж треба іти, – мовив я йому на прощання. Мої руки міцно стиснули держак лопати, я зібрав усі свої сили, вдарив у глиняну гору. Здається мій заступ не зустрів жодної перепони, і я полетів разом з ним уперед, яскраве світло засліпило мене.

Закривши очі рукою, я підвівся з ліжка – напевне вже дев'ята година. Треба швидше збиратися. Може, встигну на другу електричку.

Швидким рухом підходжу до стільця, там висить весь мій одяг. Але що це? Весь мій одяг вимащений глиною.

За оповіданням В. Щербаня

З сучасної поезії

Розкажу тобі думу таємну,
дивний здогад мене обпік:
    я лишуся в серці твоєму
    на сьогодні, на завтра, навік.
І минатиме час, нанизавши
сотні вражень, імен і країн, –
    на сьогодні, на завтра, назавше! –
    ти залишишся в серці моїм.
А чому? То чудна теорема,
    на яку ти мене прирік.
    То все разом, а ти окремо.
    І сьогодні, і завтра, й навік.

Л. Костенко

Ну, скажи – хіба не фантастично,
Що у цьому хаосі доріг
Під суворим небом,
Небом вічним,
Я тебе зустрів і не зберіг?
Ти і Я – це вічне, як і небо.
Доки мерехтітимуть світи,
Будуть Я приходити до Тебе,
І до інших йтимуть горді Ти.
Як це все буденно!
Як це звично!
Скільки раз це бачила земля!
Але ми з тобою ...
Ми не вічні,
Ми з тобою просто – ти і я ...
І тому для мене так трагічно
Те, що ти чиясь, а не моя.

В. Симоненко

Усмішки

З сучасного гумору

Розмовляють між собою учні української школи. Перший каже: – Наша вчителька правила граматики пояснює нам українською мовою, а мораль читає тільки російською. – Вам ще пощастило! –вигукує інший. – Бо наша і саму українську мову, і мораль читає нам тільки по-російському!

Київське метро. В кабіну машиніста поїзда ввалюється п'яний з газовим пістолетом. В цей час машиніст оголошує: – Обережно! Двері зачиняються! Поїзд іде до станції *Дарниця*. Наступна зупинка *Хрещатик.*

– Шеф, міняй курс! – заявляє п'яний, наставляючи на машиніста пістолет. – Давай на Швецію!

~ Та ти що – зовсім здурів?! Яка Швеція у метро?

– А я кажу – Швеція! І пасажирам повідом, щоб все було тихо.

~ Добре, погоджується машиніст. – Поїзд іде до *Швеції*. Наступна зупинка – *Копенгаген.*

Нащо мучитися?
– Що ти мучишся, Іване?
~ Та пишу оце романа.
– Себе мучить тобі нащо?
  За мільйон – купи найкращий!

Талант
В Кліща талант феноменальний:
Вчепитись в пост відповідальний!
У нього дві душі, це кожен зна:
Одна – холопська, друга – керівна.

Улюбленець
Його любили, безперечно, від душі,
А з'ївши підписалися: *Товариші* ...

Статус офіційної
Як повідомили наші кореспонденти, цими днями портові вантажники
(докери) Одеси провели мітинг, на якому вимагали, аби їхній мові
було надано статус офіційної.

Патріоти
Хліб-сіль – для мас,
Автомобіль для нас!

Вітер історії
Про вітер історії легенда не нова:
Як злетів капелюх, то летить й голова.

Кіно
– Мені здається, що кінець вашого фільму не дуже вдалий.
~ Це нічого. Глядачі все одно залишають зал до кінця сеансу.

ANHANG 1

Tabellen zur Grammatik

1. Die Deklination von Substantiven

a) Maskulinum

Singular			
Nom.	брат	ба́тько	ліс
Gen.	бра́т-а	ба́тьк-а	ліс-у
Dat.	бра́т-ові,-у	ба́тьк-ові, -у	ліс-у, -ові
Akk.	= *Gen.*	= *Gen.*	= *Nom.*
Instr.	бра́т-ом	ба́тьк-ом	ліс-ом
Lok.	на бра́т-ові, -у	на ба́тьк-ові,-у	у ліс-і
Vok.	бра́т-е	ба́тьк-у	ліс-е

Plural			
Nom.	брат-и́	батьк-и́	ліс-и́
Gen.	брат-і́в	батьк-і́в	ліс-і́в
Dat.	брат-а́м	батьк-а́м	ліс-а́м
Akk.	= *Gen.*	= *Gen.*	= Nom.
Instr.	брат-а́ми	батьк-а́ми	ліс-а́ми
Lok.	на брат-а́х	на батьк-а́х	у ліс-а́х
Vok.	брат-и́	батьк-и́	ліс-и́

Singular			
Nom.	това́риш	стіле́ць	водíй	гай
Gen.	това́риш-а	стільц-я́*	воді-я́*	га́-ю*
Dat.	това́риш-еві, -у	стільц-ю́	воді-ю́	га́-ю
Akk.	= *Gen.*	= *Nom.*	= *Gen.*	= *Nom.*
Instr.	това́риш-ем	стільц-е́м	воді-е́м	га́-єм
Lok.	на това́риш-еві, -у	на стільц-і́	на воді-е́ві	у га-ю́, -ї
Vok.	това́риш-у	стíльц-ю	водí-ю	га́-ю

Plural			
Nom.	товариш-і́	стільц-і́	воді-ї́*	га-ї́
Gen.	товариш-ів	стільц-і́в	воді-ї́в	га-ї́в
Dat.	товариш-а́м	стільц-я́м	воді-я́м	га-я́м
Akk.	= *Gen.*	= *Nom.*	= *Gen.*	= *Nom.*
Instr.	товариш-а́ми	стільц-я́ми	воді-я́ми	га-я́ми
Lok.	на товариш-а́х	на стільц-я́х	на воді-я́х	у га-я́х
Vok.	товариш-і́	стільц-і́	воді-ї́	га-ї́

* **я, ю, є, ї** sind nur grafische Endungen und entsprechen den Kombinationen **ja, ju, je, ji,** wo **j** zur Wurzel und die Vokale **a, u, e, i** zur Endung gehören, z.B.: гай-гаю (raj-u), гаї (raj-i).

b) Femininum

Singular			
Nom.	сестр-а́	пло́ща	земл-я́
Gen.	сестр-и́	пло́щ-і	земл-і́
Dat.	сестр-і́	пло́щ-і	земл-і́
Akk.	сестр-у́	пло́щ-у	зе́мл-ю
Instr.	сестр-о́ю	пло́щ-ею	земл-е́ю
Lok.	на сестр-і́	на пло́щ-і	на земл-і́
Vok.	се́стр-е	пло́щ-о	зе́мл-е
Plural			
Nom.	се́стр-и	пло́щ-і	зе́мл-і
Gen.	сесте́р	площ	земе́ль
Dat.	се́стр-ам	пло́щ-ам	зе́мл-ям
Akk.	= *Gen.*	= *Nom.*	= *Nom.*
Instr.	се́стр-ами	пло́щ-ами	зе́мл-ями
Lok.	на се́стр-ах	на пло́щ-ах	на зе́мл-ях
Vok.	се́стр-и	пло́щ-і	зе́мл-і

Singular				
Nom.	наді́-я*	річ	тінь	ма́ти
Gen.	наді́-ї	ре́ч-і	тін-і	ма́тер-і
Dat.	наді́-ї	ре́ч-і	тін-і	ма́тер-і
Akk.	наді́-ю	= *Nom.*	= *Nom.*	ма́тір
Instr.	наді́-єю	рі́чч-ю	тінн-ю	ма́тір'ю
Lok.	у наді́-ї	у ре́ч-і	у тін-і	у ма́тер-і
Vok.	наді́-є	ре́ч-е	тінь	ма́ти
Plural				
Nom.	наді́-ї*	ре́ч-і	тін-і	матер-і́
Gen.	наді́й	реч-е́й	тін-ей	матер-і́в
Dat.	наді́-ям	реч-а́м	тін-ям	матер-я́м
Akk.	= *Nom.*	= *Nom.*	= *Nom.*	= *Gen.*
Instr.	наді́-ями	реч-а́ми	тін-ями	матер-я́ми
Lok.	у наді́-ях	у реч-а́х	у тін-ях	у матер-я́х
Vok.	наді́-ї	ре́ч-і	тін-і	матер-і́

* **я, ю, є, ї** sind nur grafische Endungen und entsprechen den Kombinationen **ja, ju, je, ji**, wo **j** zur Wurzel und die Vokale **a, u, e, i** zur Endung gehören, z. B.: надія-надію (надij-u), надії (надij-i)

c) Neutrum

Singular			
Nom.	село́	плече́	мо́ре
Gen.	сел-а́	плеч-а́	мо́р-я
Dat.	сел-у́	плеч-у́	мо́р-ю
Akk.	= *Nom.*	= *Nom.*	= *Nom.*
Instr.	сел-о́м	плеч-е́м	мо́р-ем
Lok.	у сел-і́	на плеч-і́	на мо́р-і
Vok.	—	—	—
Plural			
Nom.	се́л-а	плє́ч-і	мор-я́
Gen.	сіл	плеч-е́й	мор-і́в
Dat.	се́л-ам	плє́ч-а́м	мор-я́м
Akk.	= *Nom.*	= *Nom.*	= *Nom.*
Instr.	се́л-ами	плеч-и́ма	мор-я́ми
Lok.	у се́л-ах	на плє́ч-а́х	у мор-я́х
Vok.	—	—	—

Singular			
Nom.	життя́	ім'я́	дівча́	теля́
Gen.	= *Nom.*	імен-і	дівч-а́т-и	теля́т-и
Dat.	житт-ю́	імен-і	дівч-а́т-і	теля́т-і
Akk.	= *Nom.*	= *Nom.*	= *Nom.*	= *Nom.*
Instr.	житт-я́м	імен-ем, ім'я́м	дівч-а́м	тел-я́м
Lok.	у житт-і́	на імен-і	на дівч-а́т-і	на теля́т-і
Vok.	—	—	—	—
Plural				
Nom.	життя́	імена́	дівч-а́т-а	теля́т-а
Gen.	житт-і́в	іме́н	дівча́т	теля́т
Dat.	житт-я́м	імен-а́м	дівч-а́т-ам	теля́т-ам
Akk.	= *Nom.*	= *Nom.*	= *Gen.*	= *Gen.*
Instr.	житт-я́ми	імен-а́ми	дівч-а́т-ами	теля́т-ами
Lok.	у житт-я́х	на імен-а́х	на дівч-а́т-ах	на теля́т-ах
Vok.	—	—	—	—

2. Die Deklination von Adjektiven

a) Adjektive mit *hartem* Stammauslaut

	Singular			Plural
	m	*n*	*f*	
Nom.	молод-и́й	молод-е́	молод-а́	молод-і́
Gen.	молод-о́го	молод-о́го	молод-о́ї	молод-и́х
Dat.	молод-о́му	молод-о́му	молод-і́й	молод-и́м
Akk.	= *Nom.* od. *Gen.*	= *Nom.* od. *Gen.*	молод-у́	= *Nom.* od. *Gen.*
Instr	молод-и́м	молод-и́м	молод-о́ю	молод-и́ми
Lok.	у молод-о́му,-і́м	у молод-о́му,-і́м	у молод-і́й	у молод-и́х
Nom.	бра́тів	бра́тов-е	бра́тов-а	бра́тов-і
Gen.	бра́тов-ого	бра́тов-ого	бра́тов-ої	бра́тов-их
Dat.	бра́тов-ому	бра́тов-ому	бра́тов-ій	бра́тов-им
Akk.	= *Nom.* od. *Gen.*	бра́тове	бра́тов-у	= *Nom.* od. *Gen.*
Instr.	бра́тов-им	бра́тов-им	бра́тов-ою	бра́тов-ими
Lok.	у бра́тов-ому,-ім	у бра́тов-ому,-ім	у бра́тов-ій	у бра́тов-их

b) Adjektive mit *weichem* Stammauslaut

	Singular			Plural
	m	*n*	*f*	
Nom.	лі́тн-ій	лі́тн-є	лі́тн-я	лі́тн-і
Gen.	лі́тнь-ого	лі́тнь-ого	лі́тн-ої	лі́тн-іх
Dat.	лі́тнь-ому	лі́тнь-ому	лі́тн-ій	лі́тн-ім
Akk.	= *Nom.* od. *Gen.*	лі́тн-є	лі́тн-ю	= *Nom.* od. *Gen.*
Instr.	лі́тн-ім	лі́тн-ім	лі́тнь-ою	лі́тн-іми
Lok.	у лі́тнь-ому, -ім	у лі́тнь-ому	у лі́тн-ій	у лі́тн-іх

c) Adjektive mit *weichem* Stammauslaut, die man sich merken muss

бра́тній	лі́тній	пере́дній	сере́дній
ве́рхній	майбу́тній	пі́зній	сторо́нній
вечі́рній	могу́тній	повнолі́тній	сусі́дній
відсу́тній	му́жній	подоро́жній	ха́тній
всесві́тній	неда́вній	поро́жній	худо́жній
да́вній	незабу́тній	посере́дній	кра́йній
за́дній	обі́дній	прису́тній	оста́нній
замі́жня	осі́нній	ра́нній	дру́жній

3. Die Deklination von Zahlwörtern

a) Grundzahlwörter

один

	Singular			Plural
	m	*n*	*f*	
Nom.	один	однó (однé)	однá	однí
Gen.	одн-огó	одн-огó	одн-iéï (одн-óï)	одн-и́х
Dat.	одн-омý	одн-омý	одн-íй	одн-и́м
Akk.	= *Nom. (Gen.)*	однó, однé	одн-ý	= *Nom. (Gen.)*
Instr.	одн-и́м	одн-и́м	одн-iéю (-óю)	одн-и́ми
Lok.	на одн-омý (-íм)	на одн-омý, -íм	на одн-íй	на одн-и́х

два, три, чотири

Nom.	два двí	три	чоти́ри
Gen.	дв-ох	трь-ох	чотирь-óх
Dat.	дв-ом	трь-ом	чотирь-óм
Akk.	= *Nom.* od. *Gen.*	= *Nom.* od. *Gen.*	= *Nom.* od. *Gen.*
Instr.	дв-омá	трь-омá	чотир-мá
Lok.	на дв-ох	на трь-ох	на чотирь-óх

п'ять – дев'ятнадцять, двадцять, тридцять; п'ятдесят – вісімдесят   сорок, дев'яносто, сто; двісті, триста, дев'ятсот

Nom.	п'ять	сóрок
Gen.	п'яти́, п'ять-óх	сорок-á
Dat.	п'яти́, п'ять-óм	сорок-á
Akk.	п'ять, п'ять-óх	сóрок
Instr.	п'ять-ма, п'ять-омá	сорок-á
Lok.	на п'яти́, п'ять-óх	на сорокá
Nom.	п'ятдеся́т	двíсті
Gen.	п'ятдесяти́, п'ятдесять-óх	двохсóт
Dat.	п'ятдесяти́, п'ятдесять-óм	двомстáм
Akk.	п'ятдеся́т, п'ятдесять-óх	двíсті
Instr.	п'ятдесять-мá, п'ятдесять-омá	двомастáми
Lok.	на п'ятдесяти́, п'ятдесять-óх	на двохстáх

b) Ordnungszahlwörter

Die Ordnungszahlw'rter **пéрший, дрýгий, четвéртий** usw. werden wie die harten Adjektive dekliniert. **Трéтій** ist das einzige Ordungszahlwort, das wie die weichen Adjektive dekliniert wird.

4. Die Deklination von Pronomen

a) Die Possessivpronomen **мій, твій, свій**

	Singular			*Plural*
	m	*n*	*f*	
Nom.	мій	моє	моя	моí
Gen.	могó	могó	моéї	моíх
Dat.	моéму	моéму	моíй	моíм
Akk.	= *Nom.* od. *Gen.*	моé	мою	= *Nom.* od. *Gen.*
Instr.	моíм	моíм	моéю	моíми
Lok.	у моéму, у моíм	у моéму, у моíм	у моíй	у моíх

Die Possessivpronomen **наш, ваш** werden wie die *harten* Adjektive und **їхній** wie die *weichen* Adjektive dekliniert.

b) Die Demonstrativpronomen **той, цей**

Nom.	той	те	та	ті
Gen.	тогó	тогó	тóї, тієї	тих
Dat.	томý	томý	тій	тим
Akk.	= *Nom.* od. *Gen.*	= *Nom.*	ту	= *Nom.* od. *Gen.*
Instr.	тим	тим	тіéю, тóю	тíми
Lok.	на тóму, на тім	на тóму, на тім	на тій	на тих

Nom.	цей	це	ця	ці
Gen.	цьогó	цьогó	ціéї	цих
Dat.	цьомý	цьомý	цій	цим
Akk.	= *Nom.* od. *Gen.*	= *Nom.*	цю	= *Nom.* od. *Gen.*
Instr.	цим	цим	ціéю	цíми
Lok.	на цьóму, на цім	на цьóму, на цім	на цій	на цих

Das Demonstrativpronomen **такúй**, die bestimmenden Pronomen **сам** (**самó, самá, самí**), **сáмий** (**сáме, сáма, сáмі**), **кóжний** (**кóжен**), **жóдний** (**жоден**), **всякий, íнший** und das Fragepronomen **котрúй, якúй** werden wie die *harten* Adjektive dekliniert.

c) Die bestimmenden Pronomen **весь** (**увесь, ввесь**)

Nom.	весь (увесь)	все (усе)	вся	всі
Gen.	всього	всього	всієї	всіх
Dat.	всьому	всьому	всій	всім
Akk.	= *Nom.* od. *Gen.*	= *Nom.*	всю	= *Nom.* od. *Gen.*
Instr.	всім	всім	всією	всіма
Lok.	на всьому (всім)	на всьому (всім)	на всій	на всіх

d) Die Fragepronomen **хто?** **що?**

Nom.	хто	що
Gen.	кого	чого
Dat.	кому	чому

Akk.	кого	що
Instr.	ким	чим
Lok.	на кому	на чому

5. Die Konjugation von Verben

a) Unvollendete Verben

Präsens

Musterwörter: нести́, каза́ти, співа́ти, дава́ти, смія́тися (I)
лежа́ти, роби́ти, стоя́ти, вчи́тися (II)

e-Konjugation				
я	несу́	кажу́	співа́ю	даю́	сміюсь
ти	несе́ш	ка́жеш	співа́єш	дає́ш	смієшся
він	несе́	ка́же	співа́є	дає́	сміється
вона	несе́	ка́же	співа́є	дає́	сміється
воно	несе́	ка́же	співа́є	дає́	сміється
ми	несемо́	ка́жемо	співа́ємо	даємо́	сміємо́сь
ви	несете́	ка́жете	співа́єте	дає́те	сміє́тесь
вони	несу́ть	ка́жуть	співа́ють	даю́ть	сміються

и-Konjugation				
я	лежу́	роблю́	стою́	вчусь
ти	лежи́ш	ро́биш	стої́ш	вчи́шся
він	лежи́ть	ро́бить	стої́ть	вчи́ться
вона	лежи́ть	ро́бить	стої́ть	вчи́ться
воно	лежи́ть	ро́бить	стої́ть	вчи́ться
ми	лежимо́	ро́бимо	стоїмо́	вчимо́сь
ви	лежите́	ро́бите	стоїте́	вчите́сь
вони	лежа́ть	ро́блять	стоя́ть	вча́ться

Präteritum, Futur I, Futur II

Musterwort: співа́ти

	Präteritum	*Futur I*	*Futur II*
я	співа́в, -ла, -ло	бу́ду співа́ти	співа́тиму
ти	співа́в, -ла, -ло	бу́деш співа́ти	співа́тимеш
він	співа́в, -ла, -ло	бу́де співа́ти	співа́тиме
вона	співа́ла	бу́де співа́ти	співа́тиме
воно	співа́ло	бу́де співа́ти	співа́тиме
ми	співа́ли	бу́демо співа́ти	співа́тимемо
ви	співа́ли	бу́дете співа́ти	співа́тимете
вони	співа́ли	бу́дуть співа́ти	співа́тимуть

Imperativ, Konjunktiv

Musterwörter: співа́ти, каза́ти

Imperativ	співа́й!	співа́ймо!	співа́йте!	
	кажи́!	кажі́мо!	кажі́ть!	
Konjunktiv	співа́в би	співа́ла б	співа́ло б	співа́ли б
	каза́в би	каза́ла б	каза́ло б	каза́ли б

b) Vollendete Verben

Präteritum, Futur III

Musterwörter: заспіва́ти, ви́вчити

	Präteritum		*Futur III*	
я	заспіва́в, -ла, -ло	ви́вчив, -ла, -ло	заспіва́ю	ви́вчу
ти	заспіва́в, -ла, -ло	ви́вчив, -ла, -ло	заспіва́єш	ви́вчиш
він	заспіва́в	ви́вчив	заспіва́є	ви́вчить
вона	заспіва́ла	ви́вчила	заспіва́є	ви́вчить
воно	заспіва́ло	ви́вчило	заспіва́є	ви́вчить
ми	заспіва́ли	ви́вчили	заспіва́ємо	ви́вчимо
ви	заспіва́ли	ви́вчили	заспіва́єте	ви́вчите
вони	заспіва́ли	ви́вчили	заспіва́ють	ви́вчать

Imperativ, Konjunktiv

Musterwörter: заспіва́ти, ви́вчити

Imperativ	заспіва́й! заспіва́ймо! заспіва́йте! ви́вчи! ви́вчімо! ви́вчіть!
Konjunktiv	заспіва́в би, заспіва́ла б, заспіва́ло б, заспіва́ли б ви́вчив би, ви́вчила б, ви́вчило б, ви́вчили б

ANHANG 2

Linguistische Terminologie
Ukrainisch – Deutsch

Морфолóгія	**Morphologie**
флéксія	Flexion
відмíнювати	konjugieren
дієвідмíна	Konjugation
відмíнювати	deklinieren
відмíна	Deklination
словотвóрення	Wortbildung (Derivation)
похіднé слóво	deriviertes Wort
кóрінь	Wurzel
оснóва	Stamm
áфікс	Affix
прéфікс	Präfix
сýфікс	Suffix
закíнчення	Endung
чергувáтися	alternieren
чергувáння	Alternation

Частúни мóви. Wortarten

іменнúк	**Substantiv**
нáзви істóт	belebtes S.
нáзви неживúх предмéтів	unbelebtes S.
конкрéтний	konkretes S. (Konkretum)
абстрáктний	abstraktes S. (Abstraktum)
збíрний	kollektives S. (Kollektivum)
прикмéтник	**Adjektiv**
я́кісний	qualitatives A. (Qualitäts-)
віднóсний	Beziehungsadjektiv
присвíйний	possessives A. (Possessivum)

сту́пені порівня́ння	**Steigerungsstufen**
позити́вний	Positiv
ви́щий	Komparativ
найви́щий	Superlativ
числі́вник	**Numerale (Zahlwort)**
кі́лькісний	Kardinale (Grundzahlwort)
поря́дковий	Ordinale (Ordnungszahlwort)
займе́нник	**Pronomen**
особо́вий	Personalpronomen
присві́йний	Possessivpronomen
пита́льний	Interrogativpronomen
відно́сний	Relativpronomen
вказі́вний	Demonstrativpronomen
означа́льний	Definitivpronomen
запере́чний	Negativpronomen
зворо́тний	Reflexivpronomen
дієсло́во	**Verbum (Verb)**
особо́ве	persönliches V.
безособо́ве	unpersönliches V.
перехі́дне	transitives V.
неперехі́дне	intransitives V.
д. недо́конаного ви́ду	V. des unvollendeten Aspekts
д. доко́наного ви́ду	V. des vollendeten Aspekts
дієприкме́тник	**Partizip**
акти́вний	aktives P.
паси́вний	passives P.
д. тепе́рішнього ча́су	P. des Präsens
д. мину́лого ча́су	P. des Präteritums
дієприслі́вник	**Adverbialpartizip (Gerundium)**
д. недоко́наного ви́ду	A. des unvollendeten Aspekts
д. доко́наного ви́ду	A. des vollendeten Aspekts
прислі́вник	**Adverb**
прийме́нник	**Präposition**

сполу́чник	**Konjunktion**
суря́дності	koordinierende K.
підря́дності	subordinierende K.
сполучнико́ві слова́	unechte K.
ча́стка	**Partikel**
ви́гук	**Interjektion**

Грамати́чні катего́рії. Grammatikalische Kategorien

час	**Zeit (Tempus)**
тепе́решній	Präsens
мину́лий	Präteritum
майбу́тній	Futurum
вид	**Aspekt**
доко́наний	perfektiver (voll.) A.
недоко́наний	imperfektiver (unvoll.) A.
осо́ба	**Person**
пе́рша	erste P.
дру́га	zweite P.
тре́тя	dritte P.
число́	**Zahl (Numerus)**
однина́	Singular
множина́	Plural
рід	**Geschlecht (Genus)**
чолові́чий	Maskulinum
жіно́чий	Femininum
сере́дній	Neutrum
відмі́нок	**Fall (Kasus)**
називни́й	Nominativ
родови́й	Genitiv
дава́льний	Dativ
знахі́дний	Akkusativ
ору́дний	Instrumental

місце́вий	Lokativ
кли́чна фо́рма	Vokativ
інфініти́в	**Infinitiv**
спо́сіб ді́ї	**Modus**
ді́йсний	Indikativ
умо́вний	Konditional
наказо́вий	Imperativ
стан	**Genus verbi**
акти́вний (ді́йсний)	Aktiv
паси́вний	Passiv
Си́нтаксис	**Syntax**
просте́ ре́чення	**einfacher Satz**
чле́ни ре́чення	Satzglieder
пі́дмет	Subjekt
при́судок	Prädikat
дода́ток	Objekt
озна́чення	Attribut
обста́вини	Adverbialbestimmungen
складне́ ре́чення	**zusammengesetzter Satz**
складносуря́дне р.	**Satzverbindung**
складнопідря́дне р.	**Satzgefüge**
додатко́ве підря́дне р.	Objektsatz
атрибути́вне п. р.	Attributsatz
п. р. мі́сця	Adverbialsatz des Ortes
часове́ п. р.	Adverbialsatz der Zeit
п. р. спо́собу ді́ї	Adverbialsatz der Art u. Weise
п. р. мети́	Finalsatz (Zwecksatz)
причино́ве п. р.	Adverbialsatz des Grundes
умо́вне п. р	Konditionalsatz (Bedingungssatz)
наслідко́ве п. р.	Konsekutivsatz (Folgesatz)
допусто́ве п. р.	Einräumungssatz

ANHANG 3

Einige Schreibregeln

1. Die Wörter werden gewöhnlich so geschrieben, wie sie klingen:
   серце, чесний, багатий, жовтий.

2. Substantive werden in der Regel *klein* geschrieben.
   Beachten Sie jedoch:
   a) Personennamen und geografische Eigennamen werden *groß* geschrieben:

   Андрій, Лисенко, Ліна Костенко, Донбас, Відень, Львів,
   Вінничина;

   b) Besteht ein Eigenname aus einer Wortgruppe, werden die in ihr enthaltenen Gattungsnamen (вулиця, море, місто) *klein* geschrieben:

   вулиця *Шевченка*, *Чорне* море, майдан *Незалежності*.

3. Die Partikel **пів-** (halb-) wird in der Regel zusammengeschrieben:
   півміста, піввідра, півяблука, півлітра.

   Ausnahme sind die Eigennamen:
   пів-Львова, пів-Австрії, пів-Франції.

4. Die Partikeln **будь-**, **-небудь**, **хтозна-**, **казна-**, **-бо**, **-но**, **-то**, **-от**, **-таки** schreibt man mit einem Bindestrich:
   будь-що, казна-хто, сказав-таки.

5. Die Konsonanten verdoppeln sich, wenn ein Teil des Wortes (Suffix, Präfix, Wurzel) auf einen Konsonanten endet und der andere Teil mit demselben Konsonanten beginnt:
   віддати, беззбройний, наддніпрянський, осінній, імміграція.

6. In sächlichen Substantiven verdoppeln sich die Konsonanten nach einem Vokal vor і, я, ю, є in allen Fällen:
   знання (знанням, знаннями ... aber знань), обличчя, зілля, життя, сторіччя.

7. Der Buchstabe **н** verdoppelt sich in betonten Suffixen **-енн(ий)**, **-анн(ий)**: широченний, притаманний, нескінченний, блаженний. In anderen Adjektiven und Partizipien wird **н** nicht verdoppelt:
   даний, зроблений, буквений.

8. In Fremdwörtern (unbelebten Substantiven) werden die Konsonanten in der Regel nicht verdoppelt:

   грип, каса, прогрес. *Ausnahme*: тонна, нетто, брутто, ванна, вілла, мадонна, манна.

   In fremdsprachigen Namen bleiben die Doppelkonsonanten erhalten:
   Шіллер, Бонн, Голландія, Сорбонна.

Die Vokale i und и

1. *Am Wortanfang* und im Suffix -**інь** steht immer **i**:

   іменник, інший, Іван, широчінь, теплінь.

2. *Am Wortende* nach **ж**, **ч**, **ш**, **щ** steht in der Regel **i**:

   читачі, хрущі, ножі.

   Nur in Verben (Imperativ) (скажи, пиши), Adverbialpartizipien (роблячи, закінчивши) und Adverbien wie по-вовчи wird **и** gebraucht.

3. *Am Wortende* nach **г**, **к**, **х** schreibt man **и**:

   тільки, пороги, мухи, іграшки, скільки, трошки.

   Nur die Adjektive im Nom. Pl. haben nach **г**, **к**, **х** das **i**:
   низькі, довгі, сухі.

4. Nach den Konsonanten **д**, **т**, **з**, **с**, **ц**, **ж**, **ч**, **ш**, **дж**, **р** schreibt man in dem Suffix -**ичний** — **и**:

   математичний, естетичний, симпатичний, історичний, фантастичний.

   Nach den anderen Konsonanten -**i**:
   академічний, географічний, трагічний.

5. In der Buchstabenkombinationen -**ри**, -**ли** zwischen zwei Konsonanten schreibt man **и**:

   гриміти, тривога. *Aber:* дрімати, тріщати.

Die Vokale i und и in Lehn- und Fremdwörtern

Der Vokal i

1. Am *Wortanfang*:

   ідея, інтернаціональний, Ісландія, Індія, інструкція, Іспанія.

2. Am *Wortende* **-ія**:

   хімія, артерія, Греція, філологія, астрономія, морфологія, патологія, цивілізація, індустрія.

3. Nach einem Konsonanten vor einem Vokal:

   геніальний, матеріал, радіус, тріумф, клієнт, аудієнція, Біаріц, асоціація, діалектика, Віардо, аксіома, діаграма, діаспора.

4. Nach einem Konsonant in Personennamen und geografischen Eigennamen:

   Ціцерон, Тіціан, Капрі, Едінбург, Міссісіпі, Анрі, Нагасакі, Сочі, Ніл, Сідней, Лісабон.

5. Am Wortende nach einem Konsonanten in den undeklinierbaren Wörtern:

   таксі, мерсі, колібрі, візаві, журі, попурі, парі.

6. In allen Fällen nach **б**, **п**, **в**, **ф**, **м**, **г**, **ґ**, **к**, **х**, **л**, **н** vor einem Konsonanten:

   кіно, гімн, фінанси, бізнес, академік, хірург, архів, філармонія, графік, ґіґант, Ґібралтар пілот, ніша, логічний, республіка, кілограм. *Aber*: миля, спирт, кинджал.

Der Vokal ї

Nach einem Vokal:

   мозаїка, прозаїк, наївний, руїна, теїн, Ізмаїл, Каїр.

Der Vokal и

1. Nach **д**, **т**, **з**, **с**, **ц**, **ж**, **дж**, **ч**, **ш**, **р** vor einem Konsonanten:

   тип, директор, диплом, система, цифра, джинси, позиція, фабрика, ширма, стимул, інститут, методика.

2. In geografischen Namen auf **-ида**, **-ика**:

   Америка, Африка, Антарктика, Флорида, Мексика, Антарктида, Балтика, Арктика, Адріатика, Корсика, Антлантида.

3. In geografischen Namen nach *Zischlauten*:

   Алжир, Вашингтон, Чилі, Чикаго, Гемпшир, Вірджинія.

4. In geografischen Namen mit der Buchstabenkombination **-ри**:

   Рим, Великобританія, Париж, Мадрид, Рига.

5. In den Suffixen **-ир**, **-ист**, **-изм** wird **и** geschrieben:

    дантист, тероризм, марксист, фінасист, шовінист.
    Aber: спеціаліст, піаніст, плюралізм.

6. Nach traditioneller Aussprache in manchen geografischen Namen:

    Вавилон, Братислава, Бразилія, Китай, Єгипет, Сирія, Ватикан, Аргентина, Сицилія, Тибет, Скандинавія, Пакистан, Сардинія, Бастилія, Палестина, Єрусалим.

ANHANG 4

Die Endungen -**a** (-**я**) und -**y** (-**ю**) im Genitiv Singular

Männliche Substantive auf Konsonanten, die im Genitiv Singular die Endung -a (-я) haben

1. Personennamen, Eigennamen (Vornamen und Familiennamen):

   студент–студента, професор–професора, інженер–інженера,
   Богдан–Богдана, Гнатюк–Гнатюка, Гриць–Гриця.

2. Tiernamen, Baumnamen:

   вовк–вовка, ведмідь–ведмедя, кінь–коня, дуб–дуба,
   ясен–ясена (und ясень–ясеня).

3. Bezeichnungen für Gegenstände:

   ніж–ножа, малюнок–малюнка, портфель–портфеля, стіл–стола
   (und столу).

4. Städtenamen:

   Київ–Києва, Париж–Парижа, Відень–Відня, Лондон–Лондона,
   Львів–Львова, Каїр–Каїра, Багдад–Багдада, Бостон–Бостона.

5. Andere geografische Namen mit Betonung auf der letzten Silbe:

   Дніпро–Дніпра, Донець–Дінця, Орел–Орла.

6. Substantive, die Maßeinheiten (Länge, Gewicht, Zeit usw.) bezeichnen:

   грам–грама, метр–метра, місяць–місяця, тиждень–тижня
   (*aber*: рік–року, вік–віку).

7. Monatsnamen und Wochentage:

   понеділок–понеділка, вівторок–вівторка, листопад–листопада.

8. Die Namen des Geldes:

   долар–долара, шилінг–шилінга, фунт–фунта, динар–динара
   und auch: десяток–десятка, мільйон–мільйона, мільярд–мільярда.

9. Fremdsprachige Terminologie und auch ukrainische linguistische Terminologie:

   атом–атома, конус–конуса, синус–синуса, трикутник–трикутника;
   іменник–іменника, відмінок–відмінка, додаток–додатка,
   прислівник–прислівника (*aber*: вид–виду, рід–роду, синтаксис–
   синтаксису).

10. Bezeichnungen für Fahrzeuge:

   автомобіль–автомобіля, трактор–трактора.

Männliche Substantive auf Konsonanten, die im Genitiv Singular die Endung -y (-ю) haben

1. Einige Substantive, die Stoffe, Materialien, Lebensmittel und Speisen bezeichnen:

   водень–водню, кисень–кисню, бетон–бетону, асфальт–асфальту, борщ–борщу, мед–меду, сир–сиру (aber: хліб–хліба).

2. Sammelnamen:

   оркестр–оркестру, ансамбль–ансамблю, каталог–каталогу, сад–саду, парк–парку, хор–хору, текст–тексту, товар–товару.

3. Bezeichnungen einiger Pflanzen:

   бузок–бузку, барвінок–барвінку, горох–гороху.

4. Bezeichnungen für Bauten, Anlagen und Räume:

   завод–заводу, поверх–поверху, зал–залу, дах–даху, вокзал–вокзалу, майдан–майдану, світ–світу, уривок–уривку (*aber*: гараж–гаража, млин–млина, міст–моста (und мосту), паркан–паркана (und паркану).

5. Bezeichnungen für Institutionen:

   університет–університету, інститут–інституту, комітет–комітету, фонд–фонду.

6. Bezeichnungen für Naturerscheinungen und Gefühle:

   дощ–дощу, мороз–морозу, холод–холоду, вітер–вітру, вогонь–вогню, біль–болю, гнів–гніву, страх–страху.

7. Fremdsprachige Substantive:

   аналіз–аналізу, синтез–синтезу, роман–роману, стиль–стилю, сюжет–сюжету.

8. Bezeichnungen für Spiele und Tänze:

   футбол–футболу, теніс–тенісу, волейбол–волейболу, хокей–хокею, вальс–вальсу, танець–танцю (aber: гопак–гопака).

9. Bezeichnungen für Abstrakta:

   біг–бігу, грип–грипу, екзамен–екзамену, інтерес–інтересу, крик–крику, прогрес–прогресу, рух–руху, хист–хисту, світогляд–світогляду.

ANHANG 5

Allgemeine Redewendungen und Ausdrücke

1. Хто ви за фа́хом? — *Was sind Sie von Beruf?*
2. Ви одру́жені? — *Sind Sie verheiratet?*
3. Так, я одру́жен-ий (-а) — *Ja, ich bin verheiratet.*
   Ні, я неодру́жен-ий (-а) — *Ich bin ledig.*
4. Дозво́льте зайти́ — *Darf ich eintreten,*
   (спита́ти, звернý́тися з проха́нням). — *(fragen, Sie um etwas bitten).*
5. Ду́же люб'я́зно! — *Das ist sehr nett.*
6. Ви́бачте, що турбу́ю Вас — *Entschuldigen Sie bitte die Störung*
   (що я запізни́-вся, -лася) — *(meine Verspätung).*
7. Ду́же дя́кую за Ва́ше запро́шення. — *Besten Dank für Ihre Einladung.*
8. Мені́ ду́же шко́да. — *Es tut mir leid.*
9. Нічо́го, нічо́го! — *Macht nichts.*
10. Я тіє́ї ж ду́мки. — *Ich bin derselben Meinung.*
11. Я зго́ден (зго́дна). — *Ich bin einverstanden.*
12. Це мене́ влашто́вує. — *Das ist mir recht.*
13. Ви ма́єте ра́цію. — *Sie haben recht.*
14. На жаль я дуже за́йнят-ий (-а). — *Leider bin ich sehr beschäftigt.*
15. Ні в я́кому ра́зі. — *Keinesfalls.*
16. Така́ при́крість! — *Das ist unangenehm!*
17. Проба́чте, що турбу́ю. — *Verzeihen Sie meine Störung.*
18. Бажа́ю Вам шви́дше ви́дужати. — *Ich wünsche Ihnen baldige Besserung.*
19. Ду́же вдя́чн-ий(-а) за Ва́шу ува́гу. — *Besten Dank für ihre Aufmerksamkeit.*
20. Поздоровля́ю Вас (тебе́) — *Ich gratuliere Ihnen (dir) zum Neuen*
    з Нови́м ро́ком (з днем — *Jahr (zum Geburstag)!*
    народження)!
21. Щасли́вого Різдва́! — *Frohe Weihnachten!*
22. Весе́лих свят Велико́дня! — *Frohes Osterfest!*

ANHANG 6

Lösungen

Lektion 1

4.

´	син *m*	мед *m*			
´ ¨	небо *n*	кава *f*	місто *n*		
_ ´	вікно *n*	кіно *n*	Степан *m*	вино *n*	фонтан *m*
_ ´ ¨	кімната *f*	Оксана *f*	будинок *m*	аптека *f*	
_ _ ´	стадіон *m*				

9. Тато тут? Так, тато тут. А де мати? Мати вдома. Небо тут? Ні. Максим студент, і Оксана студентка. Де мати й тато? Вони вдома.

Lektion 2

2.

´	текст	це	сад	цирк	
´ ¨	батько	море	фото	треба	дзвоник
	цукор	цифра			
_ ´	весна	перо	фонтан	зима	немає
_ ´ ¨	професор	писати			
_ _ ´	робітник				

5. *m, m, f, f, n, m, n, f, m, f, m, m, m, f, m, n.*

6. Воно тут. Вона там. Вони вдома. Він тут. Вони там. Вона он там. Він там. Воно тут. Вона там. Вони є тут. Вона вдома. Він тут.

7. Wo sind Galyna und Anton? Sie sind zu Hause. Wo ist das Haus? Es ist dort. Das ist die Universität. Jetzt ist eine Unterrichtsstunde dort. Hier sind ein Student und eine Studentin. Das sind Maxim und Kateryna. Maxim, ist die Landkarte hier? Ja, Kateryna, es gibt die Landkarte hier. Dort ist Odessa. Und wo ist das Meer? Man muss das beantworten. Das Meer ist dort. Jetzt muss man schreiben, wo die Universität und das Institut sind.

8. Це сад. Там фонтан. Де вода? Вода от. Це дерево. Там є квітка. Тут інститут. Де папір і текст? От папір, і он текст. Катерино, треба писати! Де карта? Вона тут. Петре, треба відповідати! Це море й місто Одеса.

Lektion 3

3.

⌐   ⌐ _   _ ⌐   ⌐ _ _   _ ⌐ _   _ _ ⌐   _ ⌐ _ _   _ _ ⌐ _

Брат, твій, йду, йдуть, парк, іду, урок, Олег.

Тато, тихо, треба, кава, знати, разом, їдуть, карта, знаєш, Олеся.

Водій, сестра, куди, вікно.

Слухати.

Автобус, додому, будинок, Україна.

7. Знати, жити, брати (siehe S. 15).

Працюю, працюєш, працює, працюємо, працюєте, працюють.

Слухаю, слухаєш, слухає, слухаємо, слухаєте, слухають.

8. Це Україна, й тут Київ. Це моє місто. Мій брат студент. Де він? Він тут. Хто це? Це моя сестра Оксана. Куди вона йде? Вона йде додому. Там Антон. Це її брат.

9. Wer ist sie? Sie ist eine Studentin. Und wer ist er? Er ist auch ein Student. Wir gehen zusammen nach Hause. Und wer ist zu Hause? Zu Hause sind meine Mutter, mein Vater, meine Schwester und meine Oma.
Jetzt ist eine Unterrichtsstunde. Man muss zuhören und schreiben. Hier sind Marijka und Taras. Und Iwan? Nein, er ist zu Hause. Gibt es hier Papier? Ja. Und eine Landkarte? Es gibt keine.

Lektion 4

3.

⌐   ⌐ _   _ ⌐   ⌐ _ _   _ ⌐ _   _ _ ⌐   _ ⌐ _ _   _ _ ⌐ _

Клас, хліб, стіл.

Слива, масло, атлас, тепло, літо, любиш, лікар.

Альбом, стілець, Василь, футбол.

Слухати, вулиця, лекція, літера.

Любити, Оксана.

Факультет.

Телевізор, будівельник.

4. Siehe Tabelle S. 22.

7. Іде, беремо, купує, слухають, живе, працюєш, питає, відповідає, знати.

10. Це аудиторія. У нас лекція (ми маємо лекцію). Там є карта. Олеся показує, де Київ. Наше місто – Харків. Я знаю теж, де Одеса.

   Петро питає: Де мій портфель? Василь відповідає: Твій портфель тут. Я беру мій портфель і йду додому. Оля бере атлас.

   Тут Степан та Іван. Степан лікар, а Іван студент. Зараз він має лекцію.

Lektion 5

4.

♪ ♪ _ _ ♪ ♪ _ _ _ ♪ _ _ _ ♪ _ ♪ _ _ _ _ ♪ _
_ _ ♪ _ _ _ _ _ ♪ _

   Синій, школа, трохи, фото, тепло, люблять, літо, учитель.
   Гора, альбом, сиджу, будую, читаю, вивчаю.
   Пишете.
   Високий, працюєш.
   Продавець, молоко.
   Розуміють, телевізор, незабаром, розмовляти, купувати.
   Математика, журналістика.
   Відповідаєш, перекладати.

8. Розмовляти, сидіти (siehe S. 30–31).
   Читаю (вивчаю), читаєш, читає, читаємо, читаєте, читають.

11. Вона розмовляє по-англійському (-ськи). Студент читає текст. Його брат ще малий. Де університет? Ви розумієте по-французьки (-зькому)? Він має сестру. У вас є підручник? Мій тато – учитель. Куди він іде? Його мати – лікарка.

Lektion 6

5. Повторюю, повторюєш, повторює, повторюємо, повторюєте, повторюють.
   Перекладаю (розповідаю, викладаю), перекладаєш, перекладає, перекладаємо, перекладаєте, перекладають.
   Стою, стоїш, стоїть, стоїмо, стоїте, стоять.

7. Читає, таке, моя, наш, сидять, працюють, українську мову, маленька, велика, перекладає на німецьку мову, бере, пише.

8. Професор питає, а (й) студенти відповідають. Ваша мати працює? Так, вона лікарка. Тут є підручник, зошит і олівець. Його брат студент. Він вивчає медицину. Хто там стоїть? То моя сестра. Що він читає? Він читає текст. Ми вчимось у Віденському університеті.

10. Учителька, відповідати, студентка, погано, мати, працювати, брати, дівчина, маленький, учень, жінка.

Lektion 7

6. Чиє місто Відень? Чий брат тут працює? Чий батько учитель? Чий гість іноземець? Чия мати викладає чеську мову? Чиє ім'я Олеся? Чия сестра студентка? Чиє місто дуже гарне? Чия лекція починається? Чиї книжки старі? Чия сестра моя подруга? Чиї зошити нові та гарні?

7. Вчу, вчиш, вчить, вчимо, вчите, вчать. Святкую, святкуєш, святкує, святкуємо, святкуєте, святкують. Відпочиваю, відпочиваєш, відпочиває, відпочиваємо, відпочиваєте, відпочивають.

12. Чий професор перевіряє домашні завдання? Я проводжу мої канікули вдома. Хто тут працює? Моя вулиця широка та зелена. У суботу я їду додому. Тарас Шевченко – видатний поет. Хто стоїть тут ліворуч? Чий словник там лежить? Тиждень починається у понеділок. Хто такий Іван Франко?

Lektion 8

2. Паризький, радісний, французький, ризький, щасливий, чеський, тижневий, празький.

3. Австрієць, австрійка. Віденець, віденка. Американець, американка. Киянин, киянка. Німець, німкеня. Норвежець, норвежка. Англієць, англійка. Італієць, італійка. Швейцарець, швейцарка.

5. Гарно, по-українському(-ськи), добре, погано, цікаво, зелено, по-німецьки(-ому), по-італійському(-ськи).

9. Берлінка, іноземна (мова), канадець, віденка, киянин, новий (молодий), вечір, відпочивати, гарно, завтра, холодно, німкеня, чешка, тепло, сидіти, відповідати.

10. Розмовляти, мати, як ся маєш, тепер, учениця, сім'я, дякую, я маю, здрастуй.

Lektion 9

1. Сім'я, прізвища, сестри, вірші, книги, роки, лекції, міста, пам'ятники, аудиторії, батьки, товариші, викладачі.

3. Два брати, три книги, одну мову, чотири зошити, три студенти, дві учениці, чотири роки.

4. Зна- (2), розповіда- (2), вивча- (2), люби- й любл-, додава- й дода-, проси- й прос-, бачи- й бач- .

Lektion 10

1. Сніданку, батька, обіду, ранку, учителя, завдання, дня, тижня, листа, поверху, вірша.

2. Підручника, кави, української мови, часу, музики, класики, варення, хліба, свята.

5. Іду, ходить, ідемо, ходите, іде, ходити, іде.

6. Снідаю, снідаєш, снідає, снідаємо, снідаєте, снідають. Роблю, робиш, робить, робимо, робите, роблять. Зустрічаюсь (вітаюсь, сподіваюсь), зустрічаєшся, зустрічається, зустрічаємось, зустрічаєтесь, зустрічаються.

7. Одягатися, зустрічаються, починається, вітається, прокидатися, закінчуються, дивимось, посміхається, продовжується.

9. Свої, мій, його, свій, її, вашому, свою, його. *(Es gibt auch andere Möglichkeiten).*

10. Звичайно я встаю дуже рано. Де ви снідаєте? Ви їдете до університету чи йдете пішки? Лекції закінчуються увечері. Скільки годин ви працюєте? Коли ви йдете спати?

12. Вечеряти, опівдні, уночі, (час) вставати, пізно, робочий (день), легкий, ранок, чоловік, іноземна (мова), лікарка, молодший, відпочивати, питати, дівчина, позавчора.

Lektion 11

1. В університеті, на уроці, в Австрії, у квітні, у бібліотеці, на вулиці, у цьому семестрі.

2. На сході, у театр, у середу, у березні, в аудиторію, у розклад, в Україні, на стадіон, у суботу, в неділю, в ліс, в гори.

4. Дивиться, бачив, дивитися, дивиться, бачив.

6. Одинадцяте вересня тисяча дев'ятсот сімдесятого року, сьоме січня дві тисячі першого року, сімнадцяте серпня дві тисячі шостого року, шістнадцяте червня дві тисячі четвертого року, тринадцяте

липня дві тисячі сьомого року, п'яте червня тисяча дев'ятсот сорок п'ятого року.

9. Заповняю (забуваю, пам'ятаю), заповняєш, заповняє, заповняємо, заповняєте, заповняють. Використовую, використовуєш, використовує, використовуємо, використовуєте, використовують.

13. – Wasylku, hast du den heutigen Stoff gut verstanden?

~ Ja.

– Und worüber haben wir gesprochen?

~ Sie haben uns die ganze Stunde gesagt, dass wir still sein sollen (ruhig sitzen müssen).

Lektion 12

1. З Франції, до школи, з підручника, до Києва, у брата, до вечора.

2. До нього, мені, на нього, до нього, з ним, нас, до нього, для неї, з тобою, у неї, тобі, за нього, з нами, ним, з нею.

3. Була (буде) сестра. Був (буде) лікарем (Instr.) Був (буде) грип. Було (буде) холодно. Були (будуть) питання.

5. Pers., Poss., Pers., Pers., Pers., Pers., Poss., Pers., Pers., Poss., Poss., Pers., Pers., Pers., Pers., Pers., Poss., Pers. .

6. Мусять – мусили, хочуть – хотіли, можете – могли, хоче – хотів, може – могла, мусить – мусив.

7. У літньому семестрі, вісім студентів, у наступному році; ні, я не маю часу, його брата, чеської мови, декілька студентів.

9. Пам'ятай, пам'ятаймо, пам'ятайте! Знай, знаймо, знайте! Їж, їжмо, їжте! Продовжуй, продовжуймо, продовжуйте! Вітайся, вітаймось, вітайтесь! Пий, пиймо, пийте! Дивись, дивімось, дивіться! Спи, спімо, спіть.

11. П'ять хвилин на другу. За п'ять хвилин одинадцята. За чверть одинадцята. Сімнадцять хвилин на третю. Тринадцять хвилин на одинадцяту. Пів на третю. За чверть дев'ята. Двацять хвилин на п'яту. За п'ятнадцять хвилин восьма. За десять хвилин сьома. Пів на другу. Двадцять сім хвилин на восьму. Двадцять п'ять хвилин на сьому. Шість хвилин на четверту. Десять хвилин на одинадцяту. Двадцять сім хвилин на десяту.

12. У п'ятнадцять хвилин на восьму. За двадцять п'ять хвилин до восьмої. О восьмій годині. О пів на першу. О шостій годині. О пів на дванадцяту.

13. Василю, пані, Надіє, Андрію, батьку, сестро, сину, Георгу, Сабіно, Степане, дубе, мамо, Петре, товаришу, Миколо, колего, поле, друже, Галю.

14. Яку іноземну мову ти вивчав у школі? Мій брат працює вісім годин у день. Розгорніть, будь ласка, підручники на тридцять п'ятій сторінці. Оксана прийшла додому за чверть до четвертої. Його годинник іде точно.

Lektion 13

1. Без словника, посеред стола(-у), у портфель, під Різдво, про подорож, над хмари, через 15 хвилин, на Хрещатик.

2. Лікарем – лікарями, життям – життями, товаришем – товаришами, знанням – знаннями, людиною – людьми, сльозою – слізьми (сльозами), колегою – колегами, постаттю – постатями, обличчям – обличчями, наміром – намірами, вдачею – вдачами, краєм – краями, славою – славами.

3. Моїм олівцем, цим потягом, цим заводом, густим лісом, своєю сестрою, відомим поетом.

5. Славен, певен, дрібен, зелен, повен.

6. Лагідніший, вищий, довший, зеленіший, нижчий, легший, ширший, гарніший, менший, більший, веселіший.

7. Für sich kaufen, sich fragen, für sich selber interessieren, sich sehen, für sich kochen, mit sich selbst beschäftigen.

10. Іти, бігати, водить, веде, пливе, носять, літають, плавати.

12. Дівчинка біжить до матері. Куди ви йдете? Я йду до університету. Учитель водить учнів містом. Мій знайомий розповів мені багато цікавого про себе. Він зараз у себе вдома? Його брат володіє українською мовою дуже добре. Всі студенти захоплюються цією п'єсою. Сестра молодша за брата.

17. Es ist nicht leicht – sagt man –, für zwei Familien zu leben, aber es ist noch schwieriger, für zwei Seelen zu leben.

18. Was ist ein Schicksal: es nimmt und gibt nicht,
Was ist ein Weg: einmal Hagebutten, einmal Schlehdorn,
Wenn ich Puschkin (selbst anonym) sein könnte,
Dann könnte ich an einem wundervollen Abend (vielleicht)
Frau Kern treffen.

Lektion 14

1. Князеві Володимиру, своїм батькам, твоєму (твому) другові, київській рідні, Богдану, композиторові Лисенку, моїй сестрі, батькові, школярам.

3. Перед, під, з, між, над, між, над.

4. Чоловіків, чоловікова, -е, -і. Ольжин, -а, -е, -і. Тарасів, Тарасова, -е, -і. Товаришів, товаришева, -е, -і. Миколин, -а, -е, -і. Татів, татова, -е, -і. Мамин, -а, -е, -і. Братів, братова, -е, -і. Анріїв, Андрієва, -е, -і. Надійчин, -а, -е, -і. Аскольдів, Аскольдова, -е, -і. Дніпрів, Дніпрова, -е, -і.

5. Я – Богданова сестра. Ми – Петренкові діти. Я – Галинина колега. Я – Сашкова бабуся. Я – Тарасів товариш. Це був Київ град (місто). То був Сосюрин вірш.

6. Давній (старий, головний, зелений, цікавий, привітний, червоний): давніший, більш (менш) давній, найдавніший, якнайдавніший, щонайдавніший, найбільш (найменш) давній, давніший за всіх (за все), від усіх, над усе.

   Широкий: ширший, найширший ... .

   Крутий: крутіший, найкрутіший ... .

7. Той, ця, цю, ту, та, те, цій.

9. Блукатимемо, гулятимуть, ходитимуть, відвідуватимуть, писатиму, подорожуватиме, чекатиму, працюватиму.

12. – Коли ви їдете до Києва?

    ~ Позавтра.

    – Ви їдете потягом чи летітимете?

    ~ Я подорожую літаком.

    – Скільки годин летить літак до Києва?

    ~ Точно не знаю. Гадаю – дві години.

Lektion 15

1. Професорові, новий фільм, річок, іноземними мовами, домашнього завдання, одну годину, сестрі.

2. У, з, на, до, на, після, до, у, про, о, до, у.

3. У, в, на, у, на, на, у, на, на (у), на.

5. Гарніше, найгарніше (щонайгарніше, якнайгарніше). Швидше, найшвидше. Точніше, найточніше. Раніше, найраніше. Темніше, найтемніше. Тепліше, найтепліше.

6. Недок. в., док. в., док. в., недок. в., док. в., док. в., док. в., недок. в., док. в.

7. Працюючий (-а, -е, -і), свідчачий, виникаючий, шукаючий, думаючий, розповідаючий, повертаючийся, живучий, питаючий, говорячий, приїжджаючий, прагнучий.

9. Стемнілий, зблідлий, пожовклий, зазеленілий, посивілий, осиротілий.

Lektion 16

1. Жити, сім'я, товариш (колега), оселя, гадати, хтось, славетний, батьків, швидко (невдовзі), фах, дістатися. (Es gibt auch andere Möglichkeiten).

2. Ранній, минулий, позаду, старий, широкий, уранці, молодший, їхати, передмістя, вдома, осінній. (Es gibt auch andere Möglichkeiten).

3. Жити, життєвий. Радий, радість. Писати, письменник. Учити, учень, учитель. Гордитися, гордий. Женитися. Техніка, технічний, політехнічний. Далекий, далеко, далечінь. Вітатися, привітання. Уважний. Дарувати, даруйте! подарований. Мороз, морозиво. Задуматися, задум. Мешкання, мешканець. Простір, простиратися. (Es gibt auch andere Möglichkeiten).

4. Край + вид, машина + будувати, десятий + поверх, час + писати, новий + селитися, психологія + лінгвістика.

5. Зрадіти, побачити, познайомитися, затримати, спитати, сказати, повернутися, зробити, роздивитися. (Es gibt auch andere Möglichkeiten).

6. Назвати, викликати, побувати, вивчити, звикати, вкритися, розповідати, стемніти, бачити, казати, женитися, взяти, заспівати. (Es gibt auch andere Möglichkeiten).

7. Закінчений, куплений, доданий, сказаний, попитаний, зроблений, написаний, принесений, перечитаний, стертий.

8. Працювати, посивіти, збліднути, прочитати, пожовкнути, сказати, закласти.

14. – Wenn du bei anderen Leuten (zu Besuch) bist, sollst du dich nicht über den ganzen Tisch beugen. Hast du etwa keine Zunge?

~ Doch! Aber meine Arme sind länger ...

Lektion 17

1. Вузький, киянин, новий (молодий), прабаба, село, святковий, тьма-тьмуща, мати, перший, закінчуватися, східний, дідусь, старовинний.

2. Як відомо, зрозуміло, дякувати Богові, може, до речі, говорять старі люди.

3. Знаходиться, рід (народ), багато (зелені), будинок (будівля), невдовзі, кожного тижня, батьки, миленький (милий), повинен, піти, зайти. (Es gibt auch andere Möglichkeiten).

4. Привітання, вітальня. Жарт, жартівливий. Розуміти, розум, розумний. Захоплюватися, захоплення. Геологія, геологічний. Киянин, киянка, київський. Місцевий, міський. Листуватися. Тижневий. Жити, життя. Міцний, міць. (Es gibt auch andere Möglichkeiten).

5. Розповідати, приносити, написати, вивчити, обійняти, злетіти, зрозуміти, перерахувати, складати, прочитати, запитати, пообіцяти, привітатися. (Es gibt auch andere Möglichkeiten).

7. Лист, який написала Надія. Склад, котрий несе наголос. Дерева, що (які) позеленіли. Хлопчик, який (що) сидів на сонці. Лист, котрий Леся вчора одержала. Словосполучення, які (котрі) вживались у тексті.

10. Братик, столик, стільчик, дідусь, татусь, будиночок, листочок, котик, дворик, синочок.

14. – Warum bist Du so traurig?

    ~ Lernen, lernen, lernen ... von morgens bis abends, nichts als lernen ...

    – Und wie lange studierst Du schon?

    ~ Morgen beginne ich .... (zu studieren).

Lektion 18

Завдання до вірша.

2. Ніхто (ні у (до) кого, ні з ким ...).

3. Зрання (присл. часу), тихо, легко (присл. способу дії).

4. В день такий ... . І (zusammengesetzter Satz)

Завдання до тексту.

2. Eine Sache der Erfahrung, nicht außer acht lassen, anders gesagt, nicht außer acht lassen, insbesondere (im einzelnen), zustatten kommen, eigentlich, es ist noch nicht Zeit, ob es nicht besser ist.

Вправи.

1. Читали, писали, вивчали, справлятиме, запросив, повертався (і повернувся), подарував, розповіла, задзвонив, кинулись, вивчатиме.

2. Познайомились, братися, зрозуміти, читати, рушили, починались, попрацювали, відпочити, розповіли, одержали, писав.

4. Згадуючи – згадавши, розуміючи – зрозумівши, підтримуючи – підтримавши, лишаючись – лишившись, працюючи – попрацювавши, читаючи – прочитавши, володіючи – оволодівши, приєднуючись – приєднавшись.

7. **Дуже цікаво!** Під час перерви однієї театральної вистави зустрілись два критики. Один позіхнув. – Я хотів це теж сказати, – зазначив другий.

   Ти помиляєшся! *Він:* Добрий день, Еріко! Чи можу зайти до тебе сьогодні ввечері? *Вона:* Так, Херберте, приходь о сьомій годині! *Він:* Херберт? Ти помиляєшся. Я зовсім не Херберт. *Вона:* Нічого! Я теж не Еріка.

Lektion 19

Завдання.

3. Центр, забути, недавно, діти, відповісти, правило, рідше.

4. Державний, держати. Вживання, вжитий. Думати, дума. Український, українець, українка. Пояснити, ясний. Точний, уточнити, уточнення. Винятковий. Несправедливий, правда.

Вправи.

1. Не пояснив, бачити, закінчила, вживає, приїхав, згадати, постало.

3. Після того (коли) він не одержав відповіді, він замовк. Коли друзі поволі йшли парком, вони розповідали один одному новини. Коли я почув гомін на вулиці, я подивився у вікно. Коли вони працювали на далекій півночі, то часто мріяли про повернення до України. Коли мій син робить домашні вправи, він завжди слухає музику. Коли йдеш по вулицях Одеси, згадуєш південні приморські міста Європи.

Lektion 20

Вправи.

2. Не виходьте, вживайте, написати, працювати, зустрітися, розгорніть, спитай (-те).

WÖRTERVERZEICHNIS
UKRAINISCH – DEUTSCH

Hinweise für die Benutzung

Das Wörterverzeichnis enthält rund 2000 wichtige Wörter der modernen ukrainischen Schriftsprache und ist vor allem für den deutschsprachigen Benutzer bestimmt. Es wird in erster Linie die Bedeutung des ukrainischen Wortes direkt und unabhängig vom Kontext übersetzt.

Bei den deutschen Übersetzungen werden Synonyme durch ein Komma, verschiedene Bedeutungen durch ein Semikolon voneinander getrennt.

Die ukrainischen Wörter sind alphabetisch geordnet. Die Betonung wird durch einen Strich über dem Vokal der Tonsilbe angegeben. Zwei Striche in einem Wort bezeichnen zwei Möglichkeiten der Betonung, z.B. залишáти.

Den meisten Wörtern sind grammatikalische Angaben beigefügt, z.B. Wortart, Konjugation, Aspekt, adjektivische Endungen etc.

Bei *Substantiven* sind die Angabe des Geschlechts, des Genitiv Singular und des Nominativ Plural hinzugefügt. Falls nach dem Substantiv statt zwei Endungen (z. B.: альбом *m.* -a, -и), nur eine (z. B.: лампа *f.* -и) oder gar keine (z.B.: знання *n.*) steht, bedeutet das: Genitiv Singular = Nominativ Plural oder (zweites Beispiel) Nominativ Singular = Genitiv Singular = Nominativ Plural.

Bei *Adjektiven* steht die Form des Nominativ Singular Femininum, des Nominativ Singular Neutrum sowie des Plurals.

Bei *Verben* werden Angaben zur Konjugation und zum Aspekt gemacht. Als erstes wird in der Regel der *unvollendete* (imperfektive) Aspekt genannt, der *vollendete* (perfektive) – eine von mehreren möglichen Formen – wird nach einem Komma angegeben. Ein Schrägstrich (/) trennt in manchen Verben den Teil ab, von dem die Präsensformen gebildet werden. Diese Angabe ist nur dann gemacht worden, wenn sich eventuell Schwierigkeiten für den Benutzer ergeben hätten.

Abkürzungen

2 m.B.	2 mögl. Betonungen	*Partiz.*	Partizip
m.	Maskulinum, männlich	*unveränd.*	unveränderlich
f.	Femininum, weiblich	*undekl.*	undekliniert
n.	Neutrum, sächlich	*Präd.*	Prädikativum
Sg.	Singular	*Gram.*	Grammatik
Pl.	Plural	*Komp.*	Komparativ
Adv.	Adverb	I	e-Konjugation
Pron.	Pronomen	II	и-Konjugation
Präp.	Präposition	*v.*	vollendeter Aspekt
Konj.	Konjuktion	*unv.*	unvollendeter Aspekt
Part.	Partikel	*nur unv.*	nur unvollendeter Aspekt
Zahlw.	Zahlwort	*nur v.*	nur vollendeter Aspekt
Schaltw.	Schaltwort		

Beispiele

за́вжди́ 2 m.B., Adv.	*immer*
дим *m.* -у, -и (männl., Gen. Sg., Nom. Pl.)	*Rauch*
кни́г/а *f.* -и (weibl., Gen. Sg. = Nom. Pl.)	*Buch*
обли́ччя *n.* (sächl., Nom. Sg. = Gen. Sg. = Nom. Pl.)	*Gesicht*
вікн/о́ *n.* -а (sächl., Gen. Sg.), вікна (Nom. Pl.)	*Fenster*
вказі́вк/а *f.* -и, -и (weibl., Gen. Sg., Nom. Pl.)	*Hinweis; Zeigestock*
займе́нник *m.* -а, -и; *Gram.* (männl., Gen. Sg., Nom. Pl., Grammatik)	*Pronomen*
хма́р/а *f.* -и (weibl., Gen. Sg. = Nom. Pl.); -ний -а, -е, -і (Adjektiv хмарний)	*Wolke; bewölkt*
метро́ *n. undekl.* (sächl., undeklinierbar)	*U-Bahn*
бíл/ий -а, -е, -і (Adjektiv, männl. Form.; weibl., sächl., Pl.-Endungen)	*weiß*
відпочива́ти I, відпочити (e-Konjug., unv./voll. Aspekt)	*sich erholen*
ліку/ва́ти I (e-Konjug., im Präsens: лікую, лікуєш...), вилікувати	*behandeln*
ви́сіти II *nur unv.* (и-Konjug., nur unvollendeter Aspekt)	*hängen*
залє́ж/ати II (и-Konjug., im Präsens: залежу, залежиш...); -ність *f.*, -ності (Gen. Sg.)	*abhängen; Abhängigkeit*
скориста́тися *nur v.* (nur vollendeter Aspekt)	*ausnutzen, benutzen*
учо́ра (вчора) *Adv.* (Adverb = Wortart)	*gestern*
авже́ж *Part.* (Partikel = Wortart)	*freilich, sicher*

A a

а *Konj.*	*und, aber, jedoch, dagegen*
абе́тк/а *f.* -и	*Alphabet*
абú *Konj.* (абúде, абúколи – *Adv.*)	*wenn, nur (beliebig wo, gleich wann)*
абúхто *Konj.+Pron.*	*wer (es) auch sei, gleich wer*
абúщо *Konj.+Pron.*	*was (es) auch sei*
абúякий *Konj.+Pron.*	*beliebig, gleich, was für ein*
або́ *Konj.*	*oder*
ава́р/ія *f.* -ії	*Unfall, Panne, Störung*
авже́ж *Part.*	*freilich, sicher, schon*
авіа́ц/ія *f.* -ії	*Flugwesen, Luftfahrt, Luftflotte*
австрí/єць *m.* -йця, -йці	*Österreicher*
австрíйк/а *f.* -и	*Österreicherin*
австрíйськ/ий -а, -е, -і	*österreichisch*
автобіогра́ф/ія *f.* -ії	*Lebenslauf*
авто́бус *m.* -а, -и	*Autobus*
автомобíл/ь *m.* -я, -і	*Auto, Wagen*
а́втор *m.* -а, -и	*Autor, Verfasser*
адже́ *Part.*	*ja, doch*
адре́с/а *f.* -и	*Adresse, Anschrift*
акто́р *m.* -а, -и	*Schauspieler*
актрúс/а *f.* -и	*Schauspielerin*
але́ *Konj.*	*aber, sondern*
але́/я *f.* -ї	*Allee*
альбо́м *m.* -а, -и	*Album*
америка́н/ець *m.* -ця, -ці	*Amerikaner*
америка́нк/а *f.* -и	*Amerikanerin*
америка́нськ/ий -а, -е, -і	*amerikanisch*
англí/єць *m.* -йця, -йці	*Engländer*
англíйк/а *f.* -и	*Engländerin*
англíйськ/ий -а, -е, -і	*englisch*
апетúт *m.* -у, -и	*Appetit*
апо́строф *m.* -а, -и	*Apostroph*
апте́к/а *f.* -и	*Apotheke*
а́рм/ія *f.* -ії	*Armee, Bundesheer*
арома́т *m.* -у, -и	*Aroma*
артúкл/ь *m.* -я, -і *Gram.*	*Artikel*
архіте́ктор *m.* -а, -и	*Architekt*
архітекту́р/а *f.* -и	*Architektur*

атеста́т *m.* -а, -и   *Zeugnis, Urkunde*
атеста́т зрі́лості   *Reifezeugnis*
аудито́р/ія *f.* -ії   *Auditorium, Hörsaal*
афі́ш/а *f.* -и   *Anschlag*
ая́кже (авже́ж) *Part.*   *freilich, sicher*

Б б

ба́б/а *f.* -и, бабу́ся -і   *Großmutter*
бага́т/ий -а, -е, -і   *reich*
багатолю́дн/ий -а, -е, -і   *dichtbevölkert, belebt*
багатоповерхо́в/ий -а, -е, -і   *mehrstöckig*
бага́тств/о *n.* -а   *Reichtum, Vermögen*
бадьо́р/ий -а, -е, -і   *munter, frisch*
ба́жа́н/ий -а, -е, -і 2 *m.B.*   *erwünscht, willkommen*
бажа́ння *n.*   *Wunsch, Lust*
бажа́ти I, побажа́ти   *wünschen*
база́р *m.* -у, -и   *Markt*
байдику/ва́ти I, пробайдикува́ти   *faulenzen, Zeit vergeuden*
ба́йду́же *Adv.* (мені́ ба́йду́же) 2 *m.B.*   *das ist mir ganz egal*
байду́ж/ий -а, -е, -і   *gleichgültig*
байду́ж/ість *f.* -ості   *Gleichgültigkeit*
ба́нка *f.* -и   *Glas*
бар/и́ти(ся) II, забари́ти(ся)   *zögern*
батьківщи́н/а *f.* -и   *Heimat, Heimatland*
ба́тьк/о *m.* -а, -и; батьки́   *Vater; Eltern*
ба́чити(ся) II, поба́чити(ся)   *sehen, sich treffen*
бджол/а́ *f.* -й, -и   *Biene*
без *Präp.* (ви́нятку, су́мніву)   *ohne (Ausnahme, Zweifel)*
бездога́нн/ий -а, -е, -і   *tadellos*
бе́зліч *Adv.*   *Unzahl*
бе́рег *m.* -а, -и́   *Ufer, Küste*
бере́з/а *f.* -и   *Birke*
берегти́ I, зберегти́   *bewahren, aufheben, aufbewahren*
бе́рез/ень *m.* -ня, -ні   *März*
би́стр/ий -а, -е, -і   *geschwind, schnell*
бібліоте́к/а *f.* -и   *Bibliothek*
бі́га/ти I, побі́гати   *laufen, rennen*
бі́гти II, побі́гти   *laufen, rennen*
бі́дн/ий -а, -е, -і   *arm, unglücklich*

бíл/ий -а, -е, -і	*weiß*
бíля *Präp.*	*neben, an*
біля́в/ий -а, -е, -і	*blond*
біогрáф/ія *f.* -ії	*Biografie, Lebenslauf*
блакúтн/ий -а, -е, -і	*blau, hellblau*
близню́к *m.* -á, -й	*Zwilling*
близьк/úй -а, -е, -і	*nah, eng*
блíд/ий -а, -е, -і	*blass, bleich*
бо *Konj. + Part.*	*da, weil; aber, doch*
боротьб/á *f.* -и	*Kampf*
борщ *m.* -ý, -í	*Borschtsch*
бо/я́тися II, побоя́тися	*fürchten, Angst haben*
брат *m.* -а, -й	*Bruder*
брáти I, взя́ти	*nehmen*
будúн/ок *m.* -ку, -ки	*Haus, Gebäude*
будúти II, розбудúти	*aufwecken*
будівéльн/ий -а, -е, -і; -ик *m.* -а, -и	*Bau-, Baumeister*
будíвля *f.* -і	*Bau, Gebäude*
буду/вáти I, побудувáти	*bauen*
буз/óк *m.* -кý	*Flieder*
бýти I (im Präsens -є)	*sein*
буя́ти I	*in hoher Blüte stehen; brausen*
бюрó *n. undekl.*	*Büro, Amt*
бюст *m.* -а, -и	*Büste*

В в

в *Präp.*	*in, an*
вагá *f.* -и	*Gewicht; Bedeutung*
вагáтися I, завагáтися	*schwanken*
важк/úй -а, -е, -і	*schwer, schwierig, mühsam*
важлúв/ий -а, -е, -і	*wichtig, bedeutend*
валíз/а *f.* -и	*Koffer*
варéник *m.* -а, -и	*Warenik*
варéння *n.*	*Konfitüre*
вар/úти II, зварúти	*kochen*
ватáг/а *f.* -и	*Schar*
вбирáльн/я *f.* -і	*Toilette*
вважáти I, ввáжити	*meinen, glauben*
ввéчері (увéчері) *Adv.*	*abends, am Abend*

ввíчлив/ий -а, -е, -і	höflich
вгóлос (угóлос) *Adv.*	laut
вгорí (угорí); вгóру *Adv.*	oben, herauf, hinauf
вдáча (удáча) *f.* -і	Wesensart, Natur, Gemüt
вдень (удéнь) *Adv.*	am Tag(e)
вдóма (удóма) *Adv.*	zu Hause, daheim
везтú I, привезтú	fahren, bringen
Велúк/день *m.* -одня	Ostern
велúк/ий -а, -е, -і	groß
вельмишанóвн/ий -а, -е, -і	sehr geehrt
вербá *f.* -и́, -и	Weide
вередлúв/ий -а, -е, -і	launisch
вéресен/ь *m.* -я, -і	September
вертáти I, вернýти	zurückgeben
вертáтися I, повертáтися	zurückkommen
вéрхн/ій -я, -є, -і	oberer (*z.B. oberer Teil*)
весéл/ий -а, -е, -і	lustig, fröhlich
весел/úти(ся) II, повеселúти(ся)	sich amüsieren, sich vergnügen
вéсело *Adv.*	froh, zumute
ве/стú (ведý) I, привестú	führen, leiten
весь (увéсь) *Pron.*	ganz
вечéря *f.* -і	Abendessen
вечéряти I, повечéряти	zu Abend essen
вéч/ір *m.* -ора, -орú	Abend
вже *Adv.*	schon, bereits
вжúван/ий -а, -е, -і	gebräuchlich
вживáти I, вжúти	gebrauchen, verwenden
взагалí	im Allgemeinen; überhaupt
взаéмини *Pl.*	Beziehungen
взаéмн/ий -а, -е, -і	gegenseitig
взúмку (узúмку) *Adv.*	im Winter
взуття́ *Pl.*	Schuhe
ви *Pron.*	ihr, Sie
вибачáти I, вúбачити	entschuldigen, verzeihen
вивчáти I, вúвчити	lernen, erlernen
вúвчення *n.*	Lernen, Studium
вúгляд *m.* -у	Aussehen
вид *m.* -а, -и; -у, -и *Gram.*	Gesicht, Aussicht; Aspekt
видáння *n.*	Herausgabe; Ausgabe; Auflage
видатн/úй -а, -е, -і	hervorragend, bedeutend
видéлк/а *f.* -и	Gabel

видýжу/вати I, вíдужати	*gesund werden*
виклада́ння *n.*	*Unterricht*
виклада́ти I, ви́класти	*unterrichten*
виклада́ч *m.* -а, -і; -ка *f.* -и	*Hochschullehrer(in), Lektor(in)*
вико́ну/вати I, ви́конати	*ausführen, erfüllen*
використо́ву/вати I, ви́користати	*verwenden, benutzen*
вимага́ти I	*fordern, verlangen, erwirken*
вимо́в/а *f.* -и	*Aussprache*
вимо́г/а *f.* -и	*Forderung*
виника́ти I, ви́никнути	*entstehen; erscheinen*
вин/о́ *n.* -а́, -а	*Wein*
ви́нят/ок *m.* -ку, -ки	*Ausnahme*
ви́пад/ок *m.* -ку, -ки	*Fall, Gelegenheit*
виража́ти I, ви́разити	*ausdrücken*
ви́раз *m.* -у, -и	*Ausdruck*
вирíшу/вати I, ви́рішити	*entscheiden, beschließen*
ви́сіти II (ви́шу, ви́сиш ...) *nur unv.*	*hängen*
висло́влю/вати I, ви́словити	*aussprechen, ausdrücken*
ви́снов/ок *m.* -у, -и	*Schlussfolgerung*
висо́к/ий -а, -е, -і	*hoch, groß*
висот/а́ *f.* -и	*Höhe*
вистача́ти I, ви́стачити	*ausreichen*
ви́х/ід *m.* -оду, -оди	*Ausgang*
вихідн/и́й *m.* (день) -о́го, -í	*Ruhetag*
вихова́ння *n.*	*Erziehung*
вихо́ву/вати I, ви́ховати	*erziehen, aufziehen*
вишива́ти I, ви́шити	*sticken*
ви́шн/я *f.* -і	*Kirschbaum*
ви́щ/ий -а, -е, -і; (ступíнь) *Gram.*	*höher, oben; Komparativ*
вівто́р/ок *m.* -ка, -ки	*Dienstag*
від *Präp.*	*von, ab, seit*
відзнача́ти I, відзна́чити	*feiern; bezeichnen*
відöжджа́ти I, відöхати	*abfahren, abreisen*
відöзд *m.* -у, -и	*Abfahrt, Abreise*
відмíн/а *f.* -и; *Gram.*	*Unterschied; Deklination*
відмíню/вати I, провідмíнювати	*deklinieren*
відно́сини *Pl.*	*Beziehungen, Verhältnisse*
відобража́ти I, відобра́зити	*wiedergeben, widerspiegeln*
відо́м/ий -а, -е, -і	*berühmt, bekannt*
вíдповід/ь *f.* -і	*Antwort*
відпочива́ти I, відпочи́ти	*sich erholen (ausruhen), rasten*

відпочи́н/ок *m.* -ку, -ки	*Erholung, Rast*
відпу́стк/а *f.* -и	*Urlaub*
відро́дження *n.*	*Wiedergeburt*
відтво́рення *n.*	*Wiedergabe*
відчиня́ти I, відчини́ти	*aufmachen, öffnen*
відчува́ти I, відчу́ти	*empfinden, spüren*
війн/а́ *f.* -и́, -и	*Krieg*
вік *m.* -у, -и́	*Leben, Lebenszeit*
вікн/о́ *n.* -а́, -а	*Fenster*
віков/и́й -а, -е, -і	*uralt, jahrhundertelang*
ві́льн/ий -а, -е, -і	*frei*
він, вона́, воно́ *Pron.*	*er, sie, es*
вірш *m.* -а́, -і	*Gedicht*
ві́сім, вісімна́дцять, вісімдеся́т	*acht, achtzehn, achtzig*
ві́стк/а *f.* -и, -й	*Nachricht*
віта́льн/я *f.* -і	*Gästezimmer*
віта́ння *n.*	*Gruß, Begrüßung; Gratulation*
віта́тися I, привіта́тися	*grüßen, begrüßen*
ві́т/ер *m.* -ру, -ри́	*Wind*
ві́чн/ий -а, -е, -і	*ewig*
ві/я *f.* -ї	*Wimper*
ві́/яти I, пові́яти	*wehen*
вказі́вк/а *f.* -и, -й	*Hinweis, Anweisung; Zeigestock*
вла́д/а *f.* -и	*Macht, Gewalt*
вла́сне *Schaltw.*	*eigentlich*
вла́сн/ий (власти́в/ий) -а, -е, -і	*eigen*
влашто́ву/вати I, влаштува́ти	*veranstalten, organisieren*
влі́тку (улі́тку) *Adv.*	*im Sommer*
вна́слідок *Präp.*	*infolge, zufolge*
вниз (уни́з) *Adv.*	*nach unten, herunter*
вночі́ (уночі́) *Adv.*	*nachts, in der Nacht*
вну́трішн/ій -я, -є, -і	*inner*
вовк *m.* -а, -и́	*Wolf*
вог/о́нь *m.* -ню́, -ні́	*Feuer*
вод/а́ *f.* -и́, -и	*Wasser*
вод/і́й *m.* -ія́, -ії́	*Fahrer*
вокза́л *m.* -у, -и	*Bahnhof*
воло́сся *n.*	*Haar*
во́л/я *f.* -і; -ьов/и́й -а, -е, -і	*Wille; willensstark, energisch*
восени́ *Adv.*	*im Herbst*
впе́рт/ий -а, -е, -і	*hartnäckig, eigensinnig*

впе́рше *Adv.*	*zum ersten Mal*
вплив *m.* -у, -и	*Einfluss*
вплива́ти I, вплину́ти	*beeinflussen, einwirken*
впра́в/а *f.* -и	*Übung*
вража́ти I, вра́зити	*überraschen*
вра́ження *n.*	*Eindruck*
вра́нці (ура́нці) *Adv.*	*morgens, am Morgen, früh*
врахо́ву/вати I, врахува́ти	*berücksichtigen*
вре́шті *Adv.*	*endlich; übrigens*
вро́д/а *m.* -и; -ли́вий -а -е, -i	*Aussehen, Schönheit; schön, hübsch*
все́-таки *Part.*	*doch, dennoch*
вста/ва́ти I, вста́ти	*aufstehen, sich erheben*
всю́ди *Adv.*	*überall*
вто́м/а *f.* -и; -лен/ий -а, -е, -i	*Müdigkeit; müde, erschöpft*
вто́млю/ватися I, втоми́тися	*müde werden, müde sein*
вузьк/и́й -а, -е, -i	*eng, schmal*
ву́лиц/я *f.* -i	*Straße, Gasse*
ву́х/о *n.* -а	*Ohr*
вхід *m.* вхо́ду, вхо́ди	*Eingang*
вхо́дити II, ввійти́	*hineinkommen*
вче́н/ий *m.* -ого, -i	*Gelehrter*
вчи́н/ок *m.* -ку, -ки	*Tat, Handlung*
вчо́ра (учо́ра) *Adv.;* -шн/ій -я, -є, -i	*gestern, gestrig*

Г г

газе́т/а *f.* -и	*Zeitung*
га/й *m.* -ю, -ї́	*Hain*
га́луз/ь *f.* -i	*Zweig, Branche*
гара́зд *Adv.*	*einverstanden; gut, passend*
га́рн/ий -а, -е, -i	*schön, gut*
гаря́ч/ий -а, -е, -i	*heiß, hitzig*
га́/яти I, прога́яти (час)	*Zeit vergeuden, Zeit verlieren*
га́ятися I, прога́ятися	*zögern*
геніа́льн/ий -а, -е, i	*genial*
ге́ні/й *m.* -я, -ї	*Genie*
геогра́ф/ія *f.* -ії	*Geografie*
герб *m.* -а́, -и́	*Wappen*
геро́/й *m.* -я, -ї	*Held*
гірк/и́й -а, -е, -i	*bitter*

гі́рше *Adv.* (*Компр. v.* пога́но)	*schlimmer*
гість *m.* гóст/я, -і	*Gast*
глибóк/ий -а, -е, -і	*tief*
гля́нути I, погля́нути	*blicken*
гнів *m.* -у	*Zorn*
гні́ватися I, прогні́ватися	*böse sein*
говор/и́ти II, заговори́ти	*sprechen, reden*
годи́н/а *f.* -и	*Stunde*
годи́нник *m.* -а, -и	*Uhr*
гóді *unveränd.*	*genug*
голов/á *f.* -и́, -и	*Kopf*
голóдн/ий -а, -е, -і	*hungrig*
гóлос *m.* -у, -и́	*Stimme*
голуб/и́й -а, -е, -і	*blau, hellblau*
гопáк *m.* -а, -и	*Hopak (ukr. Tanz)*
горá *f.* -и́, -и	*Berg*
гóрд/ий -а, -е, -і	*stolz*
гóр/е *n.* -я	*Kummer; Unglück*
горíх *m.* -а, -и	*Nuss*
горóд *m.* -у, -и	*Gemüsegarten*
гости́н/ець *m.* -ця, -ці	*Geschenk*
гóстр/ий -а, -е, -і	*scharf*
готóв/ий -а, -е, -і	*bereit, fertig*
готу/вáти I, приготувáти	*vorbereiten; kochen*
гр/а *f.* -и	*Spiel*
грамáтик/а *f.* -и	*Grammatik*
грáти(ся) I, погрáти(ся)	*spielen*
гребін/éць *m.* -ця́, -ці́	*Kamm*
гре/к *m.* -а, -и; -чáнк/а *f.* -и	*Grieche, Griechin*
гри́вн/я *f.* -і	*Grywnja (ukr. Währung)*
грéцьк/ий -а, -е, -і	*griechisch*
гроз/á *f.* -и́, -и	*Gewitter, Unwetter*
громáдськ/ий -а, -е, -і	*öffentlich, sozial*
громадян/и́н *m.* -а, громадя́ни; -ка *f.* -и	*Staatsbürger, Staatsbürgerin*
грóші *Pl.*	*Geld*
грýб/ий -а, -е, -і	*grob*
грýд/ень *m.* -ня, ні	*Dezember*
грýди *Pl.*	*Brust, Busen*
грýш/а *f.* -і	*Birne*
гуля́ти I, погуля́ти	*spazieren*
гукáти I, гукнýти	*aufrufen, aufschreien*

гурт *m.* -у (-á), -и	*Menschenmenge, Gruppe; Herde*
гуртóм *Adv.*	*gemeinsam*
гуртóжит/ок *m.* -ка, -ки	*Studentenheim, Wohnheim*
густ/и́й -а, -е, -і	*dicht; dick*

Ґґ

ґáва *f.* -и	*Krähe*
ґвалт *m.* -у	*Geschrei, Lärm*
ґвалту/вáти I, заґвалтувáти	*schreien*
ґрáти *Pl.*	*Gitter*
ґрунт *m.* -у, -и́	*Boden*
ґýдзик *m.* -а -и	*Knopf*
ґýл/я *f.* -і	*Beule*

Дд

давáльний (відмíнок) *Gram.*	*Dativ*
да/вáти I, дáти	*geben*
дáвн/ій -я, -є, -і	*einstig, alt, ehemalig*
далéк/ий -а, -е, -і	*fern, weit*
дáлі *Adv.*	*weiter; dann*
дармá *Adv.*	*umsonst, vergebens*
дару/вáти I, подарувáти	*schenken*
дáт/а *f.* -и	*Datum*
датчáн/ин *m.* -а, -и; датчáнка *f.* -и	*Däne, Dänin*
дах *m.* -у, -и́	*Dach*
дбá/ти I, подбáти; -йли́в/ий -а, -е, -і	*sorgen, besorgen; sorgsam*
два, дванáдцять, двáдцять *Zahlw.*	*zwei, zwölf, zwanzig*
двéрі *Pl.*	*Tür*
дв/ір *m.* -óру(-а), -орú	*Hof*
двíсті *Zahlw.*	*zweihundert*
двíчі *Adv.*	*zweimal*
двою́рідн/ий (брат), -а (сестрá), -і	*Vetter, Cousin; Cousine*
де *Adv., Part.*	*wo*
дéвят/ь, -нáдцять, девяно́сто *Zahlw.*	*neun, neunzehn, neunzig*
дедáлі *Adv.*	*allmählich, immer*
день *m.* дня, дні	*Tag*

де́рев/о *n.* -а, -а　　*Baum*
держа́в/а *f.* -и　　*Staat, Macht*
де́сять *Zahlw.*　　*zehn*
де́хто *Pron.*　　*mancher, einige*
де́що *Pron.*　　*etwas, einiges*
де́як/ий -а, -е, -і　　*gewisser*
джерело́ *n.* -á, джере́ла　　*Quelle*
дзвен/і́ти II, продзвені́ти　　*klingen, läuten*
дзвон/и́ти II, задзвони́ти　　*läuten, anrufen*
дзе́ркал/о *n.* -а, -а́ла　　*Spiegel*
див/и́тися II, подиви́тися　　*sehen, schauen*
ди́вн/ий -а, -е, -і　　*merkwürdig, erstaunlich*
диву/ва́тися I, здивува́тися　　*sich wundern*
дикта́нт *m.* -у, -и　　*Diktat*
дикту/ва́ти I, продиктува́ти　　*diktieren*
дим *m.* -у, -и́　　*Rauch*
дити́н/а *f.* -и, ді́ти; -ство *n.* -а　　*Kind; Kindheit*
дитя́ч/ий -а, -е, -і　　*Kinder-; kindisch, kindlich*
ди́хати I, поди́хати　　*atmen*
діало́г *m.* -у, -и　　*Dialog*
ді́вчин/а *f.* -и, дівча́та *Pl.*　　*Mädchen*
дід(-у́сь) *m.* -а(-уся́), -и́ (-усі́)　　*Großvater, Opa*
дієвідмі́н/а *f.* -и *Gram.*　　*Konjugation*
ді́зна/ва́тися I, дізна́тися　　*erfahren*
ді́йсн/ий -а, -е, -і; -о *Adv.*　　*wirklich; gültig*
дія́льн/ість *f.* -ості　　*Tätigkeit, Aktivität*
ді/яти I; дія́ч *m.* -á, -і́　　*handeln; funktionieren; Funktionär*
для *Präp.*　　*für, zu*
до *Präp.*　　*zu, nach, bis*
доба́ *f.* -и́, -и　　*24 Stunden, Tag und Nacht*
добра́ніч!　　*Gute Nacht!*
добри́вечір!　　*Guten Abend!*
добри́день!　　*Guten Tag!*
до́бр/ий -а, -е, -і　　*gut*
добрози́члив/ий -а, -е, -і　　*wohlwollend*
до́вг/ий -а, -е, -і　　*lang*
довголі́тн/ій -я, -є, -і　　*langjährig*
дові́ду/ватися I, дові́датися　　*erfahren, sich erkundigen; besuchen*
додатко́в/ий -а, -е, -і　　*zusätzlich*
додо́лу *Adv.*　　*zu Boden*
додо́му *Adv.*　　*nach Hause*

дóзв/іл *m.* -олу, -оли	*Erlaubnis, Bewilligung*
дозвíлля *n.*	*Muße, in der Freizeit*
дозволя́ти I, дозвóлити	*erlauben*
дóки *Adv., Konj.*	*bis wann? bis*
дóк/ір *m.* -óру, -óри	*Vorwurf*
докóнаний (вид) *Gram.*	*vollendeter Aspekt*
докоря́ти I, докорúти	*vorwerfen*
докучáти I, докýчити	*belästigen*
долáти I, подолáти	*bewältigen, überwinden*
дóл/я *f.* -і	*Schicksal*
домáшн/ій -я, -є, -і	*haus-, selbstgemacht*
домóвлен/ість *f.* -ості	*Vereinbarung, Abmachung*
дóповідь *f.* -і	*Vortrag*
допомагáти I, допомогтú	*helfen*
дорíжк/а *f.* (у парку), -и	*Fußweg*
дорóг/а *f.* -и	*Weg, Straße*
дорог/úй -а, -е, -і	*teuer*
дорóсл/ий -а, -і	*Erwachsener*
дóсвід *m.* -у, -и	*Erfahrung*
дóсить *Adv.*	*genügend*
дóсі *Adv.*	*bisher, bis jetzt; bis hierher*
дослíдження *n.*	*Forschung*
дослíджу/вати I, дослідúти	*erforschen*
досягáти I, досягнýти	*erreichen*
дося́гнення *n.*	*Erreichung, Errungenschaft*
дóтеп *m.* -у, -и	*Witz*
дотéпн/ий -а, -е, -і	*geistreich, witzig*
дочк/á *f.* -ú, -и	*Tochter*
дóшк/а *f.* -и, -ú	*Tafel, Brett*
дощ *m.* -ý, -í	*Regen*
дрібн/úй -а, -е, -і	*klein, fein*
дрóва *Pl.*	*Brennholz, Holz*
друг *m.* -а, дрýзі *Pl.*	*Freund*
дрýжба *f.* -и	*Freundschaft*
дружúна *f.* -и	*Ehefrau*
дружúти I, подружúти(ся)	*anfreunden; Freundschaft schließen*
дрýжн/ий -а, -е, -і	*einig, einmütig*
дрýжній -а, -е, -і (приязний)	*freundschaftlich; entgegenkommend*
друкáрн/я *f.* -і	*Druckerei*
дуб *m.* -а, -ú	*Eiche*

ду́же *Adv.*	*sehr*
ду́мати I, поду́мати	*denken*
дя́дьк/о -а, -й	*Onkel*
дя́ку/вати I, подя́кувати	*danken*

Е е

егоı́/зм *m.* -у; -ст *m.* -а, -и	*Egoismus; Egoist*
екза́мен *m.* -у, -и	*Prüfung*
екзамену/ва́ти I, проекзаменува́ти	*prüfen*
еконо́мити II, зеконо́мити	*sparen, einsparen*
еконо́мік/а *f.* -и	*Wirtschaft*
екра́н *m.* -а, -и	*Schirm; Leinwand*
екску́рс/ія *f.* -ії	*Ausflug, Exkursion*
епо́ха *f.* -и	*Zeitabschnitt, Epoche*

Є є

є (*Präs. von* бу́ти)	*sein, haben, es gibt, sich befinden*
Євро́па *f.* -и	*Europa*
європе́/єць *f.* -йця, -йці	*Europäer*
європе́йськ/ий -а, -е, -і	*europäisch*
єди́н/ий -а, -е, -і	*einzig, einheitlich*

Ж ж

жага́ *f.* -и	*Durst*
жада́н/ий -а, -е, -і	*erwünscht, willkommen*
жада́ти I	*begehren*
жаль *f.* -ю	*Leid, Kummer*
жарт *m.* -у, -и	*Scherz, Spaß, Witz*
жарту/ва́ти I, пожартува́ти	*scherzen, Spaß machen*
жах *m.* -у	*Entsetzen, Schrecken*
жени́ти(ся) II, пожени́ти(ся)	*verheiraten, sich verheiraten, heiraten*
жаха́тися I, жахну́тися	*sich entsetzen*
жахли́в/ий -а, -е, -і	*schrecklich, entsetzlich*
жив/и́й -а, -е, -і	*lebend, lebendig*

жи́ти I, прожи́ти	*leben; wohnen*
житте́в/ий -а, -е, -і	*Lebens-; lebensnah*
життя́ *n.*	*Leben*
жі́нк/а *f.* -и, -и́	*Frau; Ehefrau*
жме́ня *f.* -і	*Handvoll*
жо́вт/ень *m.,* -ня, -ні	*Oktober*
жо́вт/ий -а, -е, -і	*gelb*
жо́ден, жо́дн/ий -а, -е, -і	*kein, kein einziger*
жона́тий	*verheiratet*
журб/а́ *f.* -и́	*Kummer, Trauer*
жур/и́тися II, зажури́тися	*betrübt sein, trauern*
журна́л *m.* -у, -и	*Zeitschrift*

З з

з *Präp.*	*aus, von; von, ab, seit; aus, vor*
за *Präp.*	*hinter, an, nach, unter, zur Zeit*
забага́то *Adv.*	*zu viel*
заблуди́ти(ся) *nur v.*	*sich verirren*
забува́ти I, забу́ти	*vergessen; liegenlassen*
заважа́ти I, зава́дити	*stören, hindern*
завда́ння *n.*	*Aufgabe*
за́вжди́ *Adv. 2 т.B.*	*immer, stets*
завіта́ти *nur v.*	*besuchen*
завойо́ву/вати I, завоюва́ти	*erobern*
за́втра *Adv.*	*morgen*
за́голо́в/ок *m.* -ка, -ки *2 т.B.*	*Titel; Überschrift*
загуби́ти *nur v.*	*verlieren*
за́дн/ій -я, -є, -і	*hinter*
задово́лен/ий -а, -е, -і	*zufrieden, befriedigt*
за́дум *m.* -у, -и	*Vorhaben, Plan*
заду́мувати(ся) I, заду́мати(ся)	*sich etwas vornehmen, beabsichtigen*
заду́млив/ий -а, -е, -і	*nachdenklich*
заздалегі́дь *Adv.*	*im Voraus*
за́здр/ити II, поза́здрити	*beneiden*
за́йв/ий -а, -е, -і	*überflüssig, überschüssig*
займа́ти I, зайня́ти	*einnehmen, besetzen*
займе́нник *m.* -а, -и *Gram.*	*Pronomen*
за́йнят/ий -а, -е, -і	*besetzt*

закі́нчення *n.*	*Abschluss, Ende, Endung (Gram.)*
закі́нчу/вати I, закінчи́ти	*beenden, abschließen*
за́клад *m.* -у, -и (навч.)	*Institution; Anstalt; Hochschule*
заклю́чн/ий -а, -е, -і	*abschließend*
зако́н *m.* -у, -и	*Gesetz*
закордо́н *m.* -у; -ий -а, -е -і	*Ausland; ausländisch*
зако́хан/ий -а, -е, -і	*verliebt*
закоха́тися *v.*	*sich verlieben*
закрива́ти I, закри́ти	*zudecken; schließen*
залє́жати *v.*	*abhängen*
залиша́ти I, зали́шити 2 *т.B.*	*lassen; aufheben; verlassen*
заня́ття *n.*	*Beschäftigung; Unterricht*
запамꙗто́ву/вати I, запамꙗта́ти	*sich merken*
за́пах *m.* -у, -и	*Geruch, Duft*
запевня́ти I, запе́внити	*versichern, beteuern*
запере́чення *n.*	*Einwand, Widerspruch, Verneinung*
запере́чу/вати I, запере́чити	*widersprechen, leugnen*
запи́су/вати I, записа́ти	*aufschreiben, anmerken*
запита́ння *n.*	*Frage, Anfrage*
запи́ту/вати I, запита́ти	*fragen, eine Frage stellen*
запі́зню/ватися I, запізни́тися	*sich verspäten, zu spät kommen*
запові́т *m.* -у, -и	*Testament*
запо́вню/вати I, запо́внити	*füllen, ausfüllen*
запро́шення *n.*	*Einladung*
за́раз *Adv.*	*gleich, sofort*
засно́вник *m.* -а, -и	*Gründer*
затри́му/вати I, затри́мати	*aufhalten; verhindern*
зауваж́ення *n.*	*Bemerkung; Verweis*
захво́рю/вати I, захворі́ти	*krank werden, erkranken*
за́х/ід *m.* -оду	*Westen*
захо́плю/ватися I, захопи́тися	*sich begeistern*
захо́плююч/ий -а, -е, -і	*ergreifend, spannend*
зачаро́ван/ий -а, -е, -і	*verzaubert*
зачі́су/вати(ся) I, зачеса́ти(ся)	*sich kämmen, sich frisieren*
заꙗв/а *f.* -и	*Erklärung*
заявля́ти I, заяви́ти	*erklären, melden*
збі́рк/а *f.* -и	*Sammlung, Sammelband*
зв/а́ти I, позва́ти	*nennen, heißen*
зверта́тися I, зверну́тися	*sich wenden, sich richten*
звика́ти I, зви́кнути	*sich gewöhnen*
звича́йн/ий -а, -е, -і; -о *Adv.*	*gewöhnlich, üblich*

зви́чк/а *f.* -и	*Gewohnheit, Angewohnheit*
зві́дки, зві́дси, зві́дти *Adv.*	*woher, von hier, von dort*
звістк/а *f.* -и, -й	*Nachricht, Mitteilung*
звук *m.* -у (-а), -и	*Klang, Laut*
звӧяз/о́к *m.* -ку́, -ки́	*Verhältnis, Beziehung*
зга́ду/вати I, згада́ти	*sich erinnern*
згі́дно	*laut, entsprechend*
зго́дн/ий (зго́ден) -а, -е, -і	*einverstanden, übereinstimmend*
зго́дом *Adv.*	*mit der Zeit*
зді́йсню/вати I, зді́йснити	*verwirklichen, durchführen*
здоро́в/ий -а, -е -і	*gesund; groß, stark*
здоро́вӧя *n.*	*Gesundheit*
зеле́н/ий -а, -е, -і	*grün*
земл/я́ *f.* -í, -і	*Erde*
зим/á *f.* -и́, -и	*Winter*
зі́рк/а *f.* -и, -й	*Stern*
зли́в/а *f.* -и	*Regenguss*
зл/ий -а, -е, -і	*böse; grausam*
зло́чин *m.* -у, -и; -ець *m.* -ця, ці	*Verbrechen; Verbrecher*
змага́ння *n.*	*Wettbewerb, Wettkampf*
зміст *m.* -у, -и	*Inhalt; Sinn*
знайо́м/ий -а, -е, -і; -ство *n.* -а	*bekannt; Bekanntschaft*
знайо́мити(ся) II, познайо́мити(ся)	*bekannt machen, kennenlernen*
знання́ *n.*	*Wissen, Kenntnis*
зна́ти I, узна́ти (взна́ти)	*wissen, kennen; erfahren*
знахі́дний (відмі́нок) *Gram.*	*Akkusativ*
зна́чення *n.*	*Bedeutung, Wert*
зна́чити II *nur unv.*	*bedeuten, bezeichnen*
зника́ти I, зни́кнути	*verschwinden*
зобража́ти I, зобрази́ти	*darstellen, gestalten*
зобра́ження *n.*	*Abbildung, Bild, Zeichnung*
зо́вні *Adv.*; -шн/ій -я, -є, -і	*von außen; äußerer, äußerlich*
зо́всім *Adv.*	*ganz, vollkommen*
зо́лот/о *n.* -а; -ий -а, -е, -і	*Gold; golden*
зо́шит *m.* -а, -и	*Heft*
зра́зу *Adv.*	*sofort*
зре́штою *Schaltw.*	*im Übrigen; endlich*
зупи́нк/а *f.* -и	*Haltestelle, Station*
зупиня́ти I, зупини́ти	*stoppen, anhalten*
зуси́лля *n.*	*Bemühung*
зу́стріч *f.* -і	*Begegnung, Treffen*

зустріча́ти(ся) I, зустрі́ти(ся)	*begegnen, treffen*
з'явля́тися I, з'яви́тися	*kommen, erscheinen*
зять *m.* -я, -і	*Schwiegersohn*

I i

і *Konj.*	*und; auch, sogar*
іме́нник *m.* -а, -и *Gram.*	*Substantiv*
ім'я́ *n.* і́мені, імена́	*Name, Vorname*
іна́кш/ий -а, -е, -і	*anderer*
інжене́р *m.* -а, -и	*Ingenieur*
і́ній *m.* і́нею	*Reif*
і́нколи (і́ноді) *Adv.*	*manchmal*
інозе́м/ець *m.* -ця, -ці; -ка *f.* -и	*Ausländer; Ausländerin*
інозе́мн/ий -а (мо́ва), -е, -і	*ausländisch, fremd; Fremdsprache*
інститу́т *m.* -у, -и	*Institut, Hochschule*
інтере́с *m.* -у, -и	*Interesse; Interessen*
існува́ння *n.*	*Existenz, Dasein*
існу/ва́ти I, проіснува́ти	*existieren, bestehen*
Іспа́нія *f.* -ії; іспа́нський -а, -е, -і	*Spanien; spanisch*
і́спит *m.* -у, -и	*Prüfung; Probe*
істо́та *f.* -и	*Wesen, Geschöpf*
істо́тн/ий -а, -е, -і	*wesentlich, bedeutend*
Іта́лія *f.* -ії; італі́йський -а, -е, -і	*Italien; italienisch*
іти́ I, піти́	*gehen*

Ї ї

їда́льня *f.* -і	*Esszimmer, Gaststätte, Mensa*
ї́жа *f.* -и	*Essen, Nahrung*
ї́здити II, з'ї́здити	*fahren*
ї́сти II, пої́сти	*essen, speisen*
їх *Pron.* (*Gen., Akk. von* вони́)	*sie*
ї́хати I, пої́хати	*fahren*
ї́хній (їх) -я, -є, -і *Pron.*	*ihr*

Й й

його́ *Pron. (Gen., Akk. von* він, воно)	*ihn, es*
його́ *Pron.*	*sein*
йому́ *Pron. (Dat. von* він, воно)	*ihm*
йти (іти́) I, піти́	*gehen*

К к

ка́в/а *f.* -и	*Kaffee*
каза́ти I, сказа́ти	*sagen, sprechen, reden*
календа́р *m.* -я́, -і́	*Kalender*
ка́м/інь *m.* -еню (-еня), -ені	*Stein*
кані́кули *Pl.*	*Ferien*
ка́рт/а -и (геогр.)	*(Land)karte*
карти́н/а *f.* -и	*Bild*
кафе́ *n. undekl.*	*Café*
кашта́н *m.* -а, -и	*Kastanienbaum*
ква́пити(ся) II, поквапити(ся)	*drängen; sich beeilen*
кварти́р/а *f.* -и	*Wohnung*
квит/о́к *m.* -ка́, -ки́	*Fahrkarte; Eintrittskarte*
квіт/ень *m.* -ня, -ні	*April*
квітк/а *f.* -и, -и́	*Blume*
керівни́к *m.* -а́, -и́	*Leiter, Führer*
керува́ти I *nur unv.*	*leiten, führen, regieren*
кида́ти I, ки́нути	*werfen*
кишен/я *f.* -і	*Tasche*
кімна́та *f.* -и	*Zimmer*
кін/е́ць *m.* -ця́, -ці́	*Ende, Schluss*
кіно́ *n. undekl.*	*Film, Filmkunst*
кінча́ти I, кі́нчити	*beenden, abschließen*
кінь *m.* коня́, ко́ні	*Pferd*
клас *f.* -у, -и	*Klasse; Klassenzimmer*
кли́кати I, кли́кнути	*rufen; einladen*
кло́п/іт *m.* -оту, -оти	*Bemühungen; Sorgen*
ключ *m.* -а́, -і́	*Schlüssel*
кмітли́в/ий -а, -е, -і	*gescheit, auffassungsfähig*
кни́жк/а (кни́г/а) *f.* -и, -и́	*Buch*
княз/ь *m.* -я, -і́	*Fürst*
ковбас/а́ *f.* -и́, ковба́си	*Wurst*

ко́вдр/а *f.* -и	*Steppdecke*
коле́г/а *m.* + *f.* -и	*Kollege, Kollegin*
коли́ *Adv., Konj.*	*wann, als, wenn*
кол─и́шн/ій -я, -є, -і	*vorherig, ehemalig*
колі́н/о *n.* -а	*Knie*
ко́л/ір *m.* ко́льора, кольори́	*Farbe*
ко́л/о *n.* -а	*Kreis*
ко́ло *Präp.*	*neben, an; etwa, gegen*
колори́тн/ий -а, -е, -і	*farbenreich*
кольоро́в/ий -а, -е, -і	*farbig, bunt*
компози́тор *m.* -а, -и	*Komponist*
комп'ю́тер *m.* -а, -и	*Computer*
конве́рт *m.* -а, -и	*Briefumschlag*
ко́нкурс *m.* -у, -и	*Wettbewerb*
конспе́кт *m.* -у, -и	*Konspekt, Überblick, Konzept*
конспекту/ва́ти I, законспектува́ти	*ein Konzept abfassen, kurz zusammenfassen*
конститу́ц/ія *f.* -ії	*Verfassung, Konstitution*
ко́нсульств/о *n.* -а	*Konsulat*
контине́нт *m.* -у, -и	*Kontinent*
конфере́нц/ія *f.* -ії	*Konferenz, Tagung*
кораб/е́ль *m.* -ля́, -лі́	*Schiff*
кордо́н *m.* -у, -и	*Grenze*
користу/ва́тися I, скориста́тися	*benutzen, gebrauchen*
кори́чнев/ий -а, -е, -і	*braun*
ко́р/інь *m.* -еня, -ені	*Wurzel*
коро́тк/ий -а, -е, -і	*kurz*
ко́ротко *Adv.*	*kurz*
кос/а́ *f.* -и́, -и	*Zopf; Sense; Landzunge*
космі́чн/ий -а, -е, -і	*kosmisch, Raum-*
космона́вт *m.* -а, -и	*Kosmonaut*
ко́смос *m.* -у	*Weltall, Kosmos*
костю́м *m.* -а, -и	*Anzug, Kostüm*
котр/и́й -а́, -е́, -і́ *Pron.* + *Konj.*	*welcher; der, welcher*
коха́ння *n.*	*Liebe*
коха́ти I, покоха́ти	*lieben*
кошту/ва́ти I *nur unv.*	*kosten*
краєви́д *m.* -у, -и	*Landschaft, Aussicht*
кра/й *m.* -ю, -ї́	*Rand; Land*
кре́йд/а *f.* -и	*Kreide*
кри́вд/а *f.* -и	*Ungerechtigkeit, Unrecht*

крик *m.* -у, -и	*Schrei, Ruf*
крич/áти II, крúкнути	*schreien*
крізь *Präp.*	*durch*
крíсл/о *n.* -а	*Sessel*
крок *m.* -у, -и	*Schritt*
крýгл/ий -а, -е, -і	*rund*
крутúй -а, -е, -і	*steil*
кудú *Adv.*	*wohin*
купáтися I, скупáтися	*baden*
купé *n. undekl.*	*Abteil, Coupé*
кýпол *m.* -а, -и	*Kuppel*
купу/вáти I, купúти	*kaufen*
курс *m.* -у, -и	*Kurs; Richtung; Studienjahr*
кут/óк *m.* -кá, -кú	*Ecke; Winkel*
кýхн/я *f.* -і	*Küche*
кущ *m.* -á, -í	*Strauch, Busch*

Л л

лаборатóр/ія *f.* -ії	*Laboratorium*
лáва *f.* -и	*Bank, Schulbank*
лáгідн/ий -а, -е, -і	*sanft, mild*
лад *m.* (згóда, злáгода) -у, -ú	*Ordnung, in Ordnung bringen*
лáмп/а *f.* -и	*Lampe; Glühbirne*
лапкú *Pl. Gram.*	*Anführungszeichnen*
лáск/а *f.* -и	*Zärtlichkeit, Liebkosung*
ласкáв/ий -а, -е, -і; -о *Adv.*	*zärtlich, liebenswürdig, freundlich*
ласу/вáти(ся) I, поласувáти(ся)	*naschen*
лев *m.* -а, лéвú	*Löwe*
легéнд/а *f.* -и	*Legende, Sage*
легк/úй -а, -е, -і; -о *Adv.*	*leicht*
ледáч/ий -а, -е, -і	*faul, träge, lässig*
лéдве *Adv.*	*kaum*
лежáти II, полéжати	*liegen*
лéксик/а *f.* -и	*Lexikon, Wortschatz*
лéкц/ія *f.* -ії	*Lektion, Vorlesung*
летíти II, полетíти	*fliegen, fliehen*
лúжі *Pl.*	*Ski*
лúп/а *f.* -и	*Linde*
лúп/ень *m.* -ня, -ні	*Juli*

лист *m.* -á(-y), -и́	*Brief; Blatt*
листíвк/а *f.* -и	*Postkarte, Flugblatt*
листопáд *m.* -а, -и	*November*
лúстя *n.*	*Laub, Blätter*
лúти I, полúти	*gießen, fließen*
лúх/о *n.* -а; -úй -а, -е, -i	*Unglück, Elend; böse, schlimm*
лишáти(ся) I, лишúти (залúшúти)	*lassen, behalten*
лишé, лиш *Part.*	*nur, erst; nur, aber, kaum*
лíв/ий -а, -е, -i	*link*
лівóруч *Adv.*	*links, nach links*
лід *m.* льóду	*Eis*
лíжк/о *n.* -а	*Bett*
лíкар *m.* -я, -í	*Arzt*
лікáрн/я *f.* -i	*Krankenhaus*
лíки *Pl.*	*Arzneimittel*
лíк/оть *m.* -тя, -ті	*Ellbogen*
ліку/вáти I, вúлікувати	*behandeln*
лінгвíст *m.* -а, -и	*Linguist, Sprachforscher*
лінíйк/а *f.* -и	*Lineal, Linie*
ліс *m.* -у, -и́	*Wald*
літá *Pl.*	*Jahre, Alter*
літáк *m.* -á, -и́	*Flugzeug*
лíтер/а *f.* -и	*Buchstabe*
літератýр/а *f.* -и	*Literatur*
лíтн/ій -я, -є, -i	*sommerlich; bejahrt, nicht mehr jung*
лíт/о *n.* -а	*Sommer*
літóпис *m.* -у, -и	*Chronik*
лíтр *m.* -а, -и	*Liter*
ліфт *m.* -а, -и	*Aufzug, Fahrstuhl*
ліхтáр *m.* -я, -í	*Laterne*
ліч/úти II, перелічúти	*rechnen, zählen*
лоб *m.* -а, -и́	*Stirn*
ловúти II, зловúти	*fangen*
лóжк/а *f.* -и, -и́	*Löffel*
лун/á *f.* -и́	*Echo*
лунáти I, пролунáти	*klingen, tönen*
люб/ий -а, -е, -i	*lieb, wert*
любúти II, полюбúти	*lieben*
любóв *f.* -i	*Liebe*
люд/и *Pl.*	*Menschen, Leute*

люди́н/а *f.* -и	*Mensch, Mann*
лю́дство *n.* -а	*Menschheit*
лю́т/ий -а, -е, -і	*grausam, böse, wütend*
лю́т/ий *m.* -ого	*Februar*
ляга́ти I, лягти́	*sich legen, sich hinlegen*
ляка́ти(ся) I, переляка́ти(ся)	*erschrecken, Angst haben*
льо́тчик *m.* -а, -и	*Flieger, Pilot*

М м

ма́бу́ть *Schaltw.*	*wahrscheinlich*
ма́вп/а *f.* -и	*Affe*
магази́н *m.* -а, -и	*Lade, Geschäft*
майбу́тн/є *n.* -ього	*Zukunft*
майбу́тн/ій -я, -є, -і (час)	*künftig; Futur*
майда́н *m.* -у, -и	*Platz*
ма́йже *Adv.*	*fast, nahezu*
мале́ньк/ий (мали́й) -а, -е, -і	*klein, kurz*
ма́ло *Adv.*	*wenig*
малю/ва́ти I, намалюва́ти	*zeichnen, malen*
ма́ля́р 2 *m.B. m.* -а́, -и (-і́)	*Maler*
мальовни́ч/ий -а, -е, -і	*malerisch*
ма́м/а *f.* -и, маму́ся -і	*Mama, Mutti*
мандрі́вк/а *f.* -и	*Reise, Wanderung*
мандру/ва́ти I, промандрува́ти	*reisen*
ма́рк/а *f.* -и	*Marke, Briefmarke*
ма́рмур *m.* -у	*Marmor*
ма́рн/ий -а, -е, -і	*vergeblich, erfolglos*
ма́ти *f.* -ері, -ері́	*Mutter*
ма́ти I *nur unv.*	*haben*
мет/а́ *f.* -и́	*Ziel, Zweck*
метро́ *n. undekl.*	*U-Bahn, Metro*
ме́шкан/ець *m.* -ця, -ці	*Bewohner, Einwohner*
ме́шкати I *nur unv.*	*wohnen*
ми́л/ий -а, -е, -і	*lieb, nett*
мимово́лі *Adv.*	*unwillkürlich*
мина́ти I, мину́ти	*vorbeigehen; auslassen*
мину́л/ий (час) -а, -е, -і *Gram.*	*vergangen, vorherig; Präteritum*
мир *m.* -у	*Frieden*
ми́слити II, зами́слити(-ся)	*denken, überlegen*

мисте́цтв/о *n.* -а	*Kunst*
мит/е́ць *m.* -ця́, -ці́	*Künstler*
ми́ти I, поми́ти	*waschen*
мить *f.* -і	*Augenblick*
ми́ттю *Adv.*	*in einem Augenblick, augenblicklich*
між *Präp.*	*zwischen*
міжнаро́дн/ий -а, -е, -і	*international*
мій (моя́, моє́, мої́) *Pron.*	*mein*
мільйо́н *m.* -а, -и; *Zahlw.*	*Million*
міркува́ти I, поміркува́ти	*überlegen, tief nachdenken*
міст *m.* моста́, мости́	*Brücke*
мі́ст/о *n.* -а, -á	*Stadt*
мі́сц/е *n.* -я, -я́	*Platz, Ort*
місце́в/ий -а, -е, -і	*lokal, örtlich*
мі́сяц/ь *m.* -я, -і	*Monat; Mond*
міськ/и́й -а, -е, -і	*städtisch*
міцн/и́й -а, -е, -і	*fest, stark*
множина́ *Gram.*	*Plural, Mehrzahl*
мо́в/а *f.* -и	*Sprache, Rede*
мовозна́вств/о *n.* -а	*Sprachwissenschaft*
мовчазн/и́й -а, -е, -і	*schweigsam, still*
мовча́ти II, замо́вкнути	*schweigen*
мо́вчки *Adv.*	*(still)schweigend, wortlos*
моги́л/а *f.* -и	*Grab*
могти́ I, змогти́	*können, dürfen*
можли́в/ий -а, -е, -і	*möglich, denkbar*
мо́жна	*man kann*
мо́кнути I, змо́кнути	*nass werden*
молод/е́ць *m.* -ця́, -ці́	*Prachtkerl*
молод/и́й -а, -е, -і	*jung*
мо́лод/ість *f.* -ості	*Jugend*
молок/о́ *n.* -á	*Milch*
моме́нт *m.* -у, -и	*Augenblick, Moment*
мо́р/е *n.* -я, -я́	*Meer*
моро́з *m.* -у, -и	*Frost*
мр/і́я *f.* -ії	*Traumbild, Phantasie*
мрі́/яти I, замрі́ятися	*träumen*
му́др/ий -а, -е, -і	*weise, klug*
му́жн/ій -я, -є, -і	*mutig, tapfer*
музе́/й *m.* -я, -ї	*Museum*

му́зик/а *f.* -и	*Musik*
му́сити II, змýсити	*müssen, sollen*
мӧяк/и́й -а, -е, -і	*weich*
мӧясо *n.* -а	*Fleisch*
мӧяч *m.* -á, -í	*Ball*

Н н

на *Präp.*	*auf, an, in, nach, für, zu*
наближáти(-ся) I, наблúзити(-ся)	*näher bringen, sich nähern, nahen*
наве́рх, наверхý *Adv.*	*aufwärts, herauf; oben*
навесні́ *Adv.*	*im Frühling*
навíду/ватися I, навíдатися	*besuchen*
навíки *Adv.*	*auf ewig*
на́віть *Part.*	*sogar, selbst*
навíщо *Adv.*	*wozu, warum*
навкóло (навкругú) *Adv.*	*ringsum, um, herum*
навмúсн/ий -а, -е, -і; -о *Adv.*	*absichtlich, beabsichtigt*
навпакú *Adv.*	*umgekehrt, verkehrt; dagegen*
навчáльн/ий -а, -е, -і	*Studien-, Lehr-, Schul-, Unterrichts-*
навчáння *n.*	*Lernen, Studium; Ausbildung*
навчáти I, навчúти	*lernen, unterrichten*
навчáтися I, навчúтися	*studieren, lernen*
нагáду/вати I, нагадáти	*(sich) erinnern, zurückdenken*
нагóд/а *f.* -и	*Gelegenheit*
над *Präp.*	*über*
надáлі *Adv.*	*künftig, in Zukunft*
надве́чір *Adv.*	*gegen Abend*
надвóрі *Adv.*	*draußen*
надзвичáйн/ий -а, -е, -і	*außerordentlich*
надівáти I, надíти	*anziehen*
надí/я *f.* -ï	*Hoffnung*
на́дпис *m.* -у, -и	*Überschrift, Aufschrift, Titel*
на́дра *Pl.*	*das Innere, Schoß*
надсилáти I, надіслáти	*zuschicken, zusenden*
назáвждú *Adv.*	*auf (für) immer*
назáд *Adv.*	*rückwärts, zurück*
на́зв/а *f.* -и	*Benennung, Name, Titel*
називáти(ся) I, назвáти(ся)	*nennen, heißen*

називни́й (відм.) *Gram.*	*Nominativ*
нака́з *m.* -у, -и	*Befehl*
наказо́вий (спо́сіб) *Gram.*	*Imperativ*
нале́жати II *nur unv.*	*gehören*
на́мір *m.* -у, -и	*Absicht, Vorhaben*
на́пад *m.* -у, -и	*Überfall, Angriff*
напада́ти I, напа́сти	*angreifen, überfallen*
напа́м'ять *Adv.*	*auswendig*
напе́вне *Adv.; -*о *Schaltw.*	*sicher, bestimmt; wahrscheinlich*
напередо́дні *Adv.*	*tags zuvor, am Vortage*
наперекі́р *Adv.*	*zum Trotz*
напри́кінці *2 m.B. Adv.*	*am Ende, zum Schluss, zuletzt*
напри́клад *Schaltw.*	*zum Beispiel*
на́прям *m.* -у, -и	*Richtung*
нара́д/а *f.* -и	*Beratung, Konferenz*
наре́чен/а *f.;* -ий *m.*	*Verlobte*
наре́шті *Adv.*	*endlich, schließlich*
наро́д *m.* -у, -и	*Volk*
наро́дження *n.*	*Geburt*
наро́джу/вати I, народи́ти	*gebären, zur Welt bringen*
на́слід/ок *m.* -ку, -ки	*Folgerung; Ergebnis, Resultat*
наса́мперед *Adv.*	*vor allem, in erster Linie*
насе́лення *n.*	*Bevölkerung, Bewohnerschaft*
наскі́льки *Adv.*	*um wieviel*
наспра́вді *Adv.*	*in der Tat, in Wirklichkeit*
насті́льки *Adv.*	*so, soviel*
насту́пн/ий -а, -е, -і	*folgend, nächst*
на́товп *m.* -у, -и	*Menge*
натхне́нн/ий -а, -е, -і	*begeistert, hinreißend*
на́тяк *m.* -у, -и	*Andeutung, Anspielung*
на́фта *f.* -и	*Erdöl*
на́хил *m.* -у, -и	*Neigung, Veranlagung*
наш -а, -е, -і *Pron.*	*unser, unsere, unser, unsere*
нащáд/ок *m.* -ка, -ки	*Nachkomme, die kommende Generation*
не *Part.*	*nicht, kein*
небага́то *Adv.+Zahlw.*	*ein wenig, etwas*
небезпе́к/а *f.* -и	*Gefahr*
небезпе́чн/ий -а, -е, -і	*gefährlich*
не́б/о *n.* -а	*Himmel*
невда́л/ий -а, -е, -і	*misslungen*

невдя́чн/ий -а, -е, -і	*undankbar*
невели́к/ий -а, -е, -і	*nicht groß*
невесе́л/ий -а, -е, -і	*unlustig, nicht froh*
невже́ *Part.*	*wirklich?*
неві́дом/ий -а, -е, -і	*unbekannt*
неві́стк/а *f.* -и	*Schwiegertochter*
нево́ля *f.* -і	*Unfreiheit, Sklaverei*
невча́сн/ий -а, -е, -і	*nicht zur richtigen Zeit*
негара́зд *Adv.*	*nicht gut, schlecht*
неда́рма́ *Adv.*	*nicht ohne Grund, nicht umsonst*
неді́л/я *f.* -і	*Sonntag*
недо́лік *m.* -у, -и	*Fehler*
недоре́чн/ий -а, -е, -і	*unpassend, ungehörig*
незаба́ром *Adv.*	*bald, in Kürze*
незале́жн/ий -а, -е, -і	*unabhängig, selbständig*
незамі́жн/я *f.* -ьої, -і	*unverheiratet, ledig*
незважа́ючи (на) *Präp.*	*trotzdem, ungeachtet*
незвича́йн/ий -а, -е, -і	*ungewöhnlich, seltsam*
незго́д/а *f.* -и; -н/ий -а, -е, -і	*Uneinigkeit; nicht einverstanden*
незгра́бн/ий -а, -е, -і	*ungeschickt; grob*
незру́чн/ий -а, -е, -і	*unbequem; unpassend*
неймові́рн/ий -а, -е, -і	*unwahrscheinlich*
нема́(є) *unveränd.*	*es gibt nicht*
немо́в *Konj.*	*als, als ob, als wenn*
немовля́ *n.* -я́ти, -я́та	*Säugling, Baby*
неможли́в/ий -а, -е, -і	*unmöglich, unerträglich*
ненаголо́шен/ий (склад) -а, -е, -і	*unbetont (Silbe)*
ненаро́ком *Adv.*	*ohne Absicht, unabsichtlich*
нена́че (немо́в) *Konj.*	*als, als ob*
необхі́дн/ий -а, -е, -і	*notwendig, nötig*
неодмі́нн/ий -а, -е, -і	*unbedingt*
неозна́чен/ий -а, -е, -і	*unbestimmt*
неповто́рн/ий -а, -е, -і	*einmalig, eigenartig*
непого́да *f.* -и	*Unwetter*
непра́вильн/ий -а, -е, -і; -о *Adv.*	*unrichtig, falsch*
непривı́тн/ий -а, -е, -і; -о *Adv.*	*unfreundlich*
несподі́ван/ий *f.* -а, -е, -і; -о *Adv.*	*unerwartet*
несподі́ванк/а *f.* -и	*das Unerwartete, Überraschung*
нести́ I (носи́ти II), принести́	*tragen*
неха́й *Part.*	*lass, mag, möge*
нече́мн/ий -а, -е, -і	*unhöflich, unerzogen*

низьк/и́й -а, -е, -і; -о *Adv.* — *niedrig; gemein*
ніде́ *Adv.* — *nirgends*
ніж *m.* ножа́, ножі́ — *Messer*
ніж *Konj.* — *als*
ні́жн/ий -а, -е, -і; -о *Adv.* — *zärtlich, liebevoll*
ніза́що *Adv.* — *auf keinen Fall, um keinen Preis*
ні́коли (мені́) — *ich habe keine Zeit*
ніко́ли *Adv.* — *niemals*
ніс *m.* но́са, носи́ — *Nase*
ніхто́ *Pron.* — *niemand*
ніч *f.* но́чі — *Nacht*
нов/и́й -а, -е, -і — *neu*
новин/а́ *f.* -и́, -и — *Neuigkeit*
новорі́чн/ий -а, -е, -і — *Neujahrs-, Silvesterabend*
новосі́лля *n.* — *Einzugsfeier*
ног/а́ *f.* -и́, -и — *Fuß, Bein*
но́жиці *Pl.* — *Schere*
но́мер *m.* -а, -и́ — *Nummer*
ночу/ва́ти I, переночува́ти — *übernachten, nächtigen*
нудьг/а́ *f.* -и́ — *Langeweile; Sehnsucht*
нудьгу/ва́ти I, занудьгува́ти — *sich langweilen; sich sehnen nach*
нул/ь *m.* -я́, -і́ — *Null*
нумеру/ва́ти I, занумерува́ти — *numerieren*
ня́нька *f.* -и — *Kinderfrau, Kindergärtnerin*

O o

о *Präp.* — *um*
обвинува́чу/вати I, обвинува́тити — *beschuldigen, anklagen*
обгово́рю/вати I, обговори́ти — *besprechen, beraten*
обдаро́ван/ий -а, -е, -і — *begabt*
обере́жн/ий -а, -е, -і — *vorsichtig, behutsam*
об'є́днан/ий -а, -е, -і — *vereinigt*
об'є́дну/вати I, об'єдна́ти — *vereinigen, vereinen*
оби́два, оби́дві *Zahlw.* — *beide, die beiden*
обі́д *m.* -у, -и — *Mittagessen*
обійма́ти I, обійня́ти — *umarmen*
обіця́нк/а *f.* -и — *Versprechen*
обіця́ти I, пообіця́ти — *versprechen*
обласн/и́й -а, -е, -і — *Gebiet-, Regional-*

о́бласт/ь *f.* -і	*Gebiet*
обли́ччя *n.*	*Gesicht*
обме́жен/ий -а, -е, -і	*beschränkt*
обмірко́ву/вати I, обміркува́ти	*bedenken, überlegen*
обов'язко́в/ий -а, -е, -і; -о *Adv.*	*obligatorisch, verbindlich; unbedingt*
о́браз *m.* -у, -и	*Gestalt, Bild*
обра́з/а *f.* -и	*Beleidigung*
о́бр/ій *m.* -ію, - ії	*Horizont*
обру́чк/а *f.* -и	*Ehering*
обста́вин/а *f.* -и	*Umstand*
о́бсяг *m.* -у, -и	*Umfang*
обу́рен/ий -а, -е, -і; -ня *n.*	*empört; Empörung*
обу́рю/вати(ся) I, обури́ти(ся)	*empören, sich empören*
оволодіва́ти I, оволоді́ти	*sich aneignen, in Besitz nehmen*
о́вочі *Pl.*	*Gemüse*
огір/о́к *m.* -ка́, -ки́	*Gurke*
о́гляд *m.* -у, -и	*Besichtigung; Übersicht*
огляда́ти I, огля́нути	*besehen*
оде́ржу/вати I, оде́ржати	*bekommen, erhalten*
оди́н, одна́, -не́, -ні́ *Zahlw.*	*ein, eins*
одина́дцять *Zahlw.*	*elf*
однина́ *Gram.*	*Einzahl, Singular*
одноча́сн/ий -а, -е, -і	*gleichzeitig*
одру́ження *n.*	*Heirat*
одру́жу/вати(-ся) I, одружи́ти(-ся)	*verheiraten, sich verheiraten*
оду́жу/вати I, оду́жати	*gesund werden*
о́дяг *m.* -у	*Kleidung*
одяга́ти(-ся) I, одягти́ (одягну́ти(-ся)	*anziehen, sich anziehen*
о́зеро *n.* -а, -е́ра	*See*
ознайо́млю/вати I, ознайо́мити	*bekannt machen*
означа́ти I	*bedeuten*
океа́н *m.* -у, -и	*Ozean*
о́ко *n.* -а, о́чі	*Auge*
окуля́ри *Pl.*	*Brille*
олів/е́ць *m.* -ця́, -ці́	*Bleistift*
ол/і́я *f.* -ії	*Öl*
ону́к *m.* -а, -и; -а *f.* -и	*Enkel; Enkelin*
ООН	*UNO*
о́пер/а *f.* -и	*Oper*
опи́су/вати I, описа́ти	*beschreiben*

опі́вдні (опо́лудні) *Adv.*	*mittags*
опі́вночі (ополу́но́чі) 2 *m.B.* *Adv.*	*um Mitternacht*
оповіда́ння *n.*	*Erzählung*
організо́ву/вати I, організува́ти	*organisieren*
ору́дний (відмі́нок) *Gram.*	*Instrumental*
ос/а́ *f.* -и́, -и	*Wespe*
освіт/а *f.* -и	*Bildung, Ausbildung*
осві́чен/ий -а, -е, -і	*gebildet*
осе́л/я *f.* -і	*Behausung, Wohnung*
осироті́/ти *nur v.*; -л/ий -а, -е -і	*verwaist, verwaisen*
осі́нн/ій -я, -є, -і	*herbstlich, Herbst-*
осно́в/а *f.* -и	*Grundlage*
основн/и́й -а, -е, -і	*hauptsächlich, grundlegend*
осо́б/а *f.* -и *Gram.*	*Person; 1., 2., 3. Person*
особи́ст/ий -а, -е, -і	*persönlich*
особли́в/ий -а, -е, -і; -ість *f.*	*besonders, eigenartig; Besonderheit*
оста́нн/ій -я, -є, -і	*letzter*
остато́чн/ий -а, -е, -і	*endgültig*
о́стр/ів *m.* -ова, -ови́	*Insel*
ось	*da, hier*
оха́йн/ий -а, -е, -і	*sauber*
охо́плю/вати I, охопи́ти	*umfassen*
охо́че *Adv.*	*gern, mit Vergnügen*
оці́нк/а *f.* -и	*Note; Bewertung*
оці́ню/вати I, оціни́ти	*bewerten, abschätzen*
очо́лю/вати I, очо́лити	*leiten, führen*
ощадка́с/а *f.* -и	*Sparkasse*
оща́длив/ий -а, -е, -і	*sparsam*

П п

па́горб *m.* -а, -и	*Hügel*
па́дати I, впа́сти	*fallen*
пала́ц *m.* -у, -и	*Palast*
па́л/ець *m.* -ьця, -ьці	*Finger*
пальт/о́ *n.* -а́, -а	*Mantel*
пам'ята́ти I, запам'ята́ти	*erinnern*
па́м'ять *f.* -і	*Gedächtnis*
пан *m.* -а, -и́	*Herr*

па́ні *f. undekl.*	*Frau*
пап/і́р *m.* -е́ру, -е́ри	*Papier*
па́пк/а *f.* -и	*Mappe*
па́р/а *f.* -и	*Dampf; Paar*
парасо́льк/а *f.* -и	*Regenschirm*
парк *m.* -у, -и	*Park*
парка́н *m.* -а́ (-у), -и	*Zaun*
парово́з *m.* -а, -и	*Lokomotive*
паропла́в *m.* -а, -и	*Dampfer*
па́рта *f.* -и	*Schulbank*
па́рт/ія *f.* -ії	*Partei; Partie*
па́руб/ок *f.* -ка, -ки́	*Bursche*
па́спорт *m.* -а, -и	*Pass*
па́хнути I, запа́хнути	*riechen, duften*
пе́вне *Schaltw.*	*wohl, wahrscheinlich*
пе́вн/ий -а, -е, -і	*überzeugt, sicher, gewiss*
пе́нс/ія *f.* -ії	*Rente, Ruhestand*
перебува́ння *n.*	*Aufenthalt, Zustand*
переваг/а *f.* -и	*Vorzug, Vorrang, Vorrecht*
перева́жн/ий -а, -е, -і	*vorwiegend, überwiegend*
переві́рк/а *f.* -и	*Prüfung, Kontrolle*
переві́ряти I, переві́рити	*überprüfen, kontrollieren*
перегляда́ти I, перегля́нути	*durchsehen*
переговори *Pl.*	*Verhandlungen*
перегорта́ти I, перегорну́ти	*umwenden*
пе́ред *Präp.*	*vor*
переда/ва́ти I, переда́ти	*übergeben; mitteilen*
переда́ч/а *f.* -і	*Sendung, Wiedergabe*
передбача́ти I, передба́чити	*voraussehen*
передмі́стя *n.*	*Vorstadt*
передмо́в/а *f.* -и	*Vorwort*
пере́дн/ій -я, -є, -і	*vordere, Vorder-*
передпла́т/а *f.* -и	*Abonnement*
передусі́м *Adv.*	*vor allem*
передча́сн/ий -а, -е, -і	*vorzeitig*
передчува́ти I, передчу́ти	*ahnen*
пережива́ти I, пережи́ти	*erleben, überleben*
переказу/вати I, переказа́ти	*nacherzählen*
пере́клад *m.* -у, -и	*Übersetzung*
переклада́ти I, перекла́сти	*übersetzen*
переклада́ч *m.* -а́, -і́	*Übersetzer, Dolmetscher*

перекóнан/ий -а, -е, -і	*überzeugt*
перекóну/вати I, переконáти	*überzeugen, überreden*
перемóг/а *f.* -и	*Sieg, Gewinn*
перемагáти I, перемогтú	*siegen, besiegen, überwinden*
перепúсу/вати I, переписáти	*umschreiben, abschreiben*
перепли/вáти I, перепливтú (переплистú)	*überschwemmen*
перепóвнен/ий -а, -е, -і	*überfüllt, vollgestopft*
перéрв/а *f.* -и	*Unterbrechung; Pause*
перех/íд *m.* -óду, -óди	*Übergang*
перехóдити II	*übergehen*
перечúту/вати I, перечитáти	*nochmals lesen*
перíод *m.* -у, -и	*Zeitraum, Zeitspanne*
пер/ó *n.* -á, -а	*Feder*
перóн *m.* -у, -и	*Bahnsteig*
пéрш/ий -а, -е, -і *Zahlw.*	*erster*
пéчиво *n.* -а	*Gebäck, Keks*
пóёса *f.* -и	*Theaterstück, Schauspiel*
пúльн/ий -а, -е, -і	*aufmerksam, scharf*
пир/íг *m.* -огá, -огú	*Kuchen*
писáти I, написáти	*schreiben*
писéмн/ий -а, -е, -і	*schriftlich*
письмéнник *m.* -а, -и	*Schriftsteller*
письмóв/ий -а, -е, -і	*schriftlich*
питáльн/ий -а, -е, -і	*fragend, Frage-*
питáння *n.*	*Frage*
питáти I, запитáти	*fragen*
пúти I, вúпити	*trinken*
півгодúни	*eine halbe Stunde*
півден/ий -а, -е, -і	*südlich, Süd-*
пíвд/ень *m.* -ня, -ні	*Süd(en); Mittag*
пíвн/іч *m.* -очі	*Nord(en); Mitternacht*
північн/ий -а, -е, -і	*Nord-, nördlich*
піврóку	*ein halbes Jahr*
півторá	*eineinhalb, anderthalb*
під *Präp.*; під час	*unter; vor; während*
пíдданство *n.* -а	*Staatsbürgerschaft, Staatsangehörigkeit*
підзéмн/ий -а, -е, -і	*unterirdisch*
підóзд *m.* -у, -и	*Treppe, Stiege, Eingang*
підкрéслю/вати I, підкрéслити	*unterstreichen*

пі́дмет *m.* -а, -и *Gram.*	*Subjekt*
піднімáти (підіймáти) I, підня́ти	*aufheben*
пі́дпис *m.* -у, -и	*Unterschrift*
підпи́су/вати I, підписáти	*unterschreiben*
підприє́мство *n.* -а	*Unternehmen, Betrieb*
підру́чник *m.* -а, -и	*Lehrbuch*
підря́д *Adv.*	*nacheinander*
підря́дн/ий -а, -е (ре́чення), -і *Gram.*	*abhängig, untergeordnet, Nebensatz*
підстáв/а *f.* -и	*Grund*
підтвéрдження *n.*	*Bestätigung*
підтвéрджу/вати I, підтверди́ти	*bestätigen*
підтри́мка *f.* -и	*Unterstützung*
підтри́му/вати I, підтри́мати	*unterstützen*
підхóдити II	*herantreten, sich nähern*
підчáс *Präp.*	*während*
пізна/вáти I, пізнáти	*erkennen*
пі́зн/ій -я, -є, -і; пі́зно *Adv.*	*spät*
піклу/вáтися I, попіклувáтися	*sorgen*
пі́сля *Präp.*	*nach*
післязáвтра (позавтра) *Adv.*	*übermorgen*
пі́сн/я *f.* -і, -í	*Lied*
піти́ v. (іти́)	*gehen*
піч *f.* пéчі	*Backofen*
пі́шки *Adv.*	*zu Fuß*
плáт/а *f.* -и	*Zahlung, Bezahlung, Lohn*
плати́ти II, заплати́ти	*zahlen, bezahlen*
платі́вк/а *f.* -и	*Platte*
плащ *m.* -á, -í	*Regenmantel*
плекáти I, ви́плекати	*hegen, pflegen*
плéм/я *n.* -ені, -енá	*Stamm*
плеч/é *n.* -á, -і	*Schulter*
пливти́ (плисти́) I, перепливти́	*schwimmen*
плі́дн/ий -а, -е, -і	*fruchtbar, produktiv*
плóщ/а *f.* -і	*Fläche, Platz*
пля́шк/а *f.* -и, -й	*Flasche*
по *Präp.*	*auf, über, in, durch*
побажáння *n.*	*Wunsch*
побáчення *n.*	*Wiedersehen*
побáчити v.	*erblicken, sehen*
поблизу́ *Adv.*	*in der Nähe*

побра́тися *v.*	*sich verheiraten*
побува́ти *v.*	*besuchen*
пова́г/а *f.* -и	*Achtung, Respekt*
поважа́ти I	*achten, ehren, respektieren*
поведі́нк/а *f.* -и	*Verhalten, Benehmen*
пове́рнення *n.*	*Rückkehr*
поверта́тися I, поверну́тися	*sich umdrehen; zurückkehren*
по́верх *m.* -у, -и	*Stock, Etage*
повз *Präp.*	*vorbei, vorüber*
повідо́млення *n.*	*Mitteilung, Nachricht*
пови́н/ен -на, -не, -ні *Präd.*	*man muss, man soll*
пові́льн/ий -а, -е, -і	*langsam*
по́віст/ь *f.* -і	*Novelle, Erzählung*
пові́тря *n.*	*Luft*
по́вн/ий -а, -е, -і	*voll, gefüllt*
по́вністю *Adv.*	*vollständig; ganz*
пово́лі *Adv.*	*langsam*
повто́рн/ий -а, -е, -і	*wiederholen*
пога́н/ий -а, -е, -і	*schlecht, schlimm*
по́гляд *m.* -у, -и	*Blick; Meinung*
пого́д/а *f.* -и	*Wetter*
пого́джу/ватися I, пого́дитися	*einwilligen, einverstanden sein*
подарува́ти *v.*	*schenken*
подару́н/ок *m.* -ка, -ки	*Geschenk*
подві́р'я *n.*	*Hof*
поді́/я *f.* -ї	*Ereignis*
подо́батися I, сподо́батися	*gefallen*
по́дорож *f.* -і	*Reise*
подорожува́ти I	*reisen*
подро́биц/я *f.* -і	*Einzelheit, Detail*
по́друг/а *f.* -и	*Freundin*
подружи́тися *v.*	*sich befreunden*
подя́к/а *f.* -и	*Dankbarkeit*
пое́м/а *f.* -и	*Ballade, Gedicht*
пое́т *m.* -а, -и	*Dichter*
позавчо́ра *Adv.*	*vorgestern*
поза́ду *Adv.*	*hinter*
поздоро́вити *v.*	*beglückwünschen*
поздоро́влення *n.*	*Glückwunsch*
по́їзд *m.* -а, -и	*Zug*
пої́здк/а *f.* -и	*Fahrt, Reise*

показу/вати I, показати	*zeigen, aufweisen*
поколíння *n.*	*Generation*
покýпк/а *f.* -и	*Kauf*
пóл/е *n.* -я, -я́	*Feld*
полúця *f.* -i	*Regal, Fach*
полíпшу/вати I, полíпшити	*verbessern*
пол/íт *m.* -ьóту, -ьóти	*Flug*
полíтик/а *f.* -и	*Politik*
половúн/а *f.* -и	*Hälfte*
полóження *n.*	*Lage*
полонúн/а *f.* -и	*Hochtal*
пóлумя́ *n.*	*Flamme*
пóлюс *m.* -а, -и́	*Pol*
помагáти I, помогтú	*helfen*
помáлу *Adv.*	*nach und nach, allmählich*
пóмúлк/а *f.* -и	*Fehler, Irrtum*
помилкóв/ий -а, -е, -і	*falsch, irrtümlich*
помиля́тися I, помилúтися	*sich irren*
помідóр *m.* -а, -и	*Tomate*
помíж *Präp.*	*zwischen*
помічáти I, помíтити	*bemerken, anmerken*
пóнад *Präp.*	*über, mehr als*
понедíл/ок *m.* -ка, -ки	*Montag*
поня́ття *n.*	*Begriff, Idee*
попереджáти I, попередити	*vorher mitteilen; warnen*
попередн/ій -я, -є, -і; попéреду *Präp.*	*vorherig, vorhergehend; vorn*
пор/á *f.* -и́, -и	*Zeit, Jahreszeit*
порáд/а *f.* -и	*Rat, Ratschlag*
порíвню/вати I, порівня́ти	*vergleichen*
порíвнювання *n.*; стýпені	*Vergleich; Steigerungsstufen*
порівня́ння *Gram.*	
порóжн/ій -я, -є, -і	*leer*
порт *m.* -у, -и́	*Hafen*
портрéт *m.* -а, -и	*Bild, Porträt*
портфéл/ь *m.* -я, -і	*Aktentasche*
пóруч *Adv.*	*nebenan, nebeneinander*
порýшення *n.*	*Verletzung, Verstoß*
порýшу/вати I, порýшити	*verletzen, übertreten; anschneiden*
порядкóв/ий -а, -е, -і *Gram.*	*Ordnungs-, Ordnungszahlwort*
пóст/іль *f.* -éлі	*Bett*
поступáтися I, поступúтися	*verzichten*

по́суд *m.* -у	*Geschirr*
по́тім *Adv.*	*dann, nachher, später*
потрапля́ти I, потра́пити	*hingeraten*
потре́б/а *f.* -и	*Bedürfnis*
потрі́бн/ий -а, -е, -і	*nötig; notwendig, erforderlich*
по́тяг -а, -и; -у	*Zug; Neigung*
похи́л/ий -а, -е, -і (вік)	*hohes Alter*
похідн/и́й -а, -е, -і *Gram.*	*abgeleitet*
похму́р/ий -а, -е, -і	*finster; bewölkt*
похова́ти *v.*	*verstecken; begraben, beerdigen*
похо́дження *n.*	*Abstammung, Herkunft*
поча́т/ок *m.* -ку, -ки	*Anfang, Beginn, Start*
почува́ти (себе́) I	*sich fühlen, empfinden*
почуття́ *n.*	*Gefühl, Sinn*
почина́ти I, поча́ти	*anfangen, beginnen*
поша́н/а *f.* -и	*Respekt, Achtung*
по́шт/а -и	*Post*
поя́в/а *f.* -и	*Erscheinung, Auftreten*
поя́снення *n.*	*Erklärung*
поясню/вати I, поясни́ти	*erklären*
пра́вд/а *f.* -и; -и́вий -а, -е, -і	*Wahrheit, Gerechtigkeit; wahrhaftig, echt*
пра́в/ий -а, -е, -і	*recht*
пра́вил/о *n.* -а	*Regel*
пра́вильн/ий -а, -е, -і; -о! *Adv.*	*richtig, korrekt; das stimmt!*
пра́в/ити II	*verbessern; regieren; steuern*
правлі́ння *n.*	*Vorstand; Regierung*
пра́в/о *f.* -а, -а́	*Recht; Befugnis*
право́пис *m.* -у, -и	*Rechtschreibung*
право́руч *Adv.*	*rechts*
пра́гнення *n.*	*Streben*
пра́гнути I	*streben*
пра́ктик/а *f.* -и	*Praxis; Praktikum*
практи́чн/ий -а, -е, -і	*praktisch*
пра́пор *m.* -у, -и́	*Flagge, Fahne*
працю/ва́ти I, попрацюва́ти	*arbeiten*
пра́ц/я -і; -ьови́тий -а, -е, -і	*Arbeit; fleißig, arbeitsam*
предме́т *m.* -а, -и	*Gegenstand, Sache, Ding*
представля́ти I, предста́вити	*vorstellen, bekannt machen*
представни́к *m.* -а́, -и́	*Vertreter, Repräsentant*
президе́нт *m.* -а, -и	*Präsident*

премёр/а *f.* -и (театр.)   *Premiere*
пре́фікс *m.* -у, -и *Gram.*   *Präfix*
при *Präp.*   *bei, an, unter*
прибува́ти I, прибу́ти   *ankommen*
прива́блив/ий -а, -е, -і   *anziehend, attraktiv*
прива́блю/вати I, прива́бити   *anziehen, hinreißen*
при́в/ід *m.* -оду, -оди   *Anlass, Vorwand*
приві́т *m.* -у, -и   *Gruß*
приво́дити II, привести́   *führen, bringen*
приго́д/а *f.* -и; -ницьк/ий -а, -е, -і   *Abenteuer; abenteuerlich*
приголо́мшу/вати I, приголо́мшити   *erschüttern; frappieren*
при́голосн/ий -а, -е, -і *Gram.*   *Konsonant*
придба́ти *v.*   *erwerben, kaufen*
прие́мн/ий -а, -е, -і   *angenehm*
призна́ння *n.*   *Anerkennung; Geständnis*
приї́ждж/ий -а, -е, -і   *Angereiste*
приї́зд *m.* -у, -и   *Ankunft*
приї́хати *v.*   *ankommen*
прийма́ти I, прийня́ти   *empfangen, auf(ein)nehmen*
прийме́нник *m.* -а, -и *Gram.*   *Präposition*
при́клад *m.* -у, -и   *Beispiel, Muster*
прикме́тник -а, -и *Gram.*   *Adjektiv*
примі́тк/а *f.* -и   *Anmerkung, Erläuterung*
примі́щення *n.*   *Raum, Lokal*
приму́шу/вати I, приму́сити   *zwingen, nötigen*
при́мх/а *f.* -и   *Laune*
прина́д/а *f.* -и   *Verlockung, Köder*
прина́ймі *Schaltw.*   *wenigstens, zumindest*
припиня́ти I, припини́ти   *aufhören*
припуска́ти I, припусти́ти   *annehmen, vermuten*
приро́д/а *f.* -и   *Natur*
присвійний (займе́нник) *Gram.*   *Possessivpronomen*
прислі́вник *m.* -а, -и *Gram.*   *Adverb*
при́суд/ок *m.* -ка, -ки *Gram.*   *Prädikat*
причи́н/а *f.* -и   *Ursache, Grund*
причі́су/вати(ся) I, причеса́ти(ся)   *sich kämmen*
при́ятел/ь *m.* -я, -і   *Freund*
про *Präp.*   *über, von, für, um*
пробача́ти I, проба́чити   *entschuldigen, verzeihen*
проба́чення *n.*   *Entschuldigung, Verzeihung*
пробле́м/а *f.* -и   *Problem, Frage*

провóдити II	*führen, durchführen; verbringen*
прода/вáти I, продáти	*verkaufen*
продав/éць *m.* -я́, -í	*Verkäufer*
продóвжу/вати(ся) I, продóвжити(ся)	*fortfahren, fortsetzen; andauern*
прóм/інь *m.* -еня, -ені	*Strahl*
промóв/а *f.* -и	*Rede, Ansprache*
пропону/вáти I, запропонувáти	*anbieten, vorschlagen*
просúти II, попросúти	*bieten, ersuchen*
простирáдло *n.* -а	*Bettuch, Leintuch, Laken*
прóст/ір *m.* -óру, -óри	*Raum, Weite*
прóсто *Adv.*	*einfach*
простóр/ий -а, -е, -і	*geräumig, weit*
простýд/а *f.* -и	*Erkältung*
прóсьб/а *f.* -и (прохáння)	*Bitte, Anliegen, Ersuchen*
протé *Konj.*	*doch, aber*
прóти *Präp.*	*gegen*
протилéжн/ість *f.* -ості	*Gegensatz, Gegenteil*
прóтягом *Adv. + Präp.*	*während*
профéс/ія *f.* -ії	*Beruf*
прохáння *n.*	*Bitte, Anliegen*
прохáти (просúти) I, попрохáти	*bitten, ersuchen*
прох/íд *m.* -óду, -óди	*Durchgang*
прохолóд/а *f.* -и	*Kühle, Frische*
проявля́ти I, проявúти	*zeigen, bekunden*
прям/úй -а, -е, -і; -о *Adv.*	*gerade, aufrecht; geradeaus*
псу/вáти I, попсувáти	*verderben*
птах *m.* (птáшк/а *f.* - и, -й) -а, -й	*Vogel*
пуст/úй -а, -е, -і	*leer*
пшенúц/я *f.* -і	*Weizen*
пóятниц/я *f.* -і	*Freitag*

P p

рáд/а *f.* -и (верхóвна)	*Parlament, Rat*
рáд/ий -а, -е, -і	*froh, erfreut*
рáдити II, порáдити	*raten, empfehlen*
рáдісн/ий -а, -е, -і	*froh, freudig*
радíти I, зрадíти	*sich freuen*
рáдо *Adv.*	*gastfreundlich, herzlich*
рáдощі *Pl.*	*Freude*

радя́нськ/ий -а, -е, -і	*sowjetisch, Sowjet-*
раз	*Mal, eins*
ра́зом *Adv.*	*zusammen, gemeinsam; gleichzeitig*
райо́н *m.* -у, -и	*Bezirk, Gebiet*
рак *m.* -а, -и; -у *Medizin.*	*Krebs*
раке́тн/ий -а, -е, -і	*Raketen-*
ра́м/а *f.* -и	*Rahmen*
ра́н/а *f.* -и	*Wunde*
ра́нити II, пора́нити	*verwunden, verletzen*
рані́ше *Adv. (Komp. von* рано)	*früher, bevor, ehemals*
ранко́в/ий -а, -е, -і	*Morgen-, Früh-, morgendlich*
ра́нн/ій -я, -є, -і	*früh, frühzeitig*
ра́но *Adv.*	*früh*
ра́н/ок *m.* -ку, -ки	*Morgen*
рапто́в/ий -а, -е, -і	*plötzlich, unerwartet*
ра́птом *Adv.*	*plötzlich, auf einmal*
раху/ва́ти I, порахува́ти	*zählen, rechnen*
раху́н/ок *m.* -ка (-ку), -ки	*Konto, Rechnung*
рев/і́ти I, ревти́	*brüllen, heulen*
результа́т *m.* -а, -и	*Ergebnis*
рейс *m.* -у, -и	*Fahrt, Route*
рекоменда́ц/ія *f.* -ії	*Empfehlen, Empfehlung*
рекоменду/ва́ти I, відрекомендува́ти	*empfehlen, vorstellen*
респу́блік/а *f.* -и	*Republik*
рестора́н *m.* -у, -и	*Restaurant, Gaststätte*
рефо́рм/а *f.* -и	*Reform*
ре́чення *n. Gram.*	*Satz*
ре́шт/а *f.* -и	*Rest*
ри́б/а *f.* -и	*Fisch*
риба́к *m.* -а́, -и́ (риба́лка *m .+ f.* -и)	*Fischer*
ризику/ва́ти I, ризикну́ти	*riskieren*
ри́н/ок *m.* -ку, -ки	*Markt*
ри́ск/а *f.* -и	*Strich, Bindestrich*
рі́в/ень *m.* -ня, -ні	*Niveau, Ebene*
рі́вн/ий -а, -е, -і	*gleich, eben*
ріг *m.* ро́гу, ро́ги	*Horn, Ecke*
рід *m.* ро́ду, роди́	*Geschlecht; Generation; Genus*
рідк/и́й -а, -е, -і; рі́дко *Adv.*	*flüssig, selten, licht; selten*
рі́дн/ий -а, -е, -і	*verwandt, eigen, leiblich, nahe*
рідня́ *f.* -і	*Verwandtschaft*

рíзати I, нарíзати	*schneiden*
Різдвó *n.* -á	*Weihnachten*
рíзк/ий -а, -е, -і	*heftig, hastig*
рíзн/ий -а, -е, -і	*verschieden; unterschiedlich*
різнобíчн/ий -а, -е, -і	*vielseitig*
різноманíтн/ий -а, -е, -і	*mannigfaltig, vielfältig*
різносторóнн/ій -я, -є, -і	*vielseitig*
рік *m.* рóку, рóкú	*Jahr*
рік/á (рíчк/а) *f.* -й, -и	*Fluss*
ріст *m.* рóсту	*Wachsen, Wachstum*
річ *f.* рéчі	*Ding, Sache*
річн/ий -а, -е, -і	*jährlich, Jahres-*
рíшення *n.*	*Entscheidung, Beschluss*
рішýч/ий -а, -е, -і	*entschlossen, entscheidend*
робити II, зробити	*machen, tun*
робітнúк *m.* -á, -ú	*Arbeiter*
робóт/а *f.* -и	*Arbeit, Werk*
родúн/а -и	*Familie*
родúти(ся) II, народúти(ся)	*gebären, geboren werden*
рóдич *m.* -а, -і	*Verwandte*
родóвий (відмíнок) *Gram.*	*Genitiv*
рожéв/ий -а, -е, -і	*rosa, rosig*
розбудúти *v.*	*aufwecken*
розвáг/а -и	*Unterhaltung, Amüsement*
розважáти(ся) I	*unterhalten, amüsieren*
розвивáти(ся) I, розвúнути(ся)	*entwickeln, sich entwickeln*
рóзвит/ок *m.* -ку	*Entwicklung*
рóзгляд *m.* -у, -и	*Betrachtung, Untersuchung*
розгортáти I, розгорнýти	*entfalten, öffnen*
розгýблю/вати(ся) I, розгубúти(ся)	*verlieren, verwirrt sein*
рóзділ *m.* -у, -и	*Teilung, Aufteilung; Teil*
розділóвий (знак, спол.) *Gram.*	*teilend, disjunktiv, Disjunktion*
роздорíжжя *n.*	*Kreuzweg, Kreuzung*
роздратóву/вати(ся) I, роздратувáти(ся)	*reizen; sich aufregen, sich ärgern*
роздратувáння *n.*	*Reiz, Gereiztheit, Erregung*
роздягáльня *f.* -і	*Garderobe*
розкáзувати I, розказáти	*erzählen, berichten*
рóзквіт *m.* -у	*Blüte, Blühen; Aufschwung*
рóзк/іш *m.* -оші, -óші	*Luxus, Pracht*
розкíшн/ий -а, -е, -і	*prächtig, luxuriös; üppig*

ро́зклад *m.* -у, -и	*Plan, Verzeichnis*
розлу́к/а *f.* -и	*Trennung, Scheiden*
розлуча́ти(ся) I, розлучи́ти(ся)	*trennen, sich trennen*
розлу́чення *n.*	*Scheidung*
ро́змір *m.* -у, -и	*Ausmaß, Maßstab, Dimension*
розмо́в/а -и	*Gespräch, Unterhaltung*
розмовля́ти I *nur unv.*	*reden, sprechen*
розмо́вн/ий -а, -е, -і	*Umgangs- (Sprache)*
ро́зпач *m.* -у	*Verzweiflung*
розпи́ск/а *f.* -и	*Quittung*
розповіда́ти I, розпові́сти́ *2 m.B.*	*erzählen, berichten*
ро́зповід/ь *f.* -і	*Erzählen, Erzählung*
розрізня́ти I, розрізни́ти	*unterscheiden, erkennen*
розташо́ву/вати(ся) I, розташува́ти(ся)	*anordnen; liegen*
ро́зум *m.* -у, -и	*Verstand, Vernunft, Sinn*
розу́мн/ий -а, -е, -і	*klug, gescheit*
розчиня́ти I, розчини́ти	*öffnen, aufmachen; auflösen*
розчу́лен/ий -а, -е, -і	*gerührt*
розчу́лю/вати(ся) I, розчу́лити(ся)	*rühren, erregen; gerührt sein*
роль *f.* -і	*Rolle*
рома́н *m.* -у, -и	*Roman; Verhältnis*
рос/а́ *f.* -и́, -и	*Tau*
росі́йськ/ий -а, -е, -і	*russisch*
росія́нин *m.* -а, росія́ни	*Russe*
росія́нка *f.* -и	*Russin*
росли́н/а *f.* -и	*Pflanze*
рости́ I, ви́рости	*wachsen*
рот *m.* -а, -и́	*Mund*
руд/и́й -а, -е, -і	*rot, rothaarig*
руйнува́/ння *n.*; -ти I, зруйнува́ти	*Zerstörung; zerstören*
рук/а́ *f.* -и	*Hand*
рукави́ц/я *f.* -і	*Fausthandschuh*
руко́пис *m.* -у, -и	*Handschrift, Manuskript*
руся́в/ий -а, -е, -і	*dunkelblond*
рух *m.* -у, -и	*Bewegung*
ру́хати(ся) I	*bewegen, sich bewegen*
руша́ти I, ру́шити	*sich bewegen, sich rühren*
рушни́к *f.* -а́, -и́	*Handtuch*
ряд *m.* -у, -и́	*Reihe*
ряту/ва́ти I, врятува́ти	*retten, erretten*
ряту́н/ок *m.* -ку, -ки	*Rettung*

C c

сад (сад/о́к) *m.* -у, -и́; -ка́, -и́	*Garten; Kindergarten*
са́ло *n.* -а	*Speck*
сам (сама́, само́, самі́) *Pron.*	*selbst, selber*
са́ме *Adv.+Part.*	*gerade, eben*
са́мий (той са́мий) *Pron.*	*selbst, derselbe*
самі́тн/ій (само́тн/ій) -я, -є, -і	*einsam; unverheiratet, alleinstehend*
самі́тн/ість *f.* -ості	*Einsamkeit*
самобу́тн/ій -я, -є, -і	*eigenartig, originell*
самовпе́внен/ий -а, -е, -і	*selbstbewusst, selbstsicher*
самообслуго́вування *n.*	*Selbstbedienung*
самопочуття́ *n.*	*Befinden*
самості́йн/ий -а, -е, -і	*selbständig, unabhängig*
сваві́лля (сва́воля) *n.*	*Eigenwille, Willkür*
свар/и́тися II, посвари́тися	*sich zanken, sich streiten*
сва́рк/а *f.* -и, -и́	*Streit*
све́к/ор *m.* -ра, -ри	*Schwiegervater*
свекру́х/а *f.* -и	*Schwiegermutter*
сві́д/ок *m.* -ка, -ки	*Zeuge, Augenzeuge*
сві́до́м/ий -а, -е, -і	*bewusst, bedacht*
свідо́цтво *n.* -а	*Bescheinigung, Zeugnis*
сві́дч/ити II, засві́дчити	*zeugen, bezeugen*
сві́ж/ий -а, -е, -і	*frisch, neu*
свій (своя́, своє́, свої́) *Pron.*	*mein, dein*
світ *m.* -у, -и́	*Welt, Weltall*
світа́н/ок *m.* -ку, -ки	*Morgendämmerung*
світи́ти II, засвіти́ти	*leuchten, scheinen*
сві́тл/ий -а, -е, -і	*hell, klar*
світоволо́с/ий -а, -е, -і	*hellblond*
світов/и́й -а, -е, -і	*Welt-, weltweit*
світо́гляд *m.* -у, -и	*Weltanschauung*
сві́чк/а *f.* -и, -и́	*Kerze*
свобо́д/а *f.* -и	*Freiheit*
свят/и́й -а, -е, -і	*heilig*
святко́в/ий -а, -е, -і	*festlich*
свя́то *n.* -а	*Feiertag*
себе́ *Pron.*	*sich*
село́ (се́лище) *n.* -а́, -а	*Dorf*
селяни́н *m.* -а, селя́нк/а *f.* -и, селя́ни	*Bauer, Bäuerin*
семе́стр *m.* -у, -и	*Semester*

семіна́р *m.* -у, -и	*Seminar*
сердє́чн/ий -а, -е, -і; -ість *f.*	*herzlich, Herz-; Herzlichkeit*
серди́т/ий -а, -е, -і	*böse, zornig*
серди́тися II, розсерди́тися	*böse sein, sich ärgern*
сє́ред *Präp.*	*mitten; unter*
серед/а́ *f.* -и́, -и	*Mittwoch*
середи́н/а *f.* -и	*Mitte*
серє́дн/ій -я, -є, -і	*Mittel-, mittler; mittelmäßig; sächlich*
середо́вищ/е *n.* -а	*Umwelt; Umgebung; Milieu*
серйо́зн/ий -а, -е, -і	*ernst, ernsthaft; wichtig*
серп *m.* -а́, -и́	*Sichel*
серпа́н/ок *m.* -ку (ка), -ки	*Mull; Dunst; Kopfbedeckung*
сє́рп/ень *m.* -ня, -ні	*August*
сє́рц/е *n.* -я, -я́	*Herz*
сестр/а́ *f.* -и́ -и	*Schwester*
си́в/ий -а, -е, -і	*grau, weiß*
сиві́ти I, посиві́ти	*ergrauen, grau werden*
сиді́ти II, посиді́ти	*sitzen*
си́л/а *f.* -и	*Kraft, Stärke*
силку/ва́тися I	*sich bemühen, sich anstrengen*
силомі́ць *Adv.*	*mit Gewalt*
си́льн/ий -а, -е, -і	*stark, kräftig*
син *m.* -а, -и́	*Sohn*
си́н/ій -я, -є, -і	*blau*
сино́нім *m.* -а, -и; -і́чн/ий -а, -е, -і	*Synonym; synonym*
си́нтаксис *m.* -у, -и	*Syntax*
сир *m.* -у, -и́	*Käse, Quark*
сир/и́й -а, -е, -і	*feucht; roh*
сировина́ *f.* -и	*Rohstoff*
сирот/а́ *f.*+ *m.* -и́, -и	*Weise*
систє́м/а *f.* -и	*System*
ситуа́ц/ія *f.* -ії	*Situation, Lage*
сіда́ти I, сі́сти	*sich setzen*
сік *m.* со́ка, со́ки	*Saft*
сіль *f.* со́лі	*Salz*
сільськ/и́й -а, -е, -і	*Dorf-, Land-*
сімʼя́ *f.* сімʼя́, сімʼя́	*Familie*
сі́р/ий -а, -е, -і	*grau*
сірни́к *m.* -а́, -и́	*Streichholz, Zündholz*
сі́ч/ень *m.* -ня, -ні	*Januar*

сказа́ти *v.*	*sagen*
ска́рг/а *f.* -и	*Klage, Beschwerde*
ска́рж/итися II, поска́ржитися	*klagen*
скасо́ву/вати I, скасува́ти	*abschaffen, aufheben, annulieren*
ска́терк/а *f.* -и; (скатерти́на)	*Tischdecke, Tischtuch*
скéля *f.* -і	*Felsen*
ски́бк/а *f.* -и, -й	*Schnitte, Scheibe*
скі́льки *Pron.*	*wieviel*
склад *m.* -у, -и; -й *Gram.*	*Lager; Körperbau; Silbe; Verfassung;*
склада́ти I, скла́сти	*zusammenlegen; verfassen; ablegen*
склада́тися I, скла́стися	*sich zusammensetzen; bestehen; addieren*
скла́ден/ий (при́судок) *Gram.*	*ein zusammengesetztes Prädikat*
складн/и́й -а, -е, -і; (рéчення) *Gram.*	*kompliziert; zusammengesetzter Satz*
складнопідря́дн/ий -а, -е, -і (рéчення)	*Satzgefüge*
складносуря́дн/ий -а, -е, -і (рéчення)	*Satzverbindung*
скл/о *n.* -á	*Glas (Stoff)*
скля́нк/а -и, -й	*Glas (Gefäß)*
скó́ïти(ся) *v.*	*machen; geschehen, passieren*
скóр/ий -а, -е, -і; скóро *Adv.*	*schnell, rasch*
скориста́тися *nur v.*	*ausnutzen, benutzen*
скорóчення *n.*	*Verkürzung, Abkürzung; Verringerung*
скорóчу/вати I, скороти́ти	*kürzen*
скрізь *Adv.*	*überall*
скру́т/а *f.* -и	*Schwierigkeiten, Notlage*
скру́тн/ий -а, -е, -і	*schwierig, schwer*
слаб/и́й -а, -е, -і; (слабки́й)	*krank; schwach*
сла́в/а *f.* -и	*Ruhm, Ehre*
славéтн/ий -а, -е, -і	*berühmt, ruhmreich*
сла́в/ити(ся) II, просла́вити(ся)	*rühmen, berühmt sein*
сли́в/а *f.* -и	*Pflaume, Zwetschge*
слизьк/и́й -а, -е, -і	*rutschig, schlüpfrig*
слід *m.* -у, -й	*Spur; man muss, es ist nötig*
слідку/ва́ти I, прослідкува́ти	*folgen, verfolgen; aufpassen*
сліп/и́й -а, -е, -і; *m.*	*blind; Blinde*
словни́к *m.* -á, -й	*Wörterbuch, Lexikon; Wortschatz*
слóв/о *n.* - а, -á	*Wort, Rede*
слово/змі́н/а *f.* -и; -тві́р *Gram.*	*Beugung; Wortbildung*
словя́н/и́н *m.* -а; -к/а *f.*-и, словя́ни	*Slawe, Slawin*

словя́нськ/ий -а, -е, -і	*slawisch*
слон *m.* -а́, -и́	*Elefant*
слу́жб/а *f.* -и; -о́в/ець *m.* -ця, -ці	*Amt, Dienst; Angestellte*
служи́ти II, прослужи́ти	*dienen*
слух *m.* -у, -и	*Gehör; Gerücht*
слу́хати I, ви́слухати	*hören, zuhören*
слухня́н/ий -а, -е, -і	*gehorsam, folgsam*
слу́шн/ий -а, -е, -і	*passend, geeignet*
сльоз/а́ *f.* -и́, -и	*Träne*
смагля́в/ий -а, -е, -і	*braun, sonnengebräunt*
смак *m.* -у, -и	*Geschmack; Neigung*
смачн/и́й -а, -е, -і	*wohlschmeckend, schmackhaft*
смачно́го!	*Guten Appetit!*
смета́н/а *f.* -и	*Sauerrahm, saure Sahne*
сміт/и́ти II, засміти́ти; -ни́к *m.* -а́, -и́	*Schmutz machen; Müllhaufen*
сміх *m.* -у	*Lachen*
смішн/и́й -а, -е, -і; -о *Adv.*	*komisch, lächerlich; lachhaft*
смі/я́тися I, засмія́тися	*lachen*
сму́г/а *f.* -и	*Streifen, Strich*
сму́т/ок *m.* -ку	*Wehmut, Traurigkeit*
снаг/а́ *f.* -и́	*Lebenskraft*
сни́тися II, присни́тися	*träumen*
сніг *m.* -у, -и́	*Schnee*
сніда́н/ок *m.* -ку, -ки	*Frühstück*
сні́дати I, посні́дати	*frühstücken*
соба́к/а *m.+ f.* -и	*Hund*
собо́р *m.* -у, -и	*Dom, Kathedrale*
солов/е́й *m.* -во́й, -во́ (солове́йко)	*Nachtigall*
соло́дк/ий -а, -е, -і	*süß*
соло́н/ий -а, -е, -і	*salzig*
сон *m.* сну, сни	*Schlaf; Traum*
со́нце *n.* -я	*Sonne*
со́нячн/ий -а, -е, -і	*Sonnen-, sonnig*
со́ром *m.* -у	*Schande, Scham*
соро́м/ити(ся) II, засоро́мити(ся)	*beschämen, sich schämen*
соро́чк/а *f.* -и, -и́	*Hemd*
сосн/а́ *f.* -и́, -и	*Kiefer*
соціалі́зм *m.* -у	*Sozialismus*
соціалісти́чн/ий -а, -е, -і	*sozialistisch*
соціа́льн/ий -а, -е, -і	*sozial, Sozial-*
сою́з *m.* -у, -и	*Bund*

спад *m.* -у, -и	*Rückgang*
спадко́в/ий -а, -е, -і	*erblich*
спа́дщин/а *f.* -и	*Erbschaft, Erbe*
спа́льн/я *f.* -і	*Schlafzimmer*
спаси́бі!	*Danke!*
спа́ти II, поспа́ти	*schlafen*
спе́к/а *f.* -и	*Hitze, Glut*
спекта́к/ль *m.* -лю, -лі	*Vorstellung, Aufführung*
спе́реду *Adv.*	*vorne*
спересе́рдя *Adv.*	*im Zorn, in der Wut, vor Wut*
спереча́тися I, поспереча́тися	*streiten*
спи́на *f.* -и	*Rücken*
співа́/к *m.* -а́, -и́; -чка *f.* -и	*Sänger, Sängerin*
співчува́ти I; співчуття́ *n.*	*mitfühlen; Teilnahme, Mitgefühl*
спідни́ц/я *f.* -і	*Rock*
спі́взню/ватися I, спізни́тися	*sich verspäten*
спі́лк/а *f.* -и	*Bund*
спілкува́/ння *n.*; -тися I	*Kommunikation; in Verbindung stehen*
спі́льн/ий -а, -е, -і; -о *Adv.*	*gemeinsam; zusammen*
спо́гад *m.* -у, -и	*Erinnerung*
сподіва́/ння *n.* -тися I	*Hoffnung; hoffen, rechnen*
спо́к/ій *m.* -ою	*Ruhe, Stille*
спокі́йн/ий -а, -е, -і	*ruhig, still; friedlich*
споконві́/ку *Adv.*; -чн/ий -а, -е, -і	*seit jeher; ewig, uralt*
сполу́чення *n.*	*Vereinigung, Verbindung*
сполу́чник *m.* -а, -и *Gram.*	*Konjunktion, Bindewort*
спору́да *f.* -и; спору́дження *n.*	*Bau; Errichtung*
спору́джу/вати I, споруди́ти	*errichten, erbauen*
спо́с/іб *m.* -обу, -оби	*Weise, Art*
спостере́ження *n.*	*Beobachtung; Überwachung*
спостеріга́ти I, спостеріѓти́	*beobachten, betrachten*
споча́тку *Adv.*	*zuerst, anfangs*
спра́в/а *f.* -и	*Arbeit, Werk; Sache, Angelegenheit*
спра́вді *Adv.*	*wirklich, tatsächlich*
справедли́в/ий -а, -е, -і; -ість *f.*	*gerecht, wahr; Gerechtigkeit*
спра́вжн/ій -я, -є -і	*echt, wahr; wirklich*
справля́тися I, спра́витися	*fertig werden*
спра́г/а *f.* -и	*Durst*
сприя́ти I *unv.* + *v.*	*beitragen, fördern*

спуск *m.* -у, -и	*Abstieg, Abhang*
спуска́ти(ся) I, спусти́ти(ся)	*hinunter lassen; heruntersteigen*
срі́бл/о *n.* -а	*Silber*
срі́бн/ий -а, -е, -і	*Silber-, silbern*
ста/ва́ти (встава́ти) I, ста́ти	*sich erheben; beginnen; stehenbleiben*
ста/ва́тися I, ста́тися	*sich ereignen, vorfallen, geschehen*
ста́вити(ся) II, поста́вити(ся)	*hinstellen, setzen, halten; sich verhalten*
стан *m.* -у	*Situation, Zustand*
стано́вище *n.* -а	*Lage, Stellung*
ста́нц/ія *f.* -ії	*Station, Bahnhof*
стара́нн/ий -а, -е, -і	*fleißig, sorgfältig*
стар/и́й -а, -е, -і	*alt*
старови́нн/ий -а, -е, -і; старода́вній	*alt, altertümlich, uralt*
ста́роста *m.* -и	*Älteste(r)*
стаття́ *f.* -í	*Artikel*
ство́рювати I, створи́ти	*schaffen, gründen*
стипе́нд/ія *f.* -ії	*Stipendium*
стира́ти I, сте́рти	*abwischen, ausradieren*
сти́сл/ий -а, -е, -і	*kurz, knapp*
сти́ха *Adv.*	*leise; verstohlen; langsam*
стиха́ти I, сти́хнути	*still werden, aufhören*
стіл *m.* -а (-у), -и́	*Tisch*
стіл/е́ць *m.* -ьця́, -ьці́	*Stuhl*
сті́льки *Pron.*	*soviel*
стін/а́ *f.* -и́, -и	*Wand*
столи́ц/я *f.* -і	*Hauptstadt*
столі́ття (сторі́ччя) *n.*	*Jahrhundert*
сторі́нк/а *f.* -и, -и́	*Seite*
сторі́ччя *n.*	*Jahrhundert*
сторон/а́ *f.* -и́, -и; -н/ій -я, -є, -і	*Seite, Land; fremd, unbekannt*
стосу/ва́тися I *nur unv.*	*betreffen; sich beziehen*
стосу́нки *Pl.*	*Verhältnisse, Beziehungen*
стоя́ти II, постоя́ти	*stehen, halten, anhalten*
стра́в/а *f.* -и	*Speise*
стражда́ти I, ви́страджати	*leiden*
страшн/и́й -а, -е, -і	*fürchterlich, schrecklich*
стрива́/ти I, пострива́/ти; -й! -йте!	*Warte! Warten Sie!*
стри́ман/ий -а, -е, -і	*zurückhaltend*
стро́к *m.* -у, -и	*Termin*

струм *m.* -у	*Strom*
струм/о́к *m.* -ка́, -ки́	*Bach*
стру́нк/ий -а, -е, -і	*schlank, gut gebaut*
студе́нт *m.* -а, -и; -ка *f.* -и	*Student, Studentin*
сту́п/інь *m.* -еня, -ені	*Grad, Maß, Stufe*
субо́т/а *f.* -и	*Samstag, Sonnabend*
суво́р/ий -а, -е, -і	*streng, hart*
суд *m.* -у, -и́	*Gericht*
судд/я́ *m.* -і́, -і́	*Richter*
су́кн/я *f.* -і	*Kleid*
сум *m.* -у; сумн/и́й -а, -е, -і	*Kummer, Trauer; traurig*
суму/ва́ти I, засумува́ти	*betrübt (traurig) sein (werden)*
суни́ця *f.* -і	*Erdbeere*
суп *m.* -у, -и́	*Suppe*
супере́ч/ити II; -лив/ий -а, -е, -і	*widersprechen; widersprüchlich*
супрово́джу/вати I, супрово́дити	*begleiten*
супу́тник *m.* -а, -и	*Gefährte; Sputnik*
сусі́д *m.* -а, -и; -ка *f.* -и	*Nachbar; Nachbarin*
суспі́льство *n.* -а	*Gesellschaft*
су́тінки *Pl.*	*Dämmerung*
сух/и́й -а, -е, -і	*trocken*
суча́сн/ий -а, -е, -і	*zeitgenössisch*
схил *m.* -у, -и	*Abhang*
схи́льн/ий -а, -е, -і	*geneigt*
сх/ід *m.* -о́ду, -о́ди; схі́дн/ий -а, -е, -і	*Osten; Aufgang; östlich*
схо́ди *Pl.*	*Stufe, Treppe*
схо́ж/ий -а, -е, -і	*ähnlich*
сце́н/а *f.* -и	*Bühne*
сяга́ти I, сягну́ти	*erreichen, angelangen*
ся́яти I, зася́яти	*glänzen*
сього́дні *Adv.;* -шн/ій -я, -є, -і	*heute; heutig*

Т т

та *Konj.*	*und*
тає́мн/ий -а, -е, -і; -ич/ий -а, -е, -і	*geheim, heimlich; geheimnisvoll*
так *Adv.*	*so*
так/и́й -а́, -е́, -і́ *Pron.*	*solch, so ein*
тако́ж *Part.*	*auch, gleichfalls*
тала́нови́т/ий -а, -е, -і	*talentiert, begabt*

тала́нт *m.* -у, -и	*Talent, Begabung*
там *Adv.*	*dort*
та́н/ець *m.* -цю, -ці	*Tanz*
та́нути I, потану́ти	*tauen, schmelzen*
тарі́лк/а *f.* -и, -й	*Teller*
та́т/о *m.* -а	*Vater*
твари́н/а *f.* -и	*Tier*
тверд/и́й -а, -е, -і; -о *Adv.*	*hart, fest, starr; fest, hart*
тверди́ти II, підтве́рдити	*hartnäckig behaupten, bestätigen*
твере́з/ий -а, -е, -і	*nüchtern; vernünftig*
тв/ій -оя́, -оє́, -ої́ *Pron.*	*dein, deine*
тв/ір *m.* -о́ру, -о́ри	*Werk, Schrift; Aufsatz*
твор/е́ць *m.* -ця́, -ці́	*Schöpfer, Gestalter, Begründer*
твор/и́ти II, створи́ти	*schaffen*
тво́рч/ий -а, -е -і; -чість *f.* -чості	*schöpferisch; Schaffen, Werk*
теа́тр *m.* -у, -и	*Theater*
теж *Part.*	*auch, ebenfalls*
текст *m.* -у, -и	*Text*
текти́ I, протекти́	*fließen, strömen*
телеба́чення *n.*	*Fernsehen*
телеві́зор *m.* -а, -и	*Fernseher*
телегра́ф *m.* -у, -и	*Fernschreiber, Telegraf*
телефо́н *m.* -у, -и	*Telefon*
теля́ *n.* -ти, -та	*Kalb*
те́м/а *f.* -и	*Thema*
те́мн/ий -а, -е, -і; -о *Adv.*	*dunkel, finster*
темні́ти I, стемні́ти	*dunkeln, dunkel werden*
те́мряв/а *f.* -и	*Dunkelheit, Finsternis*
тенде́нц/ія *f.* -ії	*Tendenz*
тенді́тн/ий -а, -е, -і	*zart, fein*
тепе́р *Adv.;* -ішн/ій -я, -є, -і	*jetzt, nun, heutzutage; heutig*
те́пл/ий -а, -е, -і; -о *Adv.*	*warm, mild*
територ/і́я *f.* -ії	*Territorium, Gebiet*
терпи́м/ий -а, -е, -і	*duldsam, tolerant; erträglich*
терпі́/ння *n.;* -ти II, потерпі́ти	*Geduld; leiden, dulden*
тесть *m.* -я, -і	*Schwiegervater*
те́щ/а *f.* -і	*Schwiegermutter*
ти *Pron.*	*du*
тигр *m.* -а, -и	*Tiger*
ти́ж/день *m.* -ня, -ні	*Woche*
тижне́в/ий -а, -е, -і	*wöchentlich*

тимчасо́в/ий -а, -е, -і	zeitweilig, vorübergehend
типо́в/ий -а, -е, -і	typisch
тире́ n. undekl.	Gedankenstrich
ти́снути I, поти́снути (руку)	drücken
ти́сяча Zahlw.	tausend, Tausend
ти́тул m. -у, -и	Titel, Ehrentitel
тих/ий -а, -е -і; -о Adv.	leise; still, ruhig
ти́ша f. -і	Stille, Ruhe
тіка́ти I, утікти́	davonlaufen, weglaufen
ті́ло n. -а, -а́	Körper, Leib
ті́льки Adv.	nur, allein, erst
тінь f. -і	Schatten
тісн/и́й -а, -е, -і	eng, schmal
ті́стечк/о n. -а; ті́сто n. -а	Törtchen; Teig
ті́тк/а f. -и, -й	Tante
ті́ш/ити(ся) II, утíшити(ся)	erfreuen, Freude machen (bereiten)
ткани́н/а f. -и	Stoff, Gewebe
тлума́ч/ити II, розтлума́чити	erklären, erläutern
то́бто Konj.	das heißt
това́р m. -у, -и	Ware, Artikel
товари́ство n. -а	Gesellschaft, Verein
товари́ськ/ий -а, -е, -і	kameradschaftlich, freundschaftlich
това́риш m. -а, -і	Kamerad, Genosse, Freund
товст/и́й -а, -е, -і	dick
того/рі́чн/ий -а, -е, -і; -ча́сн/ий -а, -е, -і	vorjährig; damalig
тоді́ Adv.+Konj.	damals; da, dann
той (та, те, ті) Pron.	jener, jene, jenes, jene
том m. -у, -и́	Band
тома́т m. -а, -и	Tomate
тому́ Adv.+Konj.	deshalb; darum
тон m. -у, -и	Klang
тонк/и́й -а, -е, -і	dünn, fein, schlank
тон/у́ти I, потону́ти	ertrinken
топ/и́ти II, розтопи́ти	heizen; schmelzen
топи́ти(ся) II, потопи́ти(ся)	ertränken; sich ertränken
топо́л/я f. -і	Pappel
торгі́вл/я f. -і	Handel
торгове́льн/ий (торго́в/ий) -а, -е, -і	Handels-
торгу/ва́ти(ся) I, поторгува́ти(ся)	handeln
тор/і́к; -і́шн/ій -я, -є, -і	im vorigen Jahr; vorjahrig

торкáти(ся) I, торкнýти(ся)	*anrühren, berühren*
тотóжн/ий -а, -е, -і	*identisch, übereinstimmend*
тóчк/а *f.* -и	*Punkt*
тóщо	*und anderes, und ähnliches*
травá *f.* -и́, -и	*Gras*
трáв/ень *m.* -ня, -ні	*Mai*
традúц/ія *f.* -ії; -íйн/ий -а, -е, -і	*Tradition; traditionell*
трамвá/й *m.* -я, -ї	*Straßenbahn*
трáнспорт *m.* -у	*Transport*
трапля́тися I, трáпитися	*geschehen*
трáтити II, ви́тратити	*ausgeben*
трéба *Präd.*	*müssen, sollen*
трем/тíти II, затремтíти	*zittern, beben*
тривáл/ий -а, -е, -і	*lang, andauernd*
тривáти I *nur unv.*	*dauern*
тривóг/а *f.* -и	*Unruhe, Aufregung*
тримáти(-ся) I, ви́тримати	*halten, sich halten; durchhalten*
тролéйбус *m.* -а, -и	*Obus*
трóхи (трóшки) *Adv.*	*ein wenig, etwas*
троя́нд/а *f.* -и	*Rose*
труб/á *f.* -и́, -и	*Rohr*
труд *m.* -á; -и́тися II, потрудú́тися	*Arbeit; arbeiten, sich bemühen*
трýднощі *Pl.*	*Schwierigkeiten*
трун/á *f.* -и́, -и	*Sarg, Bahre*
труп *m.* -а, -и	*Leiche*
тýг/а *f.* -и	*Sehnsucht*
тудú *Adv.*	*dahin, dorthin*
тужúти II, затужúти	*sich sehnen, Sehnsucht haben*
тумáн *m.* -у, -и; -н/ий -а, -е, -і	*Nebel; nebelig*
турбу/вáти(ся) I, потурбувáти(ся)	*stören; sich sorgen, sorgen*
турúст *m.* -а, -и; -ськ/ий -а, -е, -і	*Tourist, touristisch, Touristen-*
тут *Adv.*	*hier, da*
тягáр *m.* -я́, -í	*Last, Bürde*
тяжк/и́й -а, -е, -і; -о *Adv.*	*schwer; hart*
тя́мити II, втя́мити	*sich auf etwas verstehen*

У у

убива́ти(ся) I, уби́ти(ся)	*töten, ermorden; tödlich verunglücken*
уби́в/ств/о *n.* -а; -ця *m.+ f.* -і	*Mord, Ermordung; Mörder*
уби́т/ий -а, -е, -і	*Ermordete, Tote*
убо́г/ий -а, -е, -і	*armselig, ärmlich*
уболіва́ти (вболіва́ти) I	*sich sorgen, besorgt sein*
убра́ння *n.*	*Kleider, Kleidung*
ува́га *f.* -и	*Aufmerksamkeit*
ува́жн/ий -а, -е, -і	*aufmerksam, zuvorkommend*
увільня́ти I, увільни́ти	*erlösen, entlasten; befreien, entlassen*
уго́д/а *f.* -и	*Einverständnis; Abkommen*
уда́р *m.* -у, -и	*Schlag*
уда́рити *v.*	*schlagen*
уда́ч/а *f.* -і	*Gelingen, Erfolg*
узбере́жжя *n.*	*Strand, Küste*
узбі́ччя *n.*	*Wegrand*
узго́дження *n.*	*Vereinbarung; Übereinstimmung*
узго́джу/ватися I, узго́дитися *Gram.*	*kongruieren, übereinstimmen*
узлі́сся *n.*	*Waldrand*
узна/ва́ти I, узна́ти	*erfahren, erkundigen; erkennen*
узо́р *m.* -у, -и	*Muster*
указ́к/а *f.* -и	*Zeigestock*
укладáти I, укла́сти	*legen; abschließen; zusammenstellen*
украї́н/ець *m.* -ця, -ці; -ка *f.* -и	*Ukrainer, Ukrainerin*
украї́нськ/ий -а, -е, -і	*ukrainisch*
улеща́ти I, улести́ти	*schmeicheln*
умива́льник *m.* -а, -и	*Waschbecken*
умива́ти(ся) I, уми́ти(ся)	*waschen, sich waschen*
умі́л/ий -а, -е, -і; -ець *m.*	*geschickt; Meister*
умі́ння *n.*	*Fähigkeit, Fertigkeit*
умо́в/а *f.* -и; -н/ий -а, -е, -і	*Bedingung; vereinbart, konditional*
умовля́ти(ся) I, умо́вити(ся)	*überreden, beruhigen; sich verabreden*
уника́ти I, уни́кнути	*meiden, vermeiden*
універма́г *m.* -у, -и	*Warenhaus, Kaufhaus*
університе́т *m.* -у, -и	*Universität*
упе́внен/ий -а, -е, -і; -о *Adv.*	*sicher, überzeugt; sicher*

упевня́тися I, упе́внитися	sich überzeugen
упира́тися I, упе́ртися	sich stemmen; stoßen; sich sträuben
уповнова́жен/ий -а, -е, -і	Bevollmächtigte
управл/і́ння n; -я́ти I nur unv.	Verwaltung, Leitung; verwalten
ура́	Hurra!
ури́в/ок m. -ка, -ки	Auszug, Ausschnitt; Bruchstück
урожа́/й m. -ю, -ї; -н/ий -а, -е, -і	Ernte; fruchtbar, ertragreich
уро́к m. -у, -и	Stunde, Unterrichtsstunde
урочи́ст/ий -а, -е, -і	feierlich, festlich
у́ряд m. -у, -и; -о́в/ий -а, -е, -і	Regierung, Regierungs-
усвідо́млю/вати I, усвідо́мити	einsehen, erkennen
усла́влен/ий -а, -е, -і	berühmt
усміха́тися I, усміхну́тися	lächeln
у́смішк/ а f. -и	Lächeln
у́сн/ий -а, -е, -і	mündlich
успадко́ву/вати I, успадкува́ти	erben, beerben
у́спіх m. -у, -и	Erfolg, Gelingen
успі́шн/ий -а, -е, -і	erfolgreich
устано́ва f. -и	Institution, Anstalt
у́стр/ій m. -ою, -ої	Gesellschafts-, (Staats-)ordnung
утво́рення n.	Bildung, Schaffung
утво́рю/вати(ся) I, утвори́ти(ся)	bilden, schaffen; sich bilden, entstehen
ухва́л/а f. -и	Entschließung, Beschluss
ухва́лю/вати I, ухвали́ти	beschließen
уча́сник m. -а, -и	Teilnehmer, Beteiligte
уче́н/ий (вче́н/ий) m. -ого, -і	Wissenschaftler
у́ч/ень m. -ня, -ні; учени́ця f. -і	Schüler, Schülerin
учи́тель m. (вчи́тель) -я, -і	Lehrer
уя́в/а f. -и	Einbildungskraft, Fantasie
уя́влення n.	Vorstellung, Begriff
уявля́ти I, уяви́ти	sich vorstellen

Ф ф

фа́брик/а f. -и	Fabrik, Werk
факт m. -у, -и	Tatsache
факульте́т m. -у, -и	Fakultät
фа́рб/а f. -и	Farbe

фарбу/ва́ти I, пофарбува́ти	*färben*
фах *m.* -у, -и	*Fach, Beruf*
фахів/е́ць *m.* -ця́, -ці́	*Fachmann, Spezialist*
фігу́р/а *f.* -и	*Gestalt, Figur*
фі́зик *m.* -а, -и; фі́зик/а *f.* -и	*Physiker; Physik*
фізи́чн/ий -а, -е, -і	*physisch, körperlich; physikalisch*
філо́лог *f.* -а, -и; -ія *f.*-ії	*Philologe; Philologie*
філологі́чн/ий -а, -е, -і	*philologisch*
філо́соф *m.* -а, -и; -ія *f.* -ії	*Philosoph; Philosophie*
філосо́фськ/ий -а, -е, -і	*philosophisch*
фільм *m.* -у, -и	*Film*
фі́рм/а *f.* -и	*Firma; Geschäftshaus*
фоне́т/ик/а *f.* -и; -и́чн/ий -а, -е, -і	*Phonetik; phonetisch*
фонта́н *m.* -у, -и	*Brunnen, Fontäne*
фо́рм/а *f.* -и	*Form, Gestalt*
форма́льн/ий -а, -е, -і; -ість *f.*	*formal, formell; Formalität*
форму/ва́ти(ся) I, сформува́ти(ся)	*formieren, bilden; sich formieren*
фотоапара́т *m.* -а, -и	*Fotoapparat*
фотогра́ф/ія *f.* -ії (зні́мок)	*Foto, Lichtbild*
фотографу/ва́ти I, сфотографува́ти	*fotografieren*
фра́з/а *f.* -и; -еоло́гія *f.* -ії *Gram.*	*Phrase; Phraseologie*
францу́зьк/ий -а, -е, -і	*französisch*
фру́кт/и *Pl.*; -о́в/ий -а, -е, -і	*Obst, Früchte; Obst-*
футбо́л *m.* -у; -льн/ий -а, -е, -і	*Fußball; Fußball-*

X x

хазя́їн *m.* -а, хазя́ї; хазя́йк/а *f.* -и, -й	*Wirt, Wirtin*
хазяйну/ва́ти I, похазяйнува́ти	*wirtschaften; herumwirtschaften*
хай *Part.*	*lass, möge, mag*
хара́ктер *m.* -у, -и: -н/ий -а, -е, -і	*Charakter; charakteristisch, bezeichnend*
харч *m.* -у, харчі́	*Essen, Kost, Nahrung*
харчува́ння *n.*	*Ernährung*
харчу/ва́ти(ся) I, прохарчува́ти(ся)	*ernähren, sich ernähren*
ха́т/а *f.* -и, -й	*Bauernhaus, Haus, Hütte*
хвал/и́ти II, похвали́ти	*loben*
хвили́н/а *f.* -и	*Minute; Augenblick*
хвилюва́ння *n.*	*Aufregung; Unruhe; Wallung*
хвилю/ва́ти(ся) I, перехвилюва́ти(ся)	*aufregen; sich aufregen*

хвилю́юч/ий -а, -е, -і	*aufregend*
хви́ля *f.* -і	*Welle*
хві́ртк/а *f.* -и, -й	*Zauntür*
хвіст *m.* хвоста́, хвости́	*Schwanz*
хво́р/ий -а, -е, -і; хво́р/ий *m.* -ого, -і	*krank; Kranke, Patient*
хворо́б/а *f.* -и	*Krankheit*
хи́б/а *f.* -и; -н/ий -а, -е, -і	*Fehler, Nachteil; falsch, irrig*
химе́рн/ий -а, -е, -і	*fantastisch, wunderlich*
хист *m.* -у, -и	*Fähigkeit, Begabung*
хи́тр/ий -а, -е, -і; -ість *f.* (-рощі) *Pl.*	*schlau, listig; Schlauheit*
хитру/ва́ти I, схитрува́ти	*schlau (listig) sein*
хіба́ *Part.+Konj.*	*denn, etwa; vielleicht (wird nicht übersetzt)*
хід *m.* хо́ду, хо́ди́	*Gang; Verlauf; Zug*
хі́мік *m.* -а, -и	*Chemiker*
хі́м/ія *f.* -ії; -і́чн/ий -а, -е, -і	*Chemie; chemisch*
хліб *m.* -а	*Brot, Laib, Korn*
хло́п/ець *m.* -ця, -ці	*Junge, Knabe, Bube*
хма́р/а *f.* -и; -н/ий -а, -е, -і	*Wolke; bewölkt*
хма́р/итися II, захма́ритися	*finster dreinschauen, sich verfinstern*
хова́ти(ся) I, схова́ти(ся)	*verstecken, sich verstecken*
хова́ти I, похова́ти	*begraben, beerdigen*
хода́ *f.* -и́	*Gang, Gangart*
ходи́ти II, походи́ти	*gehen*
хо́лод *m.* -у	*Kälte*
холоди́льник *m.* -а, -и	*Kühlschrank*
холо́дн/ий -а, -е, -і; -о *Adv.*	*kalt, kühl*
хор *m.* -у, -и́	*Chor*
хоро́бр/ий -а, -е, -і; -ість *f.*	*tapfer, mutig; Tapferkeit, Mut*
хоті́ти II, захоті́ти	*wollen, wünschen*
хоч (-á) *Konj.+Part.*	*sogar, selbst; wenn auch nur; obwohl*
храм *m.* -у, -и	*Tempel*
хрест *m.* -á, -и́	*Kreuz*
хро́нік/а *f.* -и (літо́пис)	*Chronik*
хроноло́г/ія *f.* -ії; -і́чн/ий -а, -е, -і	*Chronologie; chronologisch*
хто (так/и́й -á, -é, -і́) *Pron.*	*wer? wer ist das?*
худ/и́й -а, -е, -і	*mager*
ху́днути I, схуднути	*abmagern, abnehmen*
худо́жник *m.* -а, -и	*Künstler, Maler*
ху́стк/а (ху́сточк/а) *f.* -и	*Tuch, Taschentuch*
хутр/о́ *n.* -а; -ян/и́й -а, -е, -і	*Fell, Pelz; Pelz-, Fell-*

Ц ц

цві/сти́ I, розцвісти́; цвіт *m.* -у	*blühen; Blüte*
цвях *m.* -а, -й	*Nagel*
це *Pron.*	*das, dies, es*
цей (ця, це, ці) *Pron.*	*dieser (diese, dieses, diese)*
центр *m.* -у, -и	*Zentrum*
цибу́л/я *f.* -і	*Zwiebel*
цига́рк/а *f.* -и, -й	*Zigarette*
цирк *m.* -у, -и	*Zirkus*
цита́т/а *f.* -и	*Zitat*
ци́фр/а *f.* -и	*Zahl, Ziffer*
ціка́в/ий -а, -е, -і; -ість *f.*	*interessant, unterhaltend; Interesse*
ціка́в/ити(ся) II, заціка́вити(ся)	*interessieren; sich interessieren*
ціл/и́й -а, -е, -і	*ganz, voll; unversehrt, unverletzt*
цілкови́т/ий -а, -е, -і	*vollständig, vollkommen*
цілко́м *Adv.*	*ganz, gänzlich*
цілу/ва́ти(ся) I, поцілува́ти(ся)	*küssen, sich küssen*
ціль *f.* -і	*Ziel, Zweck*
цін/а́ *f.* -й, -и	*Preis*
цін/и́ти II (ціну/ва́ти I), оціни́ти	*schätzen, würdigen*
ці́нн/ий -а, -е, -і; -ість *f.*	*Wert; Wert, Kostbarkeit*
цуке́рк/а *f.* -и	*Bonbon, Praline, Konfekt*
цу́к/ор *m.* -ру	*Zucker*
цукро́в/ий -а, -е, -і	*Zucker-*
цура́ти(ся) I, зацура́ти(ся)	*vermeiden, sich fernhalten*

Ч ч

чагарни́к *m.* -а́, -й	*Gebüsch*
чад *m.* -у	*Dunst*
чай *m.* -ю, -ї	*Tee*
ча́йк/а *f.* -и, -й	*Möwe*
ча́йн/ий -а, -е, -і; -ик *m.* -а, -и	*Tee-; Teekanne*
ча́пл/я *f.* -і	*Reiher*
чарівн/и́й -а, -е, -і	*Zauber-, Wunder*
ча́рк/а *f.* -и, -й	*Weinglas*
час *m.* -у, -й *Gram.*	*Zeit; Zeitform*
часни́к *m.* -а́	*Knoblauch*
ча́сом *Adv.*	*manchmal, zeitweise*

ча́ст/ий -а, -е, -і	*oft, häufig*
части́н/а *f.* -и (мо́ви) *Gram.*	*Teil; Wortart*
ча́стк/а *f.* -и, -й *Gram.*	*Teilchen; Partikel*
частко́в/ий -а, -е, -і	*teilwese, partiell*
ча́сто *Adv.*	*oft, häufig*
часту/ва́ти I, почастува́ти	*bewirten*
ча́шк/а *f.* -и, -й	*Tasse*
чверть *f.* -і	*Viertel*
чека́ння *n.*	*Erwartung*
чека́ти I, зачека́ти	*warten, erwarten*
че́мн/ий -а, -е, -і	*höflich*
че́рв/ень *m.* -ня, -ні	*Juni*
черво́н/ий -а, -е, -і	*rot*
червоні́ти I, почервоні́ти	*rot werden, erröten*
че́рг/а́ *f.* -и 2 *т.B.*	*Reihe*
черго́в/ий -а, -е, -і	*diensthabend*
чергува́ння *n.*; (голосни́х) *Gram.*	*Dienst, Wachdienst; Vokalwechsel*
чергу/ва́ти I, почергува́ти	*Dienst haben*
череви́ки *Pl.* (череви́к)	*Schuhe*
черед/а́ *f.* -й	*Herde*
че́рез *Präp.*	*über, durch*
чере́шн/я *f.* -і	*Süßkirsche*
черне́тк/а *f.* -и	*Entwurf, Konzept*
че́рств/ий -а, -е, -і	*trocken; hartherzig*
чеса́ти I, причеса́ти	*kämmen*
че́сн/ий -а, -е, -і; -ість *f.*	*ehrlich; Ehrlichkeit*
честь *f.* -і	*Ehre*
четве́р *m.* -га́, -гй	*Donnerstag*
чи *Konj.+Part.*	*oder, ob; man übersetzt nicht*
чийсь *Pron.*	*irgend jemandes*
чий (чия́, чиє́, чиї́) *Pron.*	*wessen*
чима́л/ий -а, -е, -і	*nicht gering*
чини́ти II, причини́ти	*machen, anrichten*
чи́нник *m.* -а, -и	*Faktor, Moment*
числе́нн/ий -а, -е, -і	*zahlreich*
числі́вник *m.* -а, -и *Gram.*	*Zahlwort*
числ/о́ *n.* -а́, -а	*Zahl, Datum, Anzahl*
чи́ст/ий -а, -е, -і; -о *Adv.*	*rein, sauber*
чи́стити II, ви́чистити	*putzen, reinigen*
чита́льн/ий (зал) -а, -е, -і	*Lese-, Lesesaal*
чи́танк/а *f.* -и	*Lesebuch*

чита́/ти I, прочита́ти; -а́ч *m.* -а́, -і́	*lesen; Leser*
чіпа́ти I, зачіпи́ти	*anrühren, berühren*
чіпля́тися I, причепи́тися	*sich anhängen, sich anklammern*
чітк/и́й -а, -е, -і; -ість *f.*	*klar, deutlich; Klarheit*
член *m.* -а, -и	*Glied, Mitglied, Teilnehmer*
чо́боти *Pl.* (G. Pl. чобі́т)	*Stiefel*
чо́в/ен *m.* -на́, -ни́	*Boot*
чолові́к *m.* -а, -и́	*Mann, Ehemann, Mensch*
чолові́ч/ий -а, -е, -і; (рід) *Gram.*	*Männer-; Maskulinum*
чому́ *Pron.*	*warum, weshalb*
чо́рн/ий -а, -е, -і	*schwarz*
чорни́ло *n.* -а	*Tinte*
чорноо́к/ий -а, -е, -і	*schwarzäugig*
чуб *m.* -а, -и́	*Schopf*
чудн/и́й -а, -е, -і	*wunderlich, komisch*
чу́до *n.* -а	*Wunder*
чудо́в/ий -а, -е, -і	*wundervoll*
чуж/и́й -а, -е, -і	*fremd*
чужи́н/ець *m.* -ця, -ці	*Ausländer*
чу́йн/ий -а, -е, -і	*feinfühlend*
чу́ти I, почу́ти	*hören*
чу́тк/а *f.* -и, -и́	*Gerücht*
чуття́ *n.*	*Gefühl, Sinn*

Ш ш

шале́н/ий -а, -е, -і	*wütend, rasend*
ша́н/а *f.* -и	*Achtung, Respektierung*
шано́вн/ий -а, -е, -і	*geachtet; (sehr) geehrte ...!*
шану/ва́ти I	*achten*
ша́пк/а *f.* -и, -и́	*Mütze, Kappe*
ша́ф/а *f.* -и	*Schrank*
ша́хи *Pl.*	*Schachspiel*
швидк/и́й -а, -е, -і	*schnell, rasch*
шви́дк/існ/ий -а, -е, -і; -ість *f.*	*Schnell-, Eil-; Geschwindigkeit*
ше́п/іт *m.* -оту, -оти	*Flüstern*
шепта́ти I, зашепта́ти	*flüstern*
шерстян/и́й -а, -е, -і	*wollen, Woll-*
ше́рсть *f.* -і	*Haar, Fell, Wolle*
ши́бк/а *f.* -и, -и́	*Fensterglas*

шипі/ння *n.*; -ти II, прошипíти	*Zischen; zischen*
шипля́ч/ий -а, -е, -і *Gram.*	*zischend; Zischlaut*
шипши́н/а *f.* -и	*Heckenrose; Hagebutte*
ширин/á *f.* -и́	*Breite, Weite*
широ́к/ий -а, -е, -і	*breit, weit*
ши́ти I, зши́ти	*nähen*
ши́/я *f.* -ї	*Hals*
шкідли́в/ий -а, -е, -і	*schädlich*
шкільн/и́й -а, -е, -і	*Schul-*
шкі́р/а *f.* -и; -ян/и́й -а, -е, -і	*Haut, Leder; ledern, Leder-*
шко́д/а *f.* -и	*Schaden, Nachteil*
шко́дá *Schaltw.*	*schade, es ist bedauerlich*
шко́л/а *f.* -и	*Schule*
школя́р *m.* -á, -и́; -ка *f.* -и	*Schüler; Schülerin*
шлях *m.* -у́, -и́	*Weg, Bahn*
шовк *m.* -у, -и́	*Seide*
шосé *n. undekl.*	*Chaussee*
шофе́р *m.* -а, -и	*Kraftfahrer*
штани́ *Pl.*	*Hose*
штовхá́ти I, штовхну́ти	*stoßen*
шу́б/а *f.* -и	*Pelz, Pelzmantel*
шукá́ти I, пошукá́ти	*suchen*
шум *m.* -у, -и	*Lärm, Geräusch*
шу́мн/ий -а, -е, -і	*lärmend, laut*

Щ щ

щасли́в/ий -а, -е, -і	*glücklich*
щасти́ти(по-) (*unpers.* йому́ щасти́ть)	*er hat Glück*
щá́стя *n.*	*Glück*
ще *Part.*	*noch, noch immer; schon*
ще́др/ий -а, -е, -і	*freigebig, großzügig*
щезá́ти I, ще́знути	*verschwinden, verlorengehen*
ще́леп/а *f.* -и	*der Kiefer*
щи́р/ий -а, -е, -і	*aufrichtig, offen, herzlich*
щі́тк/а *f.* -и, -и́	*Bürste*
що *Pron.+Konj.*	*was; dass*
щоб *Konj.*	*dass, damit, um ... zu*
щоде́нн/ий -а, -е, -і	*täglich, Tages-; alltäglich*
щоде́нник *m.* -а, -и	*Tagebuch*

щоде́нно (щодня́) *Adv.*	*tagtäglich*
що́до (ме́не) *Präp.*	*was mich betrifft*
що́йно *Adv.*	*eben erst, eben*
щок/а́ *f.* -и́, -и	*Wange*
щомі́сяця (щоро́ку) *Adv.*	*jeden Monat; jedes Jahr*
щорі́чн/ий -а, -е, -і	*jährlich, Jahres-*
щу́к/а *f.* -и	*Hecht*

Ю ю

ювіл/е́й *m.* -е́ю, -е́ї	*Jubiläum*
юна́к *m.* -а́, -и́	*junger Bursche*
ю́н/ий -а, -е, -і	*jung, jugendlich*
юрб/а́ *f.* -и, и́	*Menge, Menschenhaufen*
юриди́чн/ий -а, -е, -і	*juristisch, Rechts-*
юри́ст *m.* -а, -и	*Jurist*
ю́шк/а *f.* -и	*Suppe, Fischsuppe*

Я я

я *Pron.*	*ich*
я́блук/о *n.* -а	*Apfel*
я́блун/я *f.* -і	*Apfelbaum*
я́блучн/ий -а, -е, -і (пирі́г)	*Apfelkuchen*
я́вищ/е *n.* -а	*Erscheinung*
я́год/а *f.* -и	*Beere*
я́дерн/ий -а, -е, -і	*Kern-, nuklear*
язи́к *m.* -а́, -и́	*Zunge*
яйц/е́ *n.* -я, я́йця	*Eier*
як *Pron.+ Konj.*	*wie, was, als*
якби́ *Konj.*	*wenn, falls*
яки́й (яка́, яке́, які́) *Pron.*	*welch, welcher*
я́кісн/ий -а, -е, -і	*qualitativ*
я́к/ість *f.* -ості	*Qualität, Eigenschaft*
яли́нк/а *f.* -и	*Tanne, Fichte*
я́м/а *f.* -и	*Grube*
яскра́в/ий -а, -е, -і	*hell, grell; hervorragend*
ясн/и́й -а, -е, -і	*klar; deutlich*
я́щик *m.* -а, -и́	*Kasten, Kiste*

LITERATURVERZEICHNIS

Сучасна українська літературна мова, за ред. А. П. Грищенка, Київ, *Вища школа*, 2002

Орфографічний словник української мови *абв...*, Київ, *Довіра*, 1999

Сучасна українська літературна мова у 4-ьох томах під редакцією І. К. Білодіда. Київ, 1969 – 1973

М. А. Жовтобрюх, Ю. М. Кулик, Курс сучасної української літературної мови ч. І. Вища школа, Київ, 1972

Украинская грамматика, М. Р. Русановский, М. А. Жовтобрюх, Е. Т. Городенская, А. А. Грищенко. Киев, Наукова думка, 1986

О. К. Безпояско, К. Г. Городенська, В. М. Русанівський, Граматика української мови, Морфологія. Київ, *Либідь*, 1993

І. Р. Вихованець, Граматика української мови, Синтаксис. Київ, *Либідь*, 1993

Микола Погрібний, Українська літературна вимова. Агенство *Трансформ*, 1992

Е.Ф. Брызгунова, Звуки и интонация русской речи. М., Из-во *Русский язык*, 1977

Український правопис. Київ, *Наукова думка*, 1993

Орфографічний словник української мови. Академія наук України, Інститут мовознавства. Київ, Видавництво *Довіра*, 1994

С. І. Головащук, Українське літературне слововживання

С. І. Головащук, Складні випадки наголошення, словник – довідник. Київ, *Либідь*, 1995

Deutsch – ukrainisches, ukrainisch – deutsches Wörterbuch за редакцією канд. філол. наук Е. І. Лисенко. Феміна, Київ, 1994

Deutsch – ukrainisch – russisches Wörterbuch, Упорядники: Е. І. Лисенко, М. Р. Корольова, Л. І. Сергеєєва. Київ, *Освіта*, 1991